La frontera

Una novela de denuncia sobre
las muertas de Ciudad Juárez

PATRICK BARD

La frontera

Una novela de denuncia sobre
las muertas de Ciudad Juárez

Traducción: José Antonio Soriano

Grijalbo intriga

LA FRONTERA
Una novela de denuncia sobre las muertas de Ciudad Juárez

Título original en francés: La Frontière

© 2002, Patrick Bard

Traducción: José Antonio Soriano
Traducción cedida por Random House Mondadori, S.L.
Travessera de Gràcia, 47-49, 08021, Barcelona.

Fotografía de contraportada propiedad de Patrick Bard

Primera edición, 2004

D.R. 2004, Random House Mondadori, S.A. de C.V.
    Av. Homero No. 544, Col. Chapultepec Morales,
    Del. Miguel Hidalgo, C.P. 11570, México, D.F.

www.randomhousemondadori.com.mx

ISBN 970-05-1735-7

Impreso en México / *Printed in Mexico*

A las mujeres de México, a Bertha Ferrer...
A Thierry Jonquet y Solange Kornberg

Para Édith Bard (1924-2001)

Vosotros queréis socorrer a los pobres. Yo quiero acabar con la pobreza.

Víctor hugo

Pues cuando te asomas al fondo del abismo, el abismo también se asoma a tu fondo.

Friedrich Nietzsche

ADVERTENCIA DEL AUTOR

Ciudad Juárez es tan violenta como la pinta esta novela. Del mismo modo, las condiciones de trabajo de las obreras de la frontera, por increíbles que parezcan, corresponden estrictamente a la realidad. Por desgracia, la serie de asesinatos que investiga el protagonista no pertenece sólo al mundo de la ficción: en los últimos años, más de un centenar de mujeres han desaparecido misteriosamente en Juárez y decenas de ellas han sido halladas mutiladas, violadas y asesinadas. Se han identificado algunos de los culpables de estos asesinatos, pero hasta la fecha no ha sido posible desentrañar el asunto en su totalidad.

Los resortes novelescos y el desenlace de esta obra son, pues, pura ficción. Otro tanto ocurre con los personajes, si bien algunos rasgos de carácter se han tomado prestados de personas reales.

primera parte

LA CIUDAD EN LA QUE
AL DIABLO LE DA MIEDO VIVIR

Frontera entre México y Estados Unidos.
7 de septiembre de 1996. Ciudad Juárez, estado de Chihuahua,
México

Contando el día de hoy, hacía diez días. Dolores Guevara se apoyó en el mugriento lavabo con la mirada perdida en el laberinto de grietas de la pared. En el lugar que debería ocupar el espejo, faltaban dos azulejos.

Dolores se ensimismó en la contemplación del yeso abombado que la humedad despegaba de la pared. Unas quince mujeres, vestidas con batas color de rosa idénticas a la suya, se apretujaban con dificultad en el exiguo aseo ante una puerta cerrada. A intervalos regulares, la puerta se abría, salía una mujer con el bolso bajo el brazo y otra pasaba para encerrarse en uno de los retretes separados por ladrillos a media altura. Los rostros de altos pómulos eran indescifrables.

La luz artificial caía como plomo y arrancaba reflejos de oro a las pieles aceitunadas, cubiertas por una fina película de sudor. Una de las mujeres se volvió hacia Dolores.

—¿Todavía nada? —le susurró.

—No. ¿Me lo trajiste?

La otra paseó la mirada por el cuarto con un rápido movimiento de la cabeza y deslizó discretamente una bolsita de plástico en el bolsillo exterior de la bata de Dolores.

Tras consumir su turno en los malolientes retretes, salieron juntas del baño y avanzaron por un corredor con las paredes recién pintadas de amarillo. Las suelas de sus tenis chirriaban sobre el revestimiento plástico de color gris del suelo de concreto. Llegaron a una sala de espera amueblada con una veintena de sillas plegables de lámina y se sentaron en silencio, con la mirada clavada en una puerta entreabierta.

Allí no había mesita baja, ni revistas desencuadernadas de tanto hojearlas. Ni conversaciones en voz baja. Sólo el zumbido del agonizante foco fosforescente y un lejano rumor de máquinas.

Una voz femenina ladró un nombre. Una de las batas color de rosa se levantó, cruzó el umbral, cerró la puerta a sus espaldas y salió casi al instante para abandonar la sala de espera y desaparecer por el corredor.

Sólo quedaban tres cuando la voz la llamó. Dolores Guevara lanzó una mirada de angustia a su vecina de la izquierda y entró en el despacho. Una mesa, una computadora, un teléfono, una lámpara con pantalla. Ni ventana ni silla para sentarse ante la mesa.

La supervisora, vestida con una bata y un gorro de algodón blancos, la esperaba tecleando en la computadora. Los datos de la pantalla se reflejaban en los gruesos cristales de sus lentes. La mujer echó para atrás el sillón de ruedas con un brusco movimiento del pie.

—¿Qué? ¿Te bajó de nuevo?

—Sí, señora —respondió Dolores sacándose la bolsita de plástico transparente del bolsillo y tendiéndosela.

La supervisora se puso unos guantes de látex para examinar la bolsita a la luz de la lámpara.

Dolores se recogió el corto mechón de pelo negro que le hacía cosquillas en el cuello. Las aletas de su nariz ligeramente chata temblaron cuando la supervisora levantó la cabeza.

—¿Me tomas por idiota?

—No, señora, le juro que...

—Esta sangre está seca, coagulada desde hace al menos tres horas. —La mujer blandía el tampón ensangrentado envuelto en el plástico de la bolsita—. ¡Bájate los calzones!

El rostro de Dolores se tensó.

—¿Y si me niego?

La supervisora señaló la puerta con el mentón.

Muy lentamente, los dedos de Dolores Guevara hicieron saltar los botones de su bata rosa. Luego, desaparecieron bajo el resorte para bajar hasta sus pantorrillas, ya estriadas de varices, sus calzones sin mancha.

La supervisora se levantó, rodeó el escritorio y le alzó el dobladillo del resorte con un dedo inquisidor. Luego se inclinó hacia delante para comprobar que no se asomaba ningún hilo de sangre entre la oscura pelambre expuesta a su mirada.

—Ya conoces el reglamento. Tienes que pasar una prueba de embarazo. Vístete y vuelve a verme antes del fin de semana. Con el resultado.

Mientras salía arrastrando los pies y abotonándose la bata, Dolores oyó llamar a la siguiente. Su labio inferior pintado de rojo aún no había dejado de temblar.

"Sin regla no hay trabajo. Aquí no necesitamos embarazadas."

Las palabras que había empleado el director de recursos humanos el día que la contrataron, seis meses atrás, seguían resonando en sus oídos.

Desde entonces, la acerada punta de una aguja de tejer había hurgado en su útero dos veces. La segunda estuvo a punto de no contarlo.

Y al otro que no se le pegaba la gana de cuidarse.

El seco chasquido de la punteadora que selló su ficha semanal la sacó de su ensimismamiento. Dolores ocupó su puesto de soldadora en el taller, inundado por el estrépito de las máquinas.

Domingo 18 de febrero de 1997

Toni Zambudio recordaba veranos madrileños menos sofocantes que el invierno de Juárez. Al menos eso era lo que se había dicho hacía una semana, al clavar los tacones de sus botas camperas en el pegajoso asfalto del aeropuerto mexicano, mientras un viento abrasador traía del sur rachas de polvo calentadas a treinta y cinco grados. En la ciudad, el aire olía a queroseno y disolventes.

Aún dormía, bien abrigado bajo las mantas, en su piso de la calle Príncipe de Vergara, cerca del centro de Madrid, cuando el timbre del teléfono lo había sacado de un extraño sueño que giraba en torno a una discusión con su ex mujer.

—¿Toni? ¿Te he despertado?

—¡Vaya pregunta! ¿Qué pasa? —había preguntado con voz de sueño.

—Ven al periódico, te necesitan. Te vas a México —le había anunciado su jefe de servicio antes de colgar.

Toni se había sentado en el borde de la cama y se había quedado allí unos instantes bostezando, rascándose la cabeza y mirando la foto enmarcada de Fina y los dos niños sobre la mesilla.

Fina. Los interminable cierres por la noche los habían alejado sin que él pudiera hacer nada para evitarlo. Pensaba en su divorcio en marcha —decididamente, la naturaleza aborrece el vacío—, en los deberes que no había ayudado a terminar, en las "pupas" que no había curado, en las múltiples rubeolas, paperas y gripes que había desatendido, obsesionado como estaba por su trabajo. Uno o dos años más y Juan tendría la edad del primer amor.

Desgraciado, inevitablemente desgraciado.

Junto a la foto, el despertador señalaba las siete treinta. México. Mierda.

Le pesaba la soledad.

Era viernes. Había pensado que, si el viaje estaba programado para la semana siguiente, tal vez podría tener a los chicos durante el fin de semana.

—Quítatelo de la cabeza, te vas mañana por la tarde —respondió en tono terminante Pérez, el jefe de la sección Extranjero—. Mira, ya sé que habitualmente te ocupas de la crónica de tribunales en Nacional; pero, como se te da tan bien la investigación criminal, y como esto es muy gordo, tienes que ir tú. Aún nos queda un billete en intercambio de servicios con Aeroméxico, y lo vamos a aprovechar. Estarás al pie del cañón el domingo por la mañana. De todas formas, Montoya, que habría podido ir en tu lugar, está en Bélgica cubriendo el caso Dutroux.

—¿De qué va la cosa? —acabó preguntando Toni.

—Verás, hace un año se descubrió que alguien violaba y mataba a mujeres jóvenes de Ciudad Juárez y después abandonaba sus cuerpos en el desierto. El primer cadáver apareció en agosto del noventa y cinco, en un descampado de las afueras de la ciudad. Un espectáculo nada agradable. Al principio, la policía pensó en un asesino en serie que actuaba solo. Detuvieron al contramaestre de una fábrica, que se confesó culpable. Pero los crímenes continuaron cuando el fulano ya estaba entre rejas. Hasta la fecha, se han encontrado cincuenta y tres cadáveres de mujeres violadas y mutiladas en los cuatro extremos de la ciudad. En dos años. Todas jóvenes y habitantes de los barrios de chabolas. La policía acaba de detener a los miembros de una banda juvenil de la zona llamada los Diablos. Parece que están en el origen de los asesinatos. Es un asunto muy turbio. El caso más importante de la historia criminal de México, sin lugar a dudas. Quiero una investigación sólida. Tenemos sexo, violencia en estado puro, una ciudad de frontera... Todos los ingredientes de una auténtica novela negra.

Toni miró hacia el cielo plomizo por la ventana del despacho.

El fin de semana con los chicos se alejaba a todo vuelo. Ciudad Juárez. Sólo pensarlo...

—Toma. —Pérez lo devolvió a la realidad tendiéndole un recorte—. Un reportaje sobre nuestro asunto aparecido hace una semana en *The Nation*, un periódico estadounidense de izquierda. Para que no te aburras en el avión. Quiero toda la historia antes del juicio.

El viento de febrero agitaba los tejadillos de los puestos de chocolate con churros. Inclinado hacia delante para ofrecer menos resistencia y con las manos hundidas en los bolsillos del abrigo y apretadas contra el estómago, Toni caminaba por Madrid pensando en lo que les diría a los chicos.

Y a Fina. Ni siquiera sabía cuánto tiempo estaría fuera.

Seguramente, no más de diez días. De hecho, cinco días después, su investigación estaba prácticamente acabada.

Su primer gesto al bajar del avión fue encender un cigarrillo —¡mierda de transcontinentales sin asientos para fumadores!— e ir a tomarse una Corona helada para remojarse el gaznate, que tenía reseco después de diez horas de vuelo climatizado.

Su maltratado estómago protestó. Demasiados bocadillos engullidos a toda prisa en las barras de los bares a última hora de la noche, demasiado alcohol, café, nicotina... Demasiados almuerzos de trabajo, también. Y quince kilos de más.

La ciudad se había transformado. El poblachón que miraba a Estados Unidos como un perro de cerámica por encima del río Bravo, al que Toni nunca había entendido por qué llamaban Río Grande en la orilla opuesta, había crecido como la espuma.

Ciudad Juárez había inundado el llano de la margen del río y extendido sus tentáculos sobre hectáreas de desierto, y ahora las chabolas trepaban por las montañas frente a los resplandecientes rascacielos de El Paso, Texas. Una nube de contaminación de un amarillo sucio impedía ver las montañas de Sierra Blanca.

En el aeropuerto, alquiló un Volkswagen, uno de esos escarabajos que aún se fabricaban en México, y el empleado de la agencia le dibujó un plano esquemático para que pudiera encontrar el motel La Vela, en el paseo Triunfo de la República, donde el periódico le había reservado habitación.

Desconcertado por el ruidoso y acrobático comportamiento de los conductores autóctonos, no tardó en perderse. Atravesó polígonos industriales y arrabales formados por barriadas miserables que allí llaman colonias, antes de llegar a la Zona Rosa, el flamante islote de lujosos hoteles y restaurantes caros donde se encontraba su motel. Frente a La Vela, la orgullosa enseña de un McDonald's competía con los vistosos letreros de neón de una discoteca y un centro comercial. Una avenida de cuatro carriles conducía al casco antiguo y a los puentes que cruzaban el río hacia Estados Unidos.

Mientras rellenaba los formularios de rigor en la recepción, el solícito maletero le subió el equipaje a la habitación. Antes de cerrar la puerta, Toni le dio veinte pesos de propina.

El aire acondicionado creaba un ambiente polar entre las cuatro paredes.

Tras apagarlo, se acercó a la ventana, la descorrió para dejar entrar un poco de calor y observó a una pareja que chapoteaba ruidosamente en una piscina turquesa en medio de un gran jardín plantado de palmeras. De una escuela vecina, le llegaban los gritos de los niños que jugaban en el patio.

Su precipitada partida no le había hecho mucha gracia a Fina, que se lo había dado a entender con un prolongado silencio, al que sólo había añadido, en tono glacial: "¿Y ahora qué hago yo con los chicos? Se van a llevar un disgusto. Te esperaban, ¿sabes?"

Toni no había sabido qué decir. Joder, si casi podía ver el teléfono cubriéndose de escarcha mientras ella le soltaba aquello. Se habían conocido cuando ambos tenían treinta años y él ya era reportero de *El Diario*. Y de los buenos.

Fina creyó que se casaba con el futuro redactor jefe del periódico más importante de España. Pero Toni no soportaba estar encerrado en un despacho. Lo suyo era la calle, el trabajo sobre el terreno, el olor de las comisarías, el ambiente de los tribunales.

Se dieron prisa en hacer dos niños, Diego y Juan, que ahora tenían diez y trece años respectivamente.

Cuando rechazó un puesto de jefe de servicio, ella empezó a reprocharle su falta de ambición. Aún vivían en el pisito que habían comprado antes de que nacieran los niños, que seguían compartiendo habitación. Fina acabó cansándose.

Luego hizo aquella fabulosa investigación sobre los GAL. Se mencionaba su nombre entre los candidatos a un premio y se hablaba de él como sucesor del redactor jefe adjunto, que acababa de dimitir.

Pero, cuando volvió a rechazar la oferta, Fina comprendió que nunca sería el marido con el que había soñado.

Desde entonces, no había dejado de quejarse de sus repetidas ausencias, que ni siquiera servían para promocionarlo socialmente; lo acusaba de egoísmo —"por lo menos, piensa en los niños"— y se mostraba cada vez más distante. Hacía seis meses que lo había dejado. Con los chicos. A continuación, inició los trámites del divorcio.

Lo que más le había dolido es que no lo dejara por otro. Desde entonces, se preguntaba a menudo si habría podido impedir que las cosas llegaran a ese extremo, si aún había algún modo de arreglar las cosas con Fina.

¿Seguía enamorado, al menos? Ya ni siquiera lo sabía.

Toni apagó el cigarrillo en el alféizar de la ventana y lo lanzó al jardín de un papirotazo. El viaje lo había dejado para el arrastre.

Encendió la televisión, se tumbó sobre la colcha de felpilla naranja y se abismó en el embrutecimiento que le ofrecía una telenovela rosa. En comparación, las peores series estadounidenses parecían películas de arte y ensayo. Por unos instantes, su mirada se perdió en las paredes, vacías salvo por un cartel taurino. Aquella habitación era deprimente.

Para atajar el desánimo que empezaba a invadirlo, volvió a repasar la agenda. En Ciudad Juárez eran muy considerados con la prensa. Desde Madrid, había obtenido una entrevista con el jefe de la policía para el día siguiente.

Lunes 19 de febrero de 1997. Sede de la policía

El cuerpo presenta numerosas marcas de mordiscos humanos, especialmente en las caras interiores de los muslos y en la región púbica. El vientre de la víctima se encuentra abierto desde el esternón hasta el ombligo. Los intestinos fueron extraídos de la cavidad abdominal y los órganos genitales internos, extirpados. El hígado y el corazón han desaparecido. El pecho izquierdo presenta numerosas heridas de arma cortante. Las señales de rotación indican que el asesino se ensañó en las heridas. En la boca de la víctima se han encontrado excrementos humanos. El examen rectal y vaginal muestra abundantes restos de esperma.

Eso valía para los cuerpos descubiertos en un estado de conservación relativamente bueno. Respecto a los otros, el forense había sido mucho menos preciso.

Todo cabía en veinte gruesos archivadores de cartón que formaban una inestable pila de unos cincuenta centímetros. El horror en estado puro, bien ordenado, en sucesión cronológica.

Toni revisó las fotocopias de los informes policiales y forenses en diagonal. La identificación de los cuerpos no siempre había sido coser y cantar. En algunos casos, solo quedaba un esqueleto con algunos jirones de carne olvidados por los carroñeros.

Sin embargo, de Catalina Cruz, la primera chica encontrada, a Sara Gutiérrez, la última víctima hasta la fecha, la mayoría de los atestados eran del mismo tenor. Cincuenta y tres mujeres jóvenes violadas, torturadas y ejecutadas. En casi el cincuenta por ciento de los casos, el estado de los cuerpos había imposibilitado la identificación.

Según el autor de uno de los numerosos informes de síntesis, varias de aquellas chicas podían formar parte de la ola de inmigrantes llegados recientemente al norte en busca de trabajo. Puede que incluso con la intención de pasar a Estados Unidos.

Toni consultó las fichas de identificación: los rostros reconstruidos por los dibujantes de la policía judicial y la lista de los vestidos que llevaban las víctimas: "Pantalones vaqueros marca Lee, talla 38. Ropa interior Fruit of the Loom. Tenis Reebok". Un auténtico muestrario de la industria textil mundializada. Seguían informes sobre el examen de los restos de sangre y esperma hallados en los vehículos de los sospechosos interrogados.

Toni cerró el dossier.

El metro cincuenta y dos de Alfonso Pazos, jefe de la policía de Ciudad Juárez, permanecía casi totalmente oculto tras el frágil andamiaje de los archivadores, a pesar de que estaba de pie. El rechoncho y amable policía había recibido a Toni con cordialidad.

Era evidente que la idea de que su nombre apareciera en un gran periódico europeo lo llenaba de satisfacción. Su corto y engominado bigote temblaba de placer por adelantado. Había hecho subir dos cafés a un subalterno. En fin, dos tazas de un líquido que pretendía pasar por café. Y al de Toni le había costado pasar. Los informes de las autopsias eran casi peores que las fotografías en color, es decir, espeluznantes.

El periodista se sacó del bolsillo una pequeña grabadora y la dejó en una esquina de la mesa.

—Preferiría algo más informal, si no tiene inconveniente —objetó el jefe de la policía.

Toni se limitó a guardar el aparato sin hacer ningún comentario y sacó una pequeña libreta de notas y un bolígrafo de otro bolsillo.

También preguntó si podía fumar. Su interlocutor asintió, y la calva del centro de su cráneo relució a la luz del plafón.

—Bien. Si la memoria no me falla, todo empezó cuando uno de sus agentes descubrió el cuerpo de una joven en el desierto, un día de agosto de mil novecientos noventa y cinco. Ése fue el comienzo del caso. Sugiero que partamos de ahí, como si yo no supiera nada más. Prefiero tener su versión de los hechos de viva voz, es mejor para mi artículo, más vivo. ¿Comprende?

Nuevo asentimiento. Alfonso Pazos se humedeció el bigote con un lametón de su sonrosada lengua, respiró hondo y se lanzó:

—De hecho, el veintitrés de agosto de 1995, un policía de patrulla descubrió en el límite oeste de la ciudad, más allá de la Colonia Anapra, el cuerpo atado y mutilado de Catalina Cruz, una joven de dieciséis años que había sido vista por última vez pocos días antes. El cuerpo, semidesnudo, se encontraba en avanzado estado de descomposición debido al calor, lo que explica que tardáramos varios días en identificarlo. Vivía en otro barrio, la Colonia Fronteriza, y trabajaba en una maquiladora, una de esas filiales de las multinacionales llegadas de todo el mundo para instalarse aquí, donde la mano de obra no cuesta nada. —La perplejidad debía de resultar patente en el rostro de Toni, porque Pazos meneó la cabeza y aclaró—: Las fábricas están instaladas a lo largo de toda la frontera y montan microondas, televisores o coches que luego se comercializan en el mercado estadounidense, lo que hoy resulta muy fácil, tras la firma de los acuerdos del TLC. Fábricas-destornillador, en cierto modo —la cólera era casi imperceptible en su voz—, y la cosa es mucho peor desde la devaluación del peso.

—Yo pensaba que la frontera estaba más vigilada que nunca —objetó el periodista.

—En efecto, señor Zambudio. Esos acuerdos no incluyen la libre circulación de las personas. Sólo facilitan la de las mercancías. Así que las maquiladoras se han multiplicado en pocos años. Crean muchos puestos de trabajo y permiten sobrevivir a mucha gente. Es más, y usted sin duda lo habrá constatado, la ciudad crece a un ritmo vertiginoso gracias a las oleadas de inmigrantes llegados del sur para trabajar en las fábricas. Se llaman maquiladoras, o más familiarmente "maquilas", del término coloquial "maquilar", derivado de maquinar. O sea, someter alguna cosa a la acción de una máquina. Y, efectivamente, Catalina Cruz trabajaba para Somermex, una maquila gringa. La habían violado y a continuación le habían introducido diversos objetos en la vagina, antes de estrangularla. Y para acabar la decapitaron. En las semanas que siguieron, descubrimos otros once cuerpos, detrás de plantas industriales, en el desierto, en las proximidades de las colonias... Algunas de las chicas eran apenas adolescentes de no más de catorce años. Todas tenían las mismas características: delgadas, de raza indígena o mestizas, pelo largo... Enseguida comprendimos que estábamos ante un asesino en serie con fuertes tendencias fetichistas. Varios cadáveres se encontraban en tal estado que en algunos casos ni siquiera pudimos saber cuál había sido la causa de la muerte, ni tampoco identificarlos. Finalmente, en la primavera del 96, tuvimos la suerte, si cabe llamarla así, de descubrir siete nuevos cadáveres en mejor estado. Las que no habían sido estranguladas habían muerto a consecuencia de numerosas puñaladas. Presentaban profundas marcas de mordiscos en el interior de los muslos y en los pechos, mordiscos humanos, y les habían arrancado los pezones. Todos los cuerpos habían sido trasladados después de la muerte. No encontramos ningún arma en las proximidades. Todas las chicas eran de familias pobres, la mayoría, obreras de maquiladoras, como Catalina Cruz. El mes de marzo del 96 habíamos alcanzado la cifra de diecinueve víctimas, y el país estaba en ebullición. Ya sabe, el síndrome "¿Qué está haciendo la policía?" Teníamos continuamente encima al presidente municipal, las asociaciones de familiares de las víctimas, las feministas y no sé cuánta gente más. Aquí la situación política es realmente complicada. El PAN* se había apoderado de la alcaldía con el apoyo de los católicos. Luego volvió a arrebatársela el PRI.** Intente imaginar las reacciones del

---

* PAN (Partido Acción Nacional) partido de la derecha liberal, cuyo líder es el actual presidente de México, Vicente Fox.

** El PRI (Partido Revolucionario Institucional) permaneció ininterrumpidamente en el poder desde la revolución mexicana hasta las elecciones del año 2000, ganadas por el PAN.

PAN, que no busca otra cosa que recuperar el poder: ustedes no son capaces ni de garantizar la seguridad de nuestras mujeres, y dale que dale...Todo lo que se le ocurra, vaya.

—Necesitaban ustedes un culpable.

—Y con urgencia, todos ocupábamos asientos eyectables. Detuvimos a un primer sospechoso en octubre del 95.Tras reconstruir las últimas horas de las víctimas, habíamos llegado a la conclusión de que algunas frecuentaban los bares del centro.

—¿Se refiere a los locales de la Zona Roja, el barrio de la prostitución? —preguntó Toni sorprendido—. Eso no encaja mucho con la idea que se suele tener de la joven mexicana tradicional...

—¡Híjole...! Desengáñese, señor Zambudio.Ya corrió mucho el agua bajo los puentes del río Bravo. No me malinterprete. No acuso a las obreras de ser prostitutas, pero algunos bares que no son oficialmente cantinas, que incluso pueden ser discotecas elegantes de la Zona Rosa, son propicios para los encuentros, y, ya sabe, los regalitos ayudan a estrechar la amistad.

Viernes 23 de febrero de 1997. Motel La Vela

Al recordar la conversación que había mantenido con el jefe de la policía, Toni volvía a ver a las vampiresas apenas púberes que merodeaban por las avenidas del centro la noche de su llegada embutidas en minifaldas y encaramadas en zapatos de tacón de aguja, con los pulposos labios ensangrentados de carmín.

Enderezó el cuerpo en la silla y consultó su reloj: 19.00. En poco más de veinticuatro horas, su avión lo llevaría lejos de Juárez y de sus fantasmas.

Pasado mañana estaría de nuevo en Madrid, con una libreta rebosante de información para un segundo artículo. Suspiró y arqueó la espalda agarrándose los riñones. Entre tanto, había que acabar el primero. Releyó el sumario y la primera parte del texto. Diez cuartillas máximo, había dicho Ferrer, el redactor jefe.Vale.

Sus dedos volaban sobre las teclas del ordenador portátil produciendo un golpeteo discreto, como una llovizna sobre un tejado de chapa. Hizo una pausa, hojeó las páginas de la libreta y repasó la entrevista con el jefe de la policía.

—A veces, señor Zambudio, son unas calientabraguetas —siguió diciendo Pazos tras alisarse el bigote—. En fin, lo cierto es que, en lo más profundo de sí mismas, la mayor parte del tiempo no son más que niñas, tan fascinadas como asustadas por los devastadores efectos de sus provocativos contoneos y sus miradas asesinas. A veces ni siquiera son conscientes. Una de las adolescentes a las que interrogamos confesó haber acompañado a casa a un hombre al que había conocido en un bar de la avenida Vicente Guerrero llamado Mujeres. Para seguir charlando, pensaba ella ingenuamente. Por supuesto, él se le echó encima en cuanto cruzaron la puerta. La chica se resistió, y lo más interesante de todo es que el sujeto le dijo que ella también acabaría "como las otras putas, en medio del desierto". Conseguimos que nos acompañara a casa del fulano y lo detuvimos. Se trataba de un libanoamericano llamado Fouad El Aziz. De unos cincuenta años, contramaestre en Cortez Electronics, una maquila estadounidense. Un hombre bien parecido, tipo Omar Sharif: podría haber hecho el papel de rico seductor en alguna telenovela de las de aquí, no sé si me explico.

Toni había alzado los ojos al techo.

Fuera, se había oído un brusco frenazo y el chirrido de unas ruedas que derrapaban. El periodista se quedó rígido esperando el estrépito de un choque que tardaba en producirse. El enfrenón dio paso al ruido de puertas que se cerraban con violencia y a un intercambio de insultos perfectamente audibles.

—El Aziz lo negó todo de plano. Eso sí, reconoció frecuentar a las prostitutas de Juárez, pero quien nunca haya pecado... —prosiguió el jefe de la policía—. Había llegado aquí hacía dos años, pero había pasado los veinte anteriores en Estados Unidos. Pedimos información sobre sus antecedentes penales a nuestros colegas del norte. Y la cosa resultó aún más interesante. Nuestro hombre tenía un pasado más que turbio. Agresiones sexuales. Había cumplido una pena de seis años en una penitenciaría de Florida por violación con agravante de golpes y heridas. Condenado de nuevo en el noventa y tres por un segundo intento de violación, huyó a Midland, Texas. Allí trabajó como químico. Luego consiguió que lo trasladaran a la filial mexicana de su grupo, aquí, en Juárez. Estábamos seguros de tener a nuestro hombre. Bueno, casi.

—El problema es que los asesinatos no cesaron, puesto que en la primavera del noventa y seis descubrieron ustedes nuevas víctimas, como ya me ha explicado —dijo Toni.

—Ése es uno de los problemas. Pero no el único, por desgracia. Por una parte, El Aziz seguía negándolo todo; por otra, las marcas de mordiscos halladas en las víctimas no se correspondían con su dentadura. No teníamos más testimonio que el de la lolita que nos había contado su historia. Suponíamos que el sujeto abordaba a las chicas a la salida de las fábricas y en determinados bares. Pero no había ni un solo testigo, nada. Cuando encontramos nuevos cadáveres, lo peor fue comprobar que presentaban exactamente las mismas características que los anteriores. Llegamos a la conclusión de que el libanés tenía cómplices en la ciudad.

—Eso no concuerda demasiado con los hábitos monomaniacos de los asesinos en serie —objetó Toni—. Generalmente, actúan en solitario.

—En efecto, y estábamos convencidos de que, en un exceso de celo, algunos de nuestros agentes habían intentado meter con calzador su versión de los hechos en la cabeza de El Aziz, que en determinado momento acabó por confesar uno de los asesinatos, para retractarse acto seguido ante el juez de instrucción. —Toni tuvo que hacer un esfuerzo para reprimir una sonrisa irónica. Imaginaba el tamaño del calzador en cuestión—. La cosa no era nada fácil, señor Zambudio. El gobernador del estado, que también pertenecía al PAN, no dejaba de presionarnos —siguió diciendo Pazos en tono seco—. Fue entonces cuando se nos ocurrió desempolvar el caso de Matamoros, ocurrido en 1989.

—Leí algo al respecto en el avión. Una secta satánica, creo. Estaba en la documentación que me preparó el periódico.

—Exactamente. Y esos asesinos en serie no actuaban en solitario. Tenían cómplices incluso en México, D.F. En su momento, el caso se resolvió con la colaboración del FBI. No es que nos encantara, pero entre las víctimas figuraba un gringo. Así que volvimos a ponernos en contacto con ellos, en Quantico, Virginia. Nos enviaron un experto, un sociólogo especializado en sectas. Según su programa de análisis de crímenes violentos, el VICAP, el veinte por ciento de los asesinos en serie trabajan en grupo. Lo que apoya nuestra hipótesis sobre la culpabilidad de El Aziz ayudado por cómplices tan trastornados como él. Pero hay algo aún mejor: acabamos obteniendo los testimonios que tanto necesitábamos. ¿Y qué dicen esos testimonios? Que ciertas víctimas habían sido vistas del brazo de jóvenes elegantes vestidos a la moda ranchera, culturistas que se exhibían en discotecas de *strip-tease* masculino para gringas cachondas de Ciudad Juárez. Esos individuos disfrazados de vaqueros pertenecían a una banda, los Diablos. A finales de abril del 96, un sábado por la noche, hicimos una redada en el Maverick's, un bar del centro frecuentado por obreras de las maquilas, y detuvimos a ciento cincuenta personas, entre las que había chicas de doce años. Tras una selección basada en los datos que nos habían facilitado nuestros testigos, detuvimos a nueve miembros de esa banda. ¿Y sabe qué? Las huellas dentales del jefe de la banda, el Satán, un apodo especialmente apropiado, se correspondían con las marcas de mordiscos halladas en el cuerpo de la última víctima hasta esa fecha, Sara Gutiérrez. Y otras dos testigos confirmaron más tarde que habían sido raptadas y violadas por miembros de la banda, de los que consiguieron escapar. Descubrimos restos de sangre y esperma en los vehículos de los detenidos. Y, para acabar, ellos mismos confesaron ser los autores de algunos de los asesinatos y señalaron a El Aziz como autor de los demás. Aseguraban que el libanés les pagaba para que actuaran como ganchos y a continuación mataba a las chicas que le llevaban. ¡Esta vez teníamos a los culpables!

—Ha mencionado usted la secta de Matamoros. ¿Encontró el FBI algo por el estilo aquí, en Juárez?

—Secta, banda… Lo de menos es el nombre, mi querido Zambudio. Sigue tratándose de un grupo de asesinos en serie.

—Eso es lo que dicen ustedes. El caso es que El Aziz se retractó de su confesión, lo mismo que los miembros de la banda, si no me equivoco. Me parece que eso es un problema.

Repentinamente, el rostro de Alfonso Pazos adoptó una expresión pesarosa.

—Decididamente, es usted un escéptico, señor periodista —le espetó a modo de conclusión.

Viernes 23 de febrero de 1997. Motel La Vela. 19.30 horas

Toni meneó la cabeza y se masajeó las doloridas sienes. Aquellas pantallas diminutas siempre acababan produciéndole dolor de cabeza. Además, empezaba a tener hambre. Releyó lo que había escrito, apagó su computadora, cruzó la habitación saturada de humo de cigarrillo, descorrió la ventana unos dedos y salió.

Salir a caminar siempre lo había ayudado a escribir. Era como si rumiara las ideas con los pies. De todas formas, necesitaba hacer una pausa. El botones le abrió ceremoniosamente la puerta. Toni le dio otros veinte pesos.

Aparte del tristísimo *fast-food* de enfrente, no había nada a la vista que pareciera en condiciones de satisfacer sus exigencias. Un taxi vacío esperaba delante del motel. Más valía dejar el escarabajo estacionado en el motel y hacerse llevar en taxi al centro.

La ciudad había invadido las colinas peladas. Las casas bajas cedían el terreno a las chozas a medida que se aproximaba el desierto. Los escasos edificios modernos ocupaban el nuevo centro, a dos pasos del casco viejo, construido a lo largo del río. La fisonomía de la ciudad cambiaba mientras que avanzaba el taxi. Pasados los grandes y rutilantes almacenes Sanborn's, la avenida se estrechaba entre edificios bajos y mal conservados.

Se apeó en la esquina de la avenida Guerrero. El calor era algo más llevadero y las sombras de las antiguas mansiones con fachadas de adobe se alargaban sobre la acera a la incipiente luz de los faroles. Durante unos instantes, Toni contempló la perspectiva de la calle, las ventanas protegidas con rejas de forja, los adornos de estuco, que se entrelazaban para formar complicados motivos, los tejados de estilo español, con tejas romanas...

Todo parecía cubierto de polvo. En Juárez, cubría tanto el suelo como los tejados y las hojas de los escasos árboles, e incluso parecía cubrir a la gente, envolviendo toda la ciudad con un fino sudario que atenuaba los colores más vivos. Era la forma que tenía el desierto de recordarte su presencia hasta cuando no podías verlo.

En la otra acera, un carrocero echaba el cierre. Sobre la persiana metálica, la azulada boca de un revólver de dos metros encañonaba a los viandantes. Bajo la pintura, con grandes letras rojas, el comerciante había escrito: "Esto es una advertencia".

Toni se detuvo ante una taquería y pidió fajitas de carne asada. Su estómago vacío y enfermo se quejaba ruidosamente. Lo malo era que allí no se consumía nada sin su dosis homeopática de chile, ni siquiera una ensalada de frutas. La ingestión de las fajitas tuvo como consecuencia la erupción de una corriente de lava a lo largo de su esófago. Tenía que tomar algo.

Por supuesto, había salido del motel como un ladrón, sin llevarse nada que pudiera aliviarlo. Se detuvo ante una farmacia cuya puerta estaba protegida con una verja con ventanilla y llamó. La obesa dependienta consiguió salir de detrás del mostrador y se acercó a él.

—Quisiera entrar para comprar algo contra el ardor de estómago, por favor.

—Aquí no se puede entrar. Hay demasiadas agresiones. Le serviré por la ventanilla.

Toni renunció a responder y se limitó a encogerse de hombros. Mierda de ciudad.

Martes 20 de febrero de 1997. Juárez, barrio financiero

El abogado de Fouad El Aziz se llamaba Adrián Cuauhtémoc Camerón y era un imbécil pretencioso. Había dado cita a Toni al día siguiente de su entrevista con Alfonso Pazos. Su bufete se encontraba en un barrio financiero alejado del centro de reciente construcción, en Rincón del Campanario. Toni había aparcado el Volkswagen en medio de varios Jaguar, Mercedes y BMW expuestos a la quemazón de mediodía en el aparcamiento al aire libre. Rodeado de todo aquel lujo exhibido sin complejos, se sentía tan fuera de lugar como un iceberg en mitad del desierto.

Camerón era alto, delgado, culturista y feliz poseedor de un ligero estrabismo divergente. Debía de dormir con una redecilla en la cabeza para aplastarse el pelo negro sobre el afilado cráneo y su bigote estaba visiblemente domesticado por un peluquero. Vestía un tres piezas oscuro que no debía de haber costado menos de cuatro o cinco años del salario de un obrero.

Seguramente su mayor desgracia en esta vida era no deber el tono mate de su tez a los efectos de una lámpara bronceadora. Sus manos, elegantes, cuidadas y adornadas con un discreto anillo de matrimonio, estaban posadas sobre el escritorio estilo Regencia. Su ojo izquierdo miraba un punto indeterminado del vacío mientras el derecho se clavaba en Toni como si fuera una cagada de pájaro caída del cielo sobre la encerada caoba del mueble antiguo.

El aire acondicionado creaba un ambiente polar, pero el puñetero bizco parecía estar tan a gusto.

—¿Qué puedo hacer por usted? —preguntó Camerón.

En ese preciso instante, Toni se acordó de una adivinanza: ¿qué pasa cuando tienes un abogado enterrado en arena hasta el cuello? Respuesta: que te falta arena. Sonrió e inició la entrevista.

Al principio, Camerón se mostró convencido de la culpabilidad de El Aziz:

—Es una persona muy inestable. Cuando acepté defenderlo, no tenía ninguna idea preconcebida. Pero se había dado demasiada prisa en confesar. Por supuesto, los interrogatorios de la policía mexicana pueden ser bastante persuasivos, pero nadie confiesa algo tan grave si es inocente, ni siquiera bajo presión. El caso es que tomé la decisión de declararlo culpable. Sobre todo, en vista de sus antecedentes. Sin embargo, de una forma incomprensible, mi defendido se retractó, a pesar de mis consejos, y nunca he podido hacerlo recapacitar. No quiere ni oír hablar del asunto. En consecuencia, me he limitado a hacer mi trabajo, que a partir de ese momento se redujo a denunciar las coacciones de que decía haber sido víctima ante asociaciones de defensa de los derechos del hombre.

—Pero sin gran convicción —repuso Toni.

—Señor Zambudio —respondió el abogado, ofendido—, yo soy un profesional. Declarándolo culpable y alegando que sus anteriores condenas habían quedado sin efecto, habría podido convencer al jurado para que lo confinaran en un centro especializado, donde habría seguido un tratamiento, en lugar de condenarlo a perpetuidad. Este país no es tan bárbaro como la gente cree. En Estados Unidos, se habría pasado años en el corredor de la muerte esperando la ejecución. Sobre todo en Texas. Le recuerdo que en México no existe la pena capital. Pero la cadena perpetua no es ningún alivio. Conociendo como conozco las cárceles de este país, se lo puedo asegurar. No obstante, en lo más profundo de mí mismo, estaba desconcertado. Y hoy estoy absolutamente convencido de la inocencia de mi cliente.

Toni intentó captar la mirada del abogado, pero no consiguió descubrir cuál de los dos ojos lo estaba mirando.

—Sin embargo, una testigo lo acusa de intento de violación y amenazas de muerte. No le enseño nada nuevo si le digo que todos los asesinos en serie son grandes mitómanos. Psicópatas, conscientes, maquiavélicos...

—Cierto —respondió el picapleitos—; pero, si no me equivoco, por lo general los asesinos en serie están muy orgullosos de los asesinatos que cometen. Su fin último es obtener reconocimiento. Eso no se corresponde en absoluto con la personalidad de mi cliente. Suponiendo que fuera culpable, sólo podría pertenecer a la categoría de los psicóticos, que actúan bajo presión psicológica y olvidan su acto al cabo de un minuto. Por eso mi primera idea era que se declarara culpable e invocar circunstancias atenuantes relacionadas con su salud mental.

Empatados a uno. Era un imbécil competente.

Aquello empezaba a ponerse interesante.

—Pero, si no recuerdo mal las diferencias entre psicópata y psicótico, dentro de los asesinos en serie, el segundo siempre actúa solo, al contrario que el primero —argumentó Toni—. Siendo así, ¿dónde encaja la banda de los Diablos?

La pregunta parecía haber confundido al abogado.

—Nunca se ha podido probar que mi cliente y esos sujetos se conocieran —respondió Camerón con voz menos firme—. Desde luego, puede que llegaran a cruzarse. Juárez no es tan grande, y todos eran noctámbulos empedernidos. Pero de ahí a que fueran cómplices... En mi opinión, el tal Satán sólo acusó a mi defendido para exculparse de sus actos.

—Entonces, ¿esa banda habría actuado sola?

—Respecto a eso, caballero, diríjase a su abogado y sabrá mucho más de lo que yo pueda decirle. Yo sólo me ocupo de la defensa de Fouad El Aziz, que, por cierto, es inocente. Y no faltan elementos para llevar el agua a mi molino.

Adrián Cuauhtémoc Camerón empujó una carpeta hacia Toni, que empezaba a tiritar bajo su camisa de manga corta.

La policía había calificado a una de las víctimas de "supuesta hondureña" en razón de la etiqueta "*Made in Honduras*" de su camiseta. Todo valía.

Una correspondencia circunstanciada entre el FBI y los federales, así como entre el FBI y la policía judicial, precisaba que la administración estadounidense, a petición del gobierno mexicano, había peritado los vehículos sospechosos durante un examen efectuado en El Paso, Texas, pero que, a pesar de la exhaustividad del registro, no se había podido hallar ninguna muestra de fluidos corporales. Los estadounidenses advirtieron a la policía mexicana sobre la inconsistencia de las pruebas obtenidas. El procurador de Juárez respondió que los sospechosos habían depuesto confesiones muy claras respecto a los asesinatos. Seguía una copia de un informe de la Comisión Mexicana de Derechos Humanos dirigida al abogado: los sospechosos habían sido detenidos sin orden judicial, se les había negado la asistencia de un abogado y, para colmo, los habían golpeado durante los interrogatorios; al menos, eso afirmaban ellos, añadiendo que les habían metido la cabeza en la pila de un lavabo lleno de agua, apuntado con un arma en la sien y amenazado con matarlos si no confesaban.

Abrumador.

Toni dirigió una mirada de admiración a Camerón.

—Inconsistencia de las pruebas, confesiones obtenidas mediante torturas y amenazas... El sumario no tiene ni pies ni cabeza. Con eso no llegarán muy lejos —sentenció el abogado, orgulloso.

De hecho, la investigación policial hacía agua por todas partes.

—¿Trabaja usted en colaboración con su colega, el abogado que defiende a los miembros de esa banda?

—Nuestros intereses podrían resultar, como lo diría... Divergentes.

Toni miró a su alrededor.

—¿Su cliente es rico, abogado?

—No lo bastante para pagar mis servicios. Acepté defenderlo gratuitamente.

—¡Qué generosidad!

—Desengáñese, señor Zambudio. Firmé un sustancioso contrato sobre esta historia con un editor estadounidense. Una vez que finalice el proceso, escribiré un libro sobre el caso criminal más importante de la historia de México, que me reportará derechos de autor extremadamente jugosos.

Un auténtico benefactor de la humanidad.

Al menos, le dio la dirección del bufete de abogados que llevaba la defensa de los Diablos.

En el aparcamiento, deslumbrado por el sol, Toni aspiró con ansia el azulado humo de un Fortuna con la nariz húmeda y la sensación de haber pasado una hora en el Polo Norte. Al amagar el simple gesto de sacarse el paquete de cigarros del bolsillo, el bizco lo había congelado con la mirada.

Viernes 23 de febrero de 1997.
Casco antiguo de Juárez. 20.00 horas

La gorda de la farmacia le había vendido tabletas de Maalox para chupar. Mientras caminaba, Toni encendió un cigarrillo para quitarse el mal sabor del medicamento. Las calles se animaban a medida que caía la noche. Parejas y chicas jóvenes con zapatos de tacón alto y embutidas en vestidos al menos dos tallas más pequeños de la cuenta deambulaban por las aceras llenas de baches. Un viernes por la noche en Juárez.

Siguiendo con la mirada los contoneos de una adolescente que no podía tener más de catorce años, Toni se dijo que, decididamente, México había cambiado mucho. Llegó a la plaza de Armas, dominada por la iglesia de Nuestra Señora de Guadalupe, con una incipiente erección hinchando la bragueta de sus jeans vaqueros.

Los indios tarahumaras, expulsados de las montañas de Chihuahua por el frío invernal, pedían limosna en los semáforos en rojo.

La plaza seguía igual, con sus vendedores ambulantes de caramelos, chicles y cordones para los zapatos. Bajo las arcadas coloniales, los limpiabotas esperaban clientes. Toni ocupó uno de los asientos.

Indiferente a su presencia mientras lustraba rítmicamente el cuero, el limpiabotas sermoneaba a su desocupado compañero:

—¿Es que no te das cuenta? ¡Esa chica que te picaste no tiene ni dieciséis años!

—¡Mira quién fue a hablar! Y lo tuyo con esa mujer casada, ¿qué?

—Un momento, eso no es lo mismo, yo no tengo culpa de nada. Estaba en su casa, me entraron ganas de ir al baño, ella había dejado la puerta abierta y estaba sentada en el trono. No me pude resistir. Lo hizo adrede, claro. ¿Y cómo iba a imaginar yo que su marido llegaría y nos sorprendería?

—Morirás por la cola, Antonio.

—De algo hay que morir. Listo, señor, son quince pesos.

En los días que siguieron a su entrevista con Adrián Cuauhtémoc Camerón, Toni sufrió más de una contrariedad. Primero lo traicionó la técnica. Su pequeño magnetófono de bolsillo, una maravilla de la tecnología japonesa adquirida en el *Duty-Free* de Madrid el día de su partida, dejó de funcionar de buenas a primeras y lo condenó a volver a la edad de piedra y usar el bolígrafo. Luego, el bufete Alma de Oca, que llevaba la defensa de los miembros de la banda de los Diablos, se negó a concederle una entrevista:

—Nuestros clientes han sido víctimas de una maquinación, ése es el único mensaje que queremos transmitir a la prensa. Para nosotros, la culpabilidad de Fouad El Aziz, y sólo la suya, no ofrece la menor duda, y estamos seguros de obtener la absolución de nuestros clientes durante el proceso.

Pues qué bien. Al menos, en el banquillo de los acusados habría animación. El señor Alma de Oca debía de ser otro cretino, pero además no tenía el menor sentido de las relaciones públicas y era un mal abogado, se dijo Toni, que a continuación intentó obtener una entrevista con Ernesto Gandolfo, el juez encargado de la instrucción, y fracasó en toda regla.

Una especie de ayudante le hizo saber que el magistrado había montado en cólera al enterarse de que Toni se había entrevistado con Alfonso Pazos y sobre todo de que había tenido acceso a determinados documentos del sumario antes del juicio. Desde luego, la instrucción había acabado, los asesinos estaban a buen recaudo y los asesinatos habían cesado; pero tenía que haber acudido a Gandolfo antes de tomar cualquier otra iniciativa.

Lo único que sacó en limpio de aquella conversación telefónica fue la fecha de inicio del proceso. El once de marzo, El Aziz y el Satán comparecerían ante el tribunal de Juárez para responder de las acusaciones de asesinatos, violaciones y actos de barbarie. Toni decidió orientar su investigación hacia las víctimas y contar la historia de una de ellas. Algo tenía que hacer.

El jueves 22 visitó la tumba de la primera joven asesinada.

Siguiendo las imprecisas indicaciones del guardia de la entrada, Toni vagó por el inmenso cementerio durante unos minutos antes de encontrar la modesta sepultura de Catalina Cruz. Las coronas multicolores de papel confeccionadas para el Día de los Muertos apenas habían empezado a ajarse sobre la cruz de madera, simplemente hincada en la tierra. Desde una fotografía en color ya un tanto apagada, protegida por una funda de plástico transparente, una adolescente de aspecto formal y sonrisa radiante clavaba sus negros ojos en el objetivo de la cámara.

El cabello oscuro le caía suelto sobre los hombros y formaba un flequillo recto sobre su frente. Vestía una sobria blusa blanca y la habían fotografiado en un estudio, sobre un fondo azul marino. Los pómulos altos y la tez ocre hablaban de la sangre india que corría por sus venas.

Toni interrogó largamente con la mirada a la imagen clavada en la madera de la cruz. Luego contempló la tierra a sus pies. Unas velas colocadas a ras de suelo iluminaban desde el interior sendos cilindros de cristal adornados con imágenes de la Virgen de Guadalupe, "Reina de México, Emperatriz de las Américas" y del arcángel san Miguel sometiendo al demonio. La cera roja bañaba de sangre las escenas piadosas. Alguien había dejado en el suelo una hoja de papel sujeta con una piedra.

> San Miguel Arcángel, defiéndenos en la batalla. Sé nuestro protector contra el mal y las tentaciones del demonio. Que Dios Todopoderoso doblegue a Satán, te lo rogamos humildemente. Y Tú, Príncipe Celestial, por el poder de Dios, devuelve a los infiernos a Satán y todos los espíritus malignos que vagan por el mundo buscando la condenación de las almas. Amén.

Toni volvió a dejar en su sitio la plegaria, escrita con mano torpe, casi infantil. Bajo los cirios, bajo la tierra, yacía el cuerpo destrozado de una muchacha de dieciséis años, y con él los secretos de su martirio y su muerte.

Sus padres habían colocado una modesta placa grabada al pie de la cruz:

CATALINA CRUZ
1979-1995
A NUESTRA HIJA

Antes de abandonar el campo santo, Toni se dejó impregnar por la atmósfera del lugar y tomó algunas notas inclinado sobre la tumba. Decididamente, odiaba los cementerios.

De vuelta en el hotel, leyó atentamente el artículo aparecido en *The Nation* que le había entregado Pérez la víspera de su partida. Al principio, la policía de Juárez sólo había relacionado entre sí una docena de asesinatos posteriores al caso Cruz. Pero un colectivo feminista, la Alianza de las Mujeres, indignado por los asesinatos, reunió viejos artículos aparecidos en la prensa y estableció vínculos con crímenes cometidos en los años anteriores a la ola de asesinatos. En los últimos tres años, la Alianza había contabilizado no menos de cincuenta y tres víctimas. Seguía una entrevista con Guadalupe Vidal, responsable del colectivo. Según la periodista estadounidense que había redactado el artículo, la policía, enzarzada en una interminable guerra de servicios y acusada de malos tratos hacia los sospechosos, sólo daba palos de ciego.

De hecho, ya ni siquiera estaban seguros de quién había matado a quién, hablaban de tráfico de órganos y, en una palabra, de cualquier cosa que se les ocurriera. Probablemente, El Aziz y los Diablos serían condenados, pero el puñado de pruebas reunidas en su contra era tan frágil y los informes periciales tan inconsistentes que nunca se tendría la certeza de su culpabilidad al cien por ciento.

Toni cerró el periódico murmurando un "¡Joé, qué porquería!" y siguió revisando su documentación. Pepe Ortega, su antiguo compañero del servicio de investigación, había trabajado como un jabato. El dossier era muy completo. Aparte de los artículos de prensa relativos a los crímenes, Ortega había recopilado todo lo que había encontrado sobre Ciudad Juárez. Un artículo de *Los Angeles Times* retuvo brevemente su atención. Una empresa europea, Cerraduras Locks, comprada más tarde por Cortez Electronics, un grupo estadounidense, había inundado todo un barrio de productos tóxicos y causado el nacimiento de niños afectados de espina bífida, una deformación fetal de la médula espinal. ¡Dios Misericordioso! Para concluir, el *L. A. Times* recordaba que un acuerdo firmado por México y Estados Unidos estipulaba que no podía almacenarse ninguna materia peligrosa en un radio de cien kilómetros a ambos lados de la frontera.

Escalofriante, pero una minucia al lado de los asesinatos. Toni cogió la guía del mueble del teléfono y buscó el número del colectivo feminista al que aludía el artículo de *The Nation*.

Una voz femenina de edad madura acabó respondiendo en un tono ligeramente ronco que, efectivamente, aquello era la sede de la Alianza de las Mujeres.

—Ha tenido suerte. Normalmente aquí no hay nadie de guardia. No podemos permitírnoslo. De hecho, sólo he pasado a recoger el correo y... Pero ¿qué puedo hacer por usted, señor...?

—Disculpe. Toni Zambudio. Soy periodista e investigo los asesinatos en serie de Juárez para un periódico español, *El Diario*. Si es tan amable, me gustaría hablar con Guadalupe Vidal y concertar una cita con ella. Quisiera entrevistarla a propósito del papel desempeñado por el colectivo Alianza de las Mujeres en la evolución de este caso. ¿Cómo puedo contactar con ella?

—Vaya, ha tenido usted suerte por partida doble. Está hablando con ella. Aquí hago de todo, es increíble. Recadera, mecanógrafa, telefonista, mujer de la limpieza y portavoz, cuando tengo tiempo. Lo escucho —añadió la mujer con voz cansada.

Por supuesto, conocía el periódico de Toni —¿quién no?— y, además, las pocas veces que tenía la oportunidad de leerlo, le había gustado. Desgraciadamente, estaba desbordada y no podía encontrarse con él antes del fin de semana, ni con la mejor voluntad del mundo. Acabó dándole cita para el domingo a mediodía.

Comerían juntos antes de que Toni cogiera el avión de las cuatro para Madrid. Era un poco justo, dijo el periodista, pero, ya que no tenía elección, se las arreglaría. Sin embargo, se las vio y se las deseó para que la mujer consintiera en explicarle cómo encontrar a la familia Cruz.

Guadalupe Vidal acabó indicándole el mejor modo de llegar a la Colonia Fronteriza, a las puertas del desierto.

—De todas formas, se perderá y tendrá que preguntar. Ánimo y, sobre todo, trátelos con delicadeza. Han sufrido mucho. Hasta el domingo, señor Zambudio.

Viernes 23 de febrero de 1997. 16.00 horas

La presidenta de la Alianza de las Mujeres le había aconsejado conducir hasta la estación "Catedral", delante de la antigua misión de Nuestra Señora de Guadalupe, esperar a que pasara el autobús número 8 y seguirlo con el coche hasta la Colonia Fronteriza, donde vivía la familia de Catalina Cruz.

Toni condujo tras el polvoriento y destartalado vehículo hasta que atacó la lenta subida hacia las colinas desérticas cubiertas de casitas de lámina. Los gases del tubo de escape se colaban por los cristales rotos de las ventanillas del abarrotado autobús.

Toni circulaba despacio. Dejó atrás el mercado central y tomó la avenida 16 de Septiembre, que se lanzaba como una bala de fusil hacia los arrabales del oeste de la ciudad.

Pronto no vio más que casas bajas, vendedores de refacciones para coche y llantas desparejadas y vulcanizadores y muchos hombres silenciosos. Pasó ante taquerías que vendían menudo y trató en vano de recordar a qué se parecía ese plato, antes de girar hacia la calle Chiapas, que subía hasta un ruinoso mirador. El asfalto, salpicado de baches, había dado paso a una pista de tierra llena de hoyos.

El viento formaba remolinos al paso de los vehículos y las ruedas del autobús proyectaban una fina película de polvo hacia el parabrisas del Volkswagen. Toni cerró el cristal de la ventanilla y accionó el limpiaparabrisas.

No tardó en verse rodeado de casuchas construidas con materiales de desecho recogidos aquí y allí. Las chabolas de pedruscos y lámina de cartón extendían por la colina un paisaje de desolación. Prendas remendadas se secaban en los tendederos. Las aguas residuales se derramaban en cascadas por las terrazas, contenidas por parapetos de llantas viejas apiladas como paredes.

En la cima, las construcciones, hechas únicamente con cartones de embalaje y papel alquitranado a modo de techo, tenían un aspecto aún más primitivo. Miles de costales de plástico cubrían el suelo y colgaban de los arbustos de mesquite, retorcidos como ahorcados. El humo de los fuegos de campamento ascendía hacia el cielo y el sol se ponía ya sobre El Paso y Texas. A diez kilómetros al noroeste se encendían las primeras luces de Estados Unidos. Niños desnudos y sucios jugaban sentados en el lodo de un charco de agua jabonosa. Toni se detuvo a su altura para preguntarles dónde vivía la familia Cruz. El cadáver hinchado de un perro se pudría en una zanja.

Las cazuchas de lámina habían devorado el espacio hasta donde alcanzaba la vista. El periodista trató de imaginarse aquel inmenso territorio todavía virgen, poblado únicamente por apaches y tarahumaras. De entonces para acá había llovido mucho.

Solo quedaba el olor un tanto acre a cloaca al aire libre, mezclado con el aroma de los frijoles que hervían en el interior de las chozas. El olor de la miseria.

Detrás de la colina, otros barrios habían conquistado las peladas mesas en virtud de una ley que databa de la Revolución: la gente tenía derecho a asentarse colectivamente en parcelas propiedad del estado que no estuvieran explotadas. A los diez años, si nadie te había echado, te convertías en el feliz propietario de tu pedazo de tierra. La "invasión" se transformaba en colonia por la magia de las palabras, y a partir de ese momento tenías derecho a pagar impuestos y pelear para que la luz y el agua llegaran a tu casa, por la mediación del Espíritu Santo o, mejor, de un partido político. A cambio, claro está, de los votos de toda la colonia.

Toni torció a la derecha y tomó un sendero, una calleja sin nombre, como le habían indicado los niños, y a continuación descendió hacia otro poblado de chabolas. Todas las miradas convergían en él. A mitad de la pendiente, se detuvo y penetró en una callecita flanqueada por dos chozas de cartones. Un hombre muy joven se entretenía aporreando una vieja batería de coche con un martillo, mientras otro más viejo contemplaba el naciente crepúsculo desde una mecedora que había conocido tiempos mejores, varias décadas atrás. En el exterior de la choza, una anciana se esforzaba en encender una especie de horno de tierra seca para hacer tortillas de maíz. Toni lanzó al aire un tímido "¡Buenos días!" Un bebé dormía en una cuna hecha con huacales de madera. En un costado del improvisado lecho, un gracioso había escrito: "No molestéis, chavos, que muerdo".

Una joven se acercó a Toni. Parecía una réplica de Catalina Cruz, con unos años más. Menuda, morena, con el rostro finamente esculpido en cobre. Tenía la nariz aguileña. La mata de pelo oscuro le llegaba más abajo de las nalgas.

Toni se quedó sorprendido de su elegancia. Avanzaba hacia él por entre las inmundicias vestida con un conjunto de blusa y falda beiges y calzada con tenis de basketbolista. Al pasar junto a la cuna, se inclinó sobre el recién nacido y lo cogió en brazos para besarlo. La caja en la que descansaba un segundo antes se balanceó chirriando al final de una suspensión de cuerda barata atada a un palo verde* pelado.

Toni se presentó y, un tanto apurado, explicó el motivo de su visita.

—Es mi hijo pequeño —respondió la joven mostrándole orgullosa al pequeño, que empezaba a despertarse—. Me llamo Irena. Irena Cruz. —Luego, con voz intranquila, añadió—: Mis padres están aquí. No puedo hablarle demasiado delante de ellos. La pena casi los ha matado. Por favor, no les haga demasiadas preguntas concretas, y sea breve. No es usted el primero que viene desde que murió.

Todos dejaron lo que estaban haciendo y se acercaron a ellos.

Irena le presentó sucesivamente a la anciana —mi madre, Socorro—, el hombre de la mecedora —mi padre, Eduardo— y al muchacho que aporreaba la batería —mi marido, Jorge—, que desapareció sin decir palabra en el interior de uno de los cobertizos.

—Es muy tímido —dijo Irena a modo de disculpa.

El rostro de un niño de unos diez años asomó tras la tela del costal que cerraba la puerta de la casucha.

—Arturo, ven aquí ahora mismo, maleducado —lo llamó la joven riendo; pero la cortina volvió a caer y ocultó la cara del chico—. Es igual que su padre —dijo Irena, y por un instante la imagen de sus propios hijos acudió a la mente de Toni. Socorró apartó la tela de costal e invitó a Toni a entrar en su casa.

* Palo verde, árbol o arbusto de madera particularmente dura y corteza verde, típico de los territorios semidesérticos del norte de México.

En el interior, las paredes estaban hechas de cartones clavados sobre armazones de madera. Una olla de frijoles hervía en un hornillo separado del suelo de tierra batida por una pala de madera. Sobre una roñoso refrigerador había una pequeña televisión a pilas, en blanco y negro.

Hipnotizado, Toni miró la imagen que danzaba en la pantalla durante unos instantes. A su lado, sentado a una mesa ante un plato lleno, el pequeño Arturo no podía apartar los ojos de una telenovela empalagosa hasta decir basta que giraba en torno a los devaneos de un casado con su secretaria particular. Un mundo maravilloso de gente bien vestida y lujosos decorados.

El buche de frijoles que el niño mantenía en equilibrio al borde del tenedor permanecía suspendido a medio camino entre el plato desportillado y su boca, abierta de par en par.

¡Ah, la vieja y querida tele! A esa hora, hasta los papúes de Nueva Guinea debían de estar viendo la CNN en la intimidad de sus hogares.

Irena carraspeó. Sobresaltado, Toni se volvió hacia la familia Cruz y se disculpó con bastante torpeza:

—Perdonen, no esperaba encontrar un aparato de televisión aquí.

—¿Qué se creía? —le espetó Irena—. ¿Que la gente de aquí somos mendigos? Los que vivimos aquí somos trabajadores. Pencamos toda la semana en las maquiladoras, pero con nuestros salarios no podemos aspirar a otra cosa que a estos cuchitriles de cartón. Las fábricas nos regalan embalajes usados. Es su visión del contrato social. En cambio, nos venden las láminas.

Había cólera en su voz. El comentario del periodista la había herido.

Los demás, incómodos, se abstrajeron en la contemplación del serial televisivo.

La vieja Socorro traqueteaba con los platos.

—¿Trabaja usted en una de esas maquiladoras? —le preguntó Toni a Irena.

—En Somermex, una maquila gringa. Cuarenta y ocho horas a la semana. Fabrican volantes y diversas piezas para grandes marcas estadounidenses y japonesas de automóviles. ¿Qué puedo hacer, con tan poco dinero y tanta gente que alimentar?

—¿Nunca ha pensado en emigrar a Estados Unidos?

—No tengo visado y no soy lo bastante rica para pagar la mordida a los funcionarios mexicanos. Además, para conseguir el visado no basta con haber trabajado un año en la misma empresa. Te exigen un salario mínimo y no sé cuántas cosas más. ¿Y qué iba yo a hacer entre los gringos? ¿Compras, quizá? ¿Con qué dinero? Para pasarlo mal, me quedo aquí. Y no puedo abandonar a mi familia. Mi marido es desempleado, y tengo a mi padre, mi madre y mis dos hijos. Soy la única que trabaja y me deslomo para alimentarlos.

—¿Cuánto gana usted, si no es indiscreción?

—No más que hablarle de la muerte de mi hermana —respondió Irena con sequedad—. No llego a los doscientos cuarenta pesos por semana.

—Le pido disculpas.

Una voz cortante se dejó oír detrás de Toni:

—No, es ella quien se disculpa. —Era Socorro, que había sacado la nariz de entre sus cacharros—. Siéntese, señor. Mi casa es su casa —añadió la anciana fulminando a su hija mayor con la mirada—. Mi pequeña Catalina sólo tenía dieciséis años. Estaba llena de vida. La última vez que la vieron, nunca lo olvidaré, fue el dieciocho de agosto, tres días después de la fiesta de la Virgen. ¡Hacía un calor! Por la mañana no había vuelto a casa. Los policías no nos avisaron hasta principios de septiembre. Y aún tuvimos que esperar otro mes para que nos la devolvieran.

Socorro se interrumpió, incapaz de decir nada más. El pequeño seguía con el tenedor suspendido en el aire.

—Come, Arturo —le ordenó su madre, que inclinó la cabeza y ofreció a Toni su perfil de princesa azteca. De repente, se volvió hacia él—. Es suficiente, vámonos.

—Irena... —intentó su madre por última vez.

—¡Ya basta, mamá! Lo acompañaré a su coche y hablaré con él, porque todos queremos que esos cerdos sean juzgados y condenados, y que luego nos deje solos con nuestro dolor.

El relente de la noche del desierto empezaba a envolver la ciudad. Las nubes de la tarde se habían volatilizado sin descargar.

Toni trató de imaginarse el poblado de chabolas bajo una tromba de agua. El horror. Por el momento, no tenía más remedio que bendecir la sequía.

Irena clavó sus furibundos ojos en los del periodista.

—¿Qué quiere saber?

—Hábleme simplemente de ella, si es tan amable.

—Le gustaba bailar. —La voz grave de Irena se suavizó—. Iba todas las semanas. Catalina también trabajaba en Somermex. Con los dos sueldos nos apañábamos mejor. El último día nos cruzamos; yo salía de la fábrica y ella empezaba el turno. No hicimos más que saludarnos, como cualquier otra tarde. Y después, se acabó. Esa noche no volvió a casa. No era normal. Pensamos en algún amigo. Pero aún así no era normal.

—¿Por qué? —la interrumpió Toni—. ¿No tenía amigos?

—No es el tipo de cosa del que se hablara en casa, delante de mis padres. Supongo que debía de salir con un grupo, ir a la discoteca... A su edad...

Irena bajó púdicamente los ojos.

—¿Pero ella no le había contado nada en concreto? ¿No se habla de sexo entre las mujeres? Después de todo, usted era su hermana. Habría podido hacerle alguna confidencia...

—Ésa no es la cuestión. —Parecía darle apuro hablar abiertamente delante de un hombre—. Por supuesto, la primera vez que salió con un chico, me lo dijo. Pero no iba a contarme lo que hacían con pelos y señales cada vez que quedaban. Tengo veintiséis años, ¿sabe? Estoy casada y soy madre de familia. En casa soy un poco la autoridad moral.

—Ya lo he notado.

—Estoy segura de que con sus amigas intercambiaba confidencias, pero conmigo era distinto. Cuando vimos que no volvía, avisamos a la policía. Como ya le he dicho, no era normal. Sobre todo, entre semana. La encontraron... —Su voz se quebró—. Dios mío, todavía me cuesta hablar de ella sin desmoronarme... La encontraron cinco días más tarde, en el desierto, cerca de las afueras. Pero nosotros no nos enteramos de inmediato. Necesitaron diez días para identificarla con certeza. No nos informaron hasta entonces. Fui yo quien acudió a reconocer el cadáver. —El rostro de Irena se tensó, a juzgar por lo que Toni podía distinguir en la penumbra—. Le faltaba un brazo. Le habían cortado los pechos, la habían violado con diversos objetos y decapitado. No murió donde la encontraron; la habían llevado allí después de matarla. En el depósito de cadáveres, tenían la cabeza aparte, en una caja de cartón. ¡Si tuviera a esos hijos de la chingada, les arrancaría los güevos con mis propias manos! —Un silencio pesado se instaló entre ellos—. ¿Ya tiene lo que quería? Entonces, váyase y déjenos en paz. Adiós.

Irena le dio la espalda y se alejó, mientras Toni se quedaba plantado, vagamente avergonzado, viéndola desaparecer en la creciente oscuridad.

Un animal arañaba el suelo no muy lejos de él. Un perro de las praderas. O una rata.

Dios Todopoderoso, aquello no era el mundo de Zola, donde al menos los mineros vivían entre cuatro paredes. Eran más bien *Los miserables*, de Víctor Hugo. O, mejor aún, el mundo obrero del siglo XIX descrito por Dickens, con sus costureras arrastradas a la prostitución por padrotes que las recogían en los bailes populares de Londres.

Hasta había un Jack El Destripador. O varios.

Esta vez lo tenía, tenía su artículo.

Viernes 23 de febrero de 1997.
Motel La Vela. 23.00 horas

Toni paró otro taxi para volver al motel La Vela. Decididamente, Juárez le comía la moral. Sólo tenía ganas de una cosa: perderlo de vista.

En el vestíbulo del motel reinaba una atmósfera declaradamente alcohólica. Atornillados a la barra, los parroquianos, chicas de compañía y machos de servicio, trasegaban un tequila tras otro con idéntica avidez y entonaban a coro las rancheras que escupía la sinfonola.

Toni se escabulló hacia su habitación procurando hacerse lo más pequeño posible.

Pazos lo había puesto en guardia al día siguiente de su llegada:

—Los cárteles de Juárez son poderosos y muy violentos. Usted es cronista judicial. Podría sentir la tentación de escribir un artículo sobre la droga, que aquí es un tema capital. No pierda nunca de vista que eso sería tanto como comprar usted mismo la bala que le dispararían a la cabeza.

En el pasillo, un macho engominado se pavoneaba con una chica colgada de cada brazo.

El fulano tenía puestos unos Ray-Ban con cristales de espejo y bigotillo fino, y llevaba un bulto bajo la camisa, que le colgaba negligentemente fuera del pantalón. Se contoneaba sobre unas flamantes botas de piel de iguana y reía a mandíbula batiente mientras lanzaba miradas lujuriosas a los escotes de las dos chicas, cuyos agresivos pechos parecían a punto de saltarle a la cara.

Sin dejar de andar, una de las golfas se inclinó hacia el matasiete y le deslizó la blanquecina lengua en la oreja, mientras Toni se apartaba para dejar paso al trío.

El menda estaba para enmarcarlo y ponerle un cartelito a modo de leyenda: "Narcotraficante".

Toni avivó el paso hacia la escalera adornada con plantas que llevaba a su habitación tratando de convencerse de que no era periodista, de que ni siquiera estaba allí, a pesar de que su estómago le decía lo contrario constantemente.

Llegó hasta su puerta deslizándose pegado a la pared.

"Joder, Pérez, ¿por qué coño tenías que mandarme a un antro de narcos?", pensó mientras esperaba a que se encendiera el ordenador, tratando desesperadamente de hacer el vacío en su cabeza, martilleada por una incipiente jaqueca.

Abajo, la fiesta estaba en su apogeo. Los bajos hacían vibrar hasta los tacones de sus botas camperas. Creyó reconocer una canción de los Gipsy Kings. Al parecer, la noche no había hecho más que empezar, y su habitación estaba justo encima del bar. Encima de la misma sinfonola, por lo visto. De broma.

En previsión de la trasnochada, pidió una cafetera llena a recepción, acompañada de una caja de aspirinas. Luego encendió un Fortuna, dejó el paquete junto al portátil, bien a la vista, y puso manos a la obra.

El final del artículo iba tomando cuerpo.

Gracias a los datos que le había proporcionado Camerón, ahora conocía algunos detalles que sus colegas yanquis ignoraban. Redactó una exposición cronológica de lo que ya llamaba "el caso de los Diablos de Juárez", salpicado de impresiones sobre la ciudad y diversas descripciones, especialmente del poblado de chabolas y el cementerio, y concluyó emitiendo sus dudas, basadas en las objeciones del FBI, sobre la coherencia de las deducciones de la policía y sobre los puntos débiles de la instrucción. En la planta baja, la Asociación de los Alegres Traficantes de Coca y Mota decidió emigrar a la piscina del motel. Sus miembros se apostrofaban ruidosamente con estropajosa dicción, y no pasaron cinco minutos antes de que se oyera el primer ¡plas! Al cabo de diez, todos, o casi, chapoteaban en el agua.

Le quedaban poco más de veinticuatro horas en Juárez. Pasado mañana, justo antes de embarcarse, tenía una cita con Guadalupe Vidal.

De pronto, le entraron ganas de llamar a Fina. En Madrid serían, a ver... Sobre las once de la mañana. Jodida diferencia horaria...

Se echó al buche un cóctel de aspirinas, jarabe gástrico y café frío. Puaj. Su reloj marcaba las dos y media de la mañana. Estaba molido. Pidió al recepcionista que lo despertara a las ocho. ¿Saldría algún día algo bueno de aquella ciudad?

Se hundió en un sueño pesado y agitado, poblado de pesadillas. Una, que no había tenido desde hacía años, lo perseguía todas las noches desde su llegada.

Viernes 23 de febrero de 1997. Ciudad Juárez. 23.55 horas

Liza Guevara salió del Tiburón Loco un tanto vacilante. Normal, un día de cobro. Mañana era sábado. Día de descanso. Qué menos que pasar unas horas de diversión con las amigas.

¡Uah, qué vueltas daba todo! Se habían pasado un poco con la cerveza; si hasta habían invitado a una ronda de Tecates a sus vecinos de mesa, dos chavos bastante lindos que trabajaban en un deshuesadero de coches, justo enfrente de las fábricas del Paso, cerca del río.

Luego, Liza se había levantado, se había acercado a la rockola haciendo eses, había introducido una moneda en la ranura y había seleccionado el último éxito de Gloria Trevi.* Lupita, su mejor amiga, y ella habían bailado enlazadas en la penumbra del bar delante de los dos chicos, que sacaban un palmo de lengua. Habían seguido meneando el bote provocativamente por la pista y calentándolos un rato; luego, cansadas del jueguito, habían vuelto a sus lugares.

Frustrados, los dos playboys de fin de semana habían levado anclas con la cola entre las patas, y ella misma había acabado plantando a su amiga, que había empezado a soltar disparates inspirados por el alcohol.

Liza consultó su reloj. ¡Carajp! A esa hora ya no pasaba ningún autobús. Tendría que echarse a pata los diez kilómetros hasta la colonia. Menuda broma.

Alzó los ojos hacia las estrellas. Si al menos su príncipe azul le cayera del cielo en ese momento... Liza Guevara se puso a imaginar su sueño realizado.

* Estrella de la canción mexicana, apologista del sexo y la libertad, en fuga desde 1997, acusada de corrupción de menores y rapto. Detenida en enero de 2000 en Río de Janeiro (Brasil).

Aparecería allí abajo, en la esquina de la avenida 16 de Septiembre, al volante de un Cadillac, no, mejor de un BMW convertible, con el cabello al viento.

Entonces, la vería, y sería el flechazo. Con las cuatro ruedas bloqueadas y el pie contra el pedal del freno, se detendría junto a ella. Sería como Antonio Banderas —el actor español que se había casado con Melanie Griffith, al menos eso era lo que decía Lupita— y le preguntaría si podía acompañarla a algún sitio. Liza eructó ruidosamente en el silencio de la noche.

Sí. Ya. Nada de nada. Había que moverse.

Lisa soltó un suspiro, pero, cuando apenas había echado a andar por el bulevar de cuatro carriles hacia la avenida Lerdo, la deslumbraron los faros de una camioneta. Desde luego, no era Banderas en su BMW, pero siempre sería mejor que volver a casa a pie. Levantó el pulgar sonriendo con todos los dientes.

Sábado 24 de febrero de 1997. Ciudad Juárez

Toni se despertó cansado y de mal talante, releyó su artículo y pulió una frase aquí y otra allí. Luego conectó el módem a la toma telefónica de la habitación y envió el trabajo por correo electrónico a la redacción de *El Diario*.

Había decidido dedicar su último día en la ciudad a preparar el artículo que debería escribir en cuanto llegara a Madrid, en el que incluiría las declaraciones de la líder feminista. Quería documentarse, perderse por la ciudad y sus bares, introducirse en los medios que frecuentaban víctimas y asesinos para dar cuerpo a aquellas historias de locales de *strip-tease* masculino y discotecas con espectáculos de lucha femenina en lodo y concursos de camisetas mojadas.

La caída de la tarde lo sorprendió vagando por las calles. Las cantinas alternaban con las tiendas de recuerdos hasta el puesto fronterizo del puente de Santa Fe. Ante los comercios, los ganchos trataban de atraer a los clientes en inglés —*come in, sir, check it out!*—, pero a decir verdad se veían muy pocos de aquellos "gringos" que supuestamente satisfacían sus bajas pasiones de este lado de la frontera. La muchedumbre era mayoritariamente mexicana. Un embotellamiento fenomenal infestaba el aire.

Los afortunados juareños que poseían un visado estadounidense iban a pasar la noche del sábado a El Paso. El humo de los tubos de escape le irritaba los ojos. Los neones de los "Alive", "Club Valentino", "Noa Noa" y demás salas de fiesta guiñaban el ojo a los transeúntes.

Toni se decidió a entrar en la discoteca El Coyote Cojo. El local se codeaba con sórdidas cantinas para finales de mes difíciles y otras discotecas para obreras en busca de diversión. El sistema de sonido estaba al máximo. Chicas con el rostro embadurnado de maquillaje se contoneaban sorbiendo tequila o cócteles de color indeterminado a la luz azul de los proyectores. La mayoría charlaba con amigas, otras coqueteaban y hacían posturitas ante individuos trajeados que les invitaban una copa. Acodado en la barra delante de una Corona, Toni observaba sus maniobras.

Allí había más de una profesional, eso estaba claro. Las superpotentes pantallas acústicas escupieron una quebradita, una especie de tecno-tango, y la gente se abalanzó hacia la pista. La muchedumbre de bailarines se fundió en un torbellino de parejas de pelvis ondulantes. Allí todos se restregaban con todos.

Las adolescentes calzaban zapatos de tacón alto y llevaban vestidos ajustados de tonos preferentemente rojos que dejaban al descubierto la mitad de los muslos, o minifaldas que, más cortas, habrían sido poco más que cinturones. Las minúsculas camisetas de la marca Guess o Hugo Boss que dejaban al descubierto ombligos con anillos de plata también hacían furor entre las parroquianas, tanto como los escotes vertiginosos, que permitían adivinar generosos pechos propulsados por el Wonderbra. Un arma temible.

La media de edad debía de oscilar... A ojo de buen cubero, entre los catorce y los veinte de las más viejas.

Toni empezaba a decirse que allí dentro hacía un calor de mil demonios. Sacó el paquete de Fortuna y lo dejó sobre la barra. Una jovencita se acercó y se quedó mirando la cajetilla roja y blanca.

—¿Es tuyo? ¿Eres francés? —le preguntó la chica aullando casi para hacerse oír sobre el estruendo de los altavoces.

—De Madrid —respondió Toni haciendo un ademán hacia el paquete.

La chica se sirvió y, cuando Toni le acercó la llama del encendedor, le cogió la mano, la sostuvo como si fuera una copa y encendió el cigarrillo mirándolo a los ojos. Tenía el pelo negro y lo llevaba corto, algo bastante raro allí. Aún no había recuperado el aliento, y el periodista podía ver brillar el sudor sobre su vientre. Tenía el ombligo pequeño y las piernas más bien largas para una mexicana, y formaba parte de la tribu de las adeptas a la minifalda y la minicamiseta. Su rostro no tenía nada de particular, una cara bonita entre tantas. Era una auténtica niña.

—Lo decía por los cigarrillos —explicó la chica echándole el humo a la cara—. Son franceses. El paquete es bonito. Dicen que los franceses son los campeones del amor.

Sus labios escarlata dibujaron una O perfecta.

Se habría apostado el cuello a que era una profesional.

—No son franceses, son españoles, como yo. Ya te lo he dicho.

—Me llamo Silvia.

—Y yo Toni. Encantado.

Tenían que hablar pegados uno al otro para oírse. Al inclinarse hacia su oído, el olor de la chica, mezcla de sudor y perfume barato, almizclado y no del todo desagradable, envolvió a Toni.

—¿Qué has venido a hacer a este agujero?

—Estoy aquí por negocios. ¿Y tú? ¿Eres de aquí?

—No, del estado de Guerrero. Mis padres huyeron de allí hace cinco años. Con la guerrilla, se hizo difícil seguir viviendo allí, así que nos vinimos a Juárez. ¿Me invitas una copa? —Sin esperar respuesta, Silvia pidió dos mezcales y se bebió el suyo de un trago, como los hombres. Toni la imitó—. ¿Cómo te ganas la vida?

—Soy representante —mintió Toni—. He venido a presentar una nueva línea de productos desinfectantes.

Tenía que gritar para hacerse oír. Sus cuerdas vocales no aguantarían aquel ritmo toda la noche.

—Yo también trabajo en la industria —aseguró la chica con orgullo—. En una maquiladora de piezas de automóvil, aquí en Juárez.

Adiós cuello. No era una profesional. Ocasional, más bien.

Silvia se pasó la punta de la lengua por los labios sin dejar de mirarlo.

¡Dios santo, que calor hacía allí dentro!

—Vengo aquí porque las chicas no pagamos entrada —explicó Silvia—. Además esta noche hay un concurso y dan un premio de cuarenta dólares. Voy a probar suerte. ¿Sabes cuántos días tengo que trabajar en la fábrica para ganar eso? Casi quince.

—¿Qué clase de concurso?

—Eso es una sorpresa, cariño, pero, por tu aspecto, creo que te va a gustar. La semana pasada fue "el brasiere más atrevido", y no era nada comparado con lo de esta noche —aseguró Silvia con una sonrisa traviesa.

El resto de la explicación se perdió en la melaza de la música disco en el preciso instante en que el discjockey anunciaba el "¡Graaan concurso de tangas mojaaadas!"

Delirio en la sala. Las participantes tenían que presentarse al fondo a la derecha para formalizar la inscripción. Silvia le guiñó el ojo con picardía y desapareció meneando la grupa. El periodista aprovechó la coyuntura para restituir la Corona.

¿Cómo era el dicho? La cerveza no se compra, se toma prestada.

Al parecer, los baños estaban repletos. En una de las cabinas, una pareja fajaba ruidosamente. Un individuo salió de otra muy ocupado en labores de aguja. Ni siquiera se había tomado la molestia de aflojar el torniquete que le apretaba el hueco del codo, y no lo hizo hasta que empezó a subir la escalera.

Toni echó un vistazo al retrete. Al menos el adicto había tenido el detalle de recoger sus cachivaches.

La pareja alcanzó el orgasmo en un *crescendo* que casi ahogó la música —si aquello podía llamársele música—, amortiguada por el techo de cemento. Toni se abrochó la bragueta sobre una incipiente erección.

En la pista, el público se había apelotonado para disfrutar del espectáculo de la docena de adolescentes con los pechos al aire que se alineaban sobre el pequeño escenario del fondo.

No llevaban otra cosa que unas tangas brasileñas y un número sobre una banda al pecho. Toni vio a Silvia, la quinta por la derecha, con la banda del número siete cruzada sobre el torso.

Sin el Wonderbra, sus pechos seguían siendo voluminosos, pero la gravedad les imponía su inexorable ley. El tanga malva de Lycra se adaptaba con total fidelidad a la forma de su pubis, enmarcado por las largas piernas.

Se oyó una música un tanto solemne, y el discjockey se apoderó del micrófono con una voz de charlatán de feria:

—¡Atención, atención, señoras y caballeros! ¡La ganadora de este concurrrso de tangas mojaaadas, que rrrecibirá un premio de cuarenta, sí, cuarenta dólares, se elegirá por aclamaciooón! ¡Y ahora, atención, que salpica!

A estas palabras, una fila de regaderas instaladas en el techo descargaron sendos chorro de agua espumosa sobre las adolescentes, que empezaron a chillar y reír a cual más.

Sus blancos dientes captaban reflejos multicolores y sus pechos, perlados de cientos de gotas, devolvían la luz como bolas de sala de fiestas. De pronto, se apagaron las luces y la grabación de un redoble de tambor resonó en la discoteca.

Un haz luminoso enfocó implacablemente uno tras otro los pubis de las concursantes, moldeados por la Lycra húmeda. Todas posaban, se daban la vuelta y presentaban las nalgas. Totalmente desnudas habrían estado menos indecentes.

No cabía duda de que Silvia era una morena auténtica. El charlatán elogiaba con palabras apenas veladas el tamaño de los labios de las chicas. En la sala, la histeria iba en aumento.

Jóvenes *yuppies* "gringos" o japoneses, ejecutivos de las maquilas recientemente instaladas, gritaban a pleno pulmón. Toni aguzó el oído y se quedó asombrado. Un buen número no gritaba para animar a su favorita. Nada de eso.

En vez de "¡Viva Conchita!" o "¡Ándele, Pilar!", se oían nombres de empresas voceadas a pleno pulmón y con ojos desorbitados: el jefe había elegido a una obrera de la fábrica para pasar la noche y ella competía por el prestigio de la firma.

Pronto las maquilas patrocinarían los concursos y las chicas lucirían sus logotipos sobre sujetadores y tangas.

Cuando el foco iluminó el vellón de Silvia, aplastado bajo la Lycra transparente, Toni tuvo una súbita visión de la sórdida colonia en la que casi con toda seguridad vivía la chica, y su erección se vino abajo como un castillo de naipes.

Esa noche no ganó Silvia, que volvió a unirse a Toni junto a la barra y, visiblemente decepcionada y mohína, le preguntó si la invitaba a tomar una copa en otro sitio.

El "otro sitio" resultó ser un local imposible llamado Boys que ofrecía *strip-tease* masculinos y cuya clientela era casi exclusivamente femenina. El musculoso gorila que cuidaba la entrada miró a Toni con hostilidad.

No cabía un alfiler. La decoración interior respondía al estilo ranchero más estricto: falsas cercas de madera, ruedas de carreta y demás parafernalia.

Sobre el escenario, un vaquero se despelotaba parsimoniosamente al ritmo de un empalagoso *country*. En esos momentos iba por el apretado pantalón corto vaquero con las perneras deshilachadas y la bragueta a punto de reventar, pero conservaba el sombrero y las botas. Y el bigote. Las féminas le deslizaban billetes en el calzoncillo metiendo la mano por las perneras del pantalón, le palpaban los abultados músculos o le acariciaban las venas de los bíceps con la punta de los dedos. La histeria colectiva del Coyote Cojo tenía su digna contrapartida en el enfervorizado público del Boys.

—Es guapo, ¿verdad? —preguntó Silvia embobada mientras miraban a diestro y siniestro en busca de una mesa libre. Acabaron acodándose en la barra, donde Toni pidió dos tequilas—. Te voy a contar algo. ¿Has oído hablar de la banda de los Diablos y de todos esos asesinatos? Pues trabajaban aquí haciendo un espectáculo de *strip-tease*.

Lo había dicho con un temblor de pánico retrospectivo en la voz.

Toni empezaba a comprender cómo se habían dejado arrastrar por sus asesinos aquellas adolescentes. Presas consintientes, fascinadas por sus depredadores.

Silvia no podía apartar los ojos del reluciente cuerpo del vaquero, que acababa de dejar caer el pantalón y quedarse en tanga de lentejuelas doradas.

Lentamente, el ruido y el alcohol hacían su trabajo y se abrían paso a través de las neuronas de Toni.

El resto de la velada dejaría una huella vaga en su memoria. Había pagado una ronda general, luego otra, después una tercera, y de pronto la orquesta había tocado un vals lento en su honor.

Se había dejado arrastrar a la pista para un baile claudicante, que no ayudó a arreglar las cosas. Veía girar a Silvia a través de los vapores del alcohol. En determinado momento, había intentado hacerle más preguntas sobre los asesinatos, a las que ella se había limitado a responder en un tono más duro que todas las chicas de Juárez tenían miedo, pero, ¿podía sorprender que ocurriera algo así en un sitio donde era habitual encontrar recién nacidos en los contenedores de basura?

—Además, esta ciudad está completamente podrida, podrida hasta la médula. Así que, ¿por qué no hablamos de algo un poco más alegre? ¡Vamos, baila! ¡Qué calamidad, me estás haciendo polvo los pies!

Toni había seguido bebiendo y pagando ronda tras ronda hasta quedarse sin un peso.

Por más que intentaba poner un poco de orden en su devastado cerebro, Toni no acababa de entender qué hacía en aquella habitación de hotel miserable, con una mujer desnuda que, sentada a horcajadas sobre él, trataba de deslizar un preservativo sobre el fláccido miembro que emergía de la bragueta de sus pantalones de mezclilla. En realidad, cuanto más se esforzaba Silvia menos lo excitaba la visión de aquella adolescente sudando sobre él.

La chica acabó cansándose y soltando la carcajada ante su expresión contrita y su mirada huidiza:

—Oye, aquí los hombres son machos, machos de verdad. Mírate, no sirves para nada. Anda, vístete y vete.

Lo ayudó a levantarse y, mientras él se balanceaba de atrás para adelante, se acuclilló para abrocharle los botones de la bragueta. Luego se vistió a toda prisa, le puso la chamarra, le metió el chaleco bajo el brazo y lo empujó con firmeza hasta la puerta, que cerró tras él sin añadir palabra.

Toni Zambudio se vio en una galería exterior débilmente iluminada. Puertas desvencijadas, chirridos de catres, gemidos fingidos...

Algo reanimado por el fresco nocturno, se dirigió hacia la escalera que descendía hacia las negras profundidades de la casa de citas. En la planta baja, un pequeño soportal daba a un callejón que desembocaba en la avenida Juárez.

Toni se volvió para leer el letrero que colgaba sobre la entrada de la sórdida pensión. "Casa de huéspedes." Ya.

Debía de ser tarde. No se veía un alma.

Fue a consultar su reloj, pero se quedó parado mirándose la muñeca desnuda.

Debía de habérselo dejado en la habitación. Era un reloj barato, pero serviría de propina.

Eructó ruidosamente y se estremeció en el relente del desierto. Se quitó la chaqueta, la dejó a sus pies y, lenta, muy lentamente, se puso el chaleco. La cabeza seguía dándole vueltas. Se echó la chamarra al hombro y avanzó con paso vacilante por la calle que conducía al río entre sombras similares e igual de titubeantes que surgían de entre los restos de la noche del sábado. Al cabo de unos instantes, las superestructuras metálicas del puente de Santa Fe se recortaron contra un cielo nimbado por un halo de luz de sodio.

En su garita, el aduanero leía *El Norte*, en cuya portada destacaba un titular a cinco columnas: "El 46% de los habitantes de Juárez son clientes potenciales de los cárteles de la heroína".

Toni oyó sonar el reloj de la vieja misión e intentó contar las campanadas. ¿Tres? ¿Cuatro? No estaba seguro.

—¿Y qué más da? —farfulló en la oscuridad—. No hay nadie esperándome.

Tomó el bulevar fronterizo, paralelo al río. Las márgenes estaban cubiertas de hormigón. En la estadounidense, una barrera metálica de tres metros de altura ocultaba el horizonte. Toni podía ver los todoterreno de la "migra"* estacionados bajo las farolas, delante del muro. Los perros guardianes de Estados Unidos.

Todo estaba en calma. Antaño, los "espaldas mojadas", los trabajadores clandestinos, cruzaban el río a nado para ir a trabajar a El Paso y volvían a Juárez por la noche trayendo a casa los dólares duramente ganados.

En la actualidad –Toni había leído varios reportajes al respecto— pasar al otro lado se había convertido en una empresa mucho más difícil. Clinton había reforzado la frontera considerablemente y un muro como aquel impedía acceder a Estados Unidos frente a todas las ciudades a lo largo de la línea que separaba los dos países, del Pacífico al Atlántico.

Los mexicanos lo llamaban "el Muro de la Vergüenza" y se preguntaban con ironía si el presidente de los Estados Unidos visitaría algún día aquel lado de la frontera para declarar, como Kennedy en Berlín: "Soy mexicano".

Ahora los sin papeles pasaban al otro lado por el desierto arriesgándose a morir de insolación en verano y de hipotermia en invierno, para eludir los helicópteros, los perros y los binoculares de visión nocturna de la migra. En poco más de dos años, cerca de cuatrocientos desafortunados candidatos habían perdido la vida en aquel siniestro juego del gato y el ratón.

Toni bajó a la orilla del río. El agua negruzca despedía un hedor repugnante. En la pendiente de concreto, un enorme fresco del Che Guevara desafiaba a los yanquis. Oscilando todavía un poco sobre los talones, Toni se dijo que tenía ganas de orinar. Se sacó el aparato y empezó a regar el cemento con un copioso chorro que salpicó la barba del Che. En la otra orilla, el pitido de un tren de mercancías rompió el silencio de la noche.

* Nombre con el que popularmente se conoce en México al cuerpo de guardias fronterizos de Estados Unidos.

—¡Eh, tú, el de abajo! ¿Qué chingaos te has creído? ¡Esta ciudad no es un meadero! ¡Policía! Levanta las manos despacio, muy despacio, y crúzalas detrás de la cabeza.

Toni, con el pito al aire, se vio cogido en el haz del foco del coche patrulla. Oía las últimas gotas de orina cayendo sobre sus botas, como al final de un aguacero. Un agente barrigudo con el rostro cruzado por un bigotillo fino —una auténtica caricatura, pensó Toni— descendía hacia él empuñando el arma reglamentaria.

—¡A ver, tú! ¿No sabes que está prohibido orinar en la vía pública? Podría detenerte por atentado contra la moral. Aunque...

El gordinflón bajó la vista hacia el sexo del periodista.

En el coche, su compañero soltó la carcajada:

—Eduardo, súbelo aquí, a ver qué pinta tiene.

—Venga, baja los brazos y abróchate la bragueta, pendejo, pero igual de despacio —le ordenó el gordo—. Muy bien, ahora empieza a andar delante de mí. ¡El señorito ha aprovechado bien la noche! ¡Menuda peste! Le has tupido duro al tequila, ¿eh?

El segundo policía se había apeado y, cuando Toni llegó a lo alto de la cuesta, su compañero y él lo lanzaron violentamente contra el coche. Toni golpeó la carrocería con la nariz y sintió que la sangre le humedecía los labios y las lágrimas le rebosaban de los ojos. Los agentes lo cachearon rápidamente.

—Bueno, menos mal que no llevas escupidora. Mira, el asunto no es tan grave. Te vas a librar con un multa de cien pesos, pero no vuelvas por aquí. ¿En qué bolsillo llevas la cartera? —le preguntó el otro policía recogiendo del suelo la chaqueta de Toni.

—En el bolsillo de la izquierda —respondió él.

—Ese acento tuyo no es de aquí ¿No serás español, por casualidad?

—De Madrid —precisó Toni mientras el agente rebuscaba en los bolsillos de su chaqueta. De pronto, el policía gordo echó mano a la porra y la descargó con todas sus fuerzas sobre los riñones del periodista, que soltó un grito ahogado y se deslizó carrocería abajo.

—¡Te estás riendo en nuestra cara! —gritó el otro—. Aquí dentro no hay ninguna cartera.

El truco más viejo del mundo. Y había picado. Silvia lo había emborrachado y, mientras lo vestía en la habitación del hotel, le había robado el dinero y la documentación.

La nariz le chorreaba sobre el empedrado. Toni se dijo que al menos el alcohol atenuaba un poco el lacerante dolor que sentía entre los riñones. "Con tal de que no me hayan roto nada...", pensó sintiendo que un chorro de bilis le subía del fondo del estómago. Vomitó sobre los zapatos del gordo.

—Pero, ¡este pinche cabrón es un cerdo! A ver, di la verdad, tú no eres gachupín, eres argentino, o chileno. Puede que hasta seas gringo. Aquí no tragamos a esos putos. Venga, acompáñanos al precinto. Pero te advierto que en el despacho del capitán las multas son mucho más caras.

—Pero es que acaban de robarme el dinero y la documentación... —trató de explicarles Toni entre dos arcadas.

Eduardo lo hizo callar de una patada en el vientre.

—¡Cierra el pico, que nos sabemos la canción! No nos tomes por pendejos.

Lo cogieron por las axilas, lo levantaron, le pusieron las esposas y lo arrojaron al asiento posterior del coche patrulla.

Allí dentro olía a sudor y comida rancia. Toni volvió a sentir náuseas.

—¡Eh, tú, no se te ocurra vomitar sobre el asiento! —le advirtió el compañero de Eduardo—. O te damos una madriza que no olvidarás en tu pinche vida. ¡Y encima lo está llenando todo de sangre, este güevón!

Toni empezaba a comprender por qué se veían tan pocos turistas estadounidenses en Ciudad Juárez.

Los dos energúmenos permanecieron en silencio el resto del trayecto; solo el chisporroteo regular de la radio policial —coche 31, coche 31, agresión a mano armada en la esquina de Lerdo y 16 de Septiembre, grrr, coche 31, grrr...— interrumpía el silencio del habitáculo. No era la primera vez que Toni se enfrentaba a la violencia; había visto más cadáveres de los que le habría gustado, visitado a criminales endurecidos en la cárcel y recorrido los pasillos de todos los palacios de justicia de España cientos de veces. Y había aprendido muy pronto a resguardarse tras un caparazón de análisis y rigor. A pesar de los cambios de humor de Fina, los chicos estaban orgullosos de él: el nombre de papá aparecía todos los días en el periódico más leído del país, aunque aún no se interesaban por el contenido de los artículos.

Mecido por el traqueteo de las ruedas sobre el asfalto, Toni se rindió a la modorra en que lo habían hundido el alcohol y los golpes, de la que sólo emergía intermitentemente. Lo que hacía de él un buen periodista, aquella capacidad suya de mantenerse a distancia, también lo había convertido en un ser humano lamentable.

Después de todo, ¿qué sabía de sus dos hijos, o de su mujer, en esos momentos? De su ex mujer, más bien, pensó con amargura.

Hasta ahora, las esposas que desollaban las muñecas, los insultos, las humillaciones, eran cosas que les ocurrían a otros. Dramas de papel con los que al día siguiente se envolvían el pescado o las legumbres en el mercado. Y, sin embargo, eran toda su vida.

El coche patrulla frenó ante la comisaría central con un chirrido de neumáticos. Los dos agentes lo sacaron sin contemplaciones. Fuera, un grupo de policías echaba un cigarro. Toni habría dado lo que fuera por poder sacar un Fortuna del fondo de su bolsillo. Puede que una vez dentro lo dejaran explicarse. Puede que topara con un interlocutor un poco menos cerril que los dos trogloditas que lo habían detenido. Y el estómago que no paraba de dolerle. Lava incandescente subiéndole por el esófago.

La comisaría estaba iluminada con plafones de tubos fluorescentes que arrojaban resplandores sobre las paredes color verde excremento y se parecía a todas las comisarías que había visitado, muestrarios de la miseria humana. Toni ocupó su lugar en una larga cola de espera —¡oigan, aquí traemos a este indocumentado, que ha agarrado un pedo medio cabrón!—, entre un revendedor de cocaína que no debía de pasar de los quince años y un grupo de prostitutas. La que estaba detrás de Toni tenía un ojo negro, hinchado y completamente cerrado. Con la mano extendida hacia un policía, no paraba de farfullar:

—Devuélveme mi dinero, hijo de la chingada, devuélvemelo...

Al cabo de un momento, el hombre le mostró el puño con exasperación:

—¡O cierras el pico o te lo cierro yo!

La mujer se mordió el labio para obligarse a guardar silencio y encogió el cuello entre los hombros. Llevaba el rímel corrido sobre las mejillas y parecía repentinamente avejentada. Tras ella, una chica joven embutida en un pantalón corto que dibujaba con precisión los contornos de su sexo se abismó en la contemplación de sus zapatos de tacón alto. Varios borrachos se apretujaban en un banco de madera, frente al mostrador de ingresos. Una patrulla irrumpió triunfalmente:

—¡Miren lo que traemos! Dos pinches gringos que acabamos de trincar en un bar pasando billetes falsos de veinte dólares.

Un coro de silbidos de admiración unió a los policías y sus presas de una noche en el odio común al estadounidense, mientras los dos rubitos entraban cabizbajos en las dependencias policiales.

—Pérense, vamos a hacer una foto de recuerdo —dijo un oficial saliendo cámara en mano de detrás de su escritorio—. Ustedes dos, allí, contra la pared. Ernesto, saca el billete y sosténlo delante de ellos. Ahí, muy bien. —El destello del flash lanzó las sombras de los dos gringos contra la pared—. Con un poco de suerte, venderé la foto a *El Norte* para la edición de mañana —añadió el oficial.

En un despacho acristalado, un niño de unos tres o cuatro años dormía en un cochecito, ovillado y con las piernas colgando fuera. En la mesa inmediata, un inspector vestido de paisano había colocado en posición vertical su máquina de escribir portátil para echar una cabezada disimuladamente y, con la cabeza apoyada en los antebrazos, soñaba con un ascenso. Toni miró las agujas del gran reloj eléctrico de péndulo, que avanzaban con movimientos irregulares en la pared de enfrente.

Las cinco y media.

Los policías se llevaron al precoz traficante que lo precedía y llegó su turno.

El rollizo Eduardo se levantó con dificultad del banco en el que dormitaba y se acercó a quitarle las esposas.

—Lo hemos encontrado a la orilla del río con un cuete del carajo y la moronga al aire. No tiene papeles. Dice que es español.

Se dirigía a una mujer vestida de uniforme, de rasgos marcadamente indios, que se levantó las gafas y se frotó los ojos, hinchados de sueño. Luego volvió a calárselas y, con una mueca de asombro, miró el rostro manchado de sangre de Toni por encima de la ventanilla tras la que disimulaba su imponente corpachón.

—Es que se ha caído. Ha tropezado al subir al coche patrulla —dijo Eduardo abismándose en la contemplación del cielo raso, donde debían de estar pasando cosas apasionantes.

—Lo que tu digas —replicó Toni—. Escuche, señora...

—Oficial Galeano —puntualizó la mujer echando atrás la cabeza y arrugando la nariz, incomodada por el aliento a alcohol de Toni.

—Escuche, oficial, soy periodista. Llegué hace una semana. He venido de Madrid para investigar sobre los asesinatos en serie de mujeres jóvenes de la ciudad. Trabajo para *El Diario*. Un carterista me ha robado el dinero y la documentación en la avenida Juárez —mintió Toni.

—Ya. Ha estado tupiéndole al pomo en una cantina y se ha dejado engatusar por una puta —rezongó Eduardo mientras el periodista, exasperado por la exactitud de su intuición, lo fusilaba con la mirada.

—Está bien, no vamos a perder toda la noche con esto —suspiró la oficial Galeano—. Apellidos, nombre, fecha, lugar de nacimiento y dirección.

—Zambudio Rodríguez, Antonio —respondió Toni con resignación—. Nacido el 7 de julio de 1952... —añadió, y tuvo un momento de vacilación—. En Ciudad Juárez.

—¡Alto ahí! ¿Nos toma el pelo? ¿En qué quedamos, es usted español o mexicano?

—Esto es lo que me temía —se lamentó el periodista—. Verá... —dijo al fin en un arranque de decisión—. Mi padre era refugiado político. Huyó de España en la época de la Guerra Civil, a finales de mil novecientos treinta y ocho, y no volvió hasta mediados de los años setenta. Yo hice todos mis estudios allí, a partir del instituto, y renuncié a la nacionalidad mexicana hace mucho tiempo. Todo eso es muy fácil de comprobar. Mi partida de nacimiento debe de seguir en algún lugar del ayuntamiento.

—Que no abre hasta el lunes —apostilló la mujer.

—¿Qué pasa? —terció el gordo—. ¿Te daba vergüenza ser mexicano?

—Me alojo en el motel La Vela, en el paseo Triunfo de la República. El número de mi pasaporte figura en mi ficha de registro. Mi billete de vuelta está en la habitación, a mi nombre. Eso pueden comprobarlo ahora mismo —se apresuró a decir Toni haciendo oídos sordos al policía, que le lanzaba miradas de desprecio—. Conozco al jefe de la policía, Alfonso Pazos. Lo entrevisté hace apenas unos días. Seguro que me recuerda. Llámenlo.

—Sí, hombre, y yo soy el subcomandante Marcos —rezongó Eduardo.

La oficial Galeano miraba indecisa a Toni.

Desde luego, aquel *ecce homo* no parecía un periodista extranjero, pero ¡vaya usted a saber! Después de pasar por las manos de aquel par de energúmenos de la patrulla... En fin, podría haber sido peor, podría haber topado con las fuerzas especiales, y ésos no habrían dejado gran cosa de él. En todo caso, si su historia era cierta, la habían armado gorda. Por otro lado, si molestaba al jefe de la policía en persona en mitad de la noche por una historia inventada por un borracho, se le iba a caer el pelo, eso por descontado. Optó por un término medio.

—Mañana por la mañana podrá hablar con el capitán. Entre tanto, se habrá despejado. Llévatelo, Eduardo.

—Al menos, llame al hotel —insistió Toni.

—No estés chingando y muévete —gruñó el agente empujándolo hacia el fondo de la sala.

Toni alzó los ojos al techo. La esperanza de pasar la noche en una cama se esfumaba definitivamente.

Las puertas de las celdas se alineaban a ambos lados de un pasillo inmundo. El gordinflón lo empujó al interior de una de ellas.

Allí dentro olía a meados y ni siquiera había luz. El cubículo no debía de tener dos metros por dos. Ni siquiera había un banco, solo el suelo de cemento. Eduardo cerró la puerta.

—Si llego a saber que eras un traidor a México, pinche cabrón, ni te imaginas lo que te habría hecho.

Toni se dijo que, efectivamente, prefería no imaginárselo. Era el único ocupante de la celda, y se preguntó si sería una atención especial.

Se dejó caer al suelo deslizando la espalda por la pared y buscó el paquete de Fortuna en el bolsillo, pero no lo encontró.

—¡Mierda! —exclamó en la oscuridad.

Su reportaje acababa por todo lo alto.

El cansancio acumulado se abatió sobre él de golpe. El alcohol, los golpes, la tensión y algo aún más amargo pudieron más que él. La arbitrariedad y el sentimiento de injusticia parecían tan unidos a aquel país como a su historia personal.

Arrebujado en la chaqueta, ovillado en el suelo, mientras en los límites de la ciudad los últimos aullidos de los coyotes saludaban el final de la noche, se hundió en la inconsciencia como un caballo sacrificado en el matadero.

Las pesadillas no tardaron en ocupar su lugar entre los agitados sueños de Toni.

10 de junio de 1963. Ciudad Juárez

Estaba claro que el atraco había fracasado. Y cada minuto que pasaba no hacía más que empeorar las cosas. Las sirenas de los coches de los federales aullaban ya en la esquina de la calle.

Homero Cardona contemplaba el cadáver de su cómplice, tumbado sobre el piso del banco en medio de un charco de sangre.

Un poco más lejos, el cuerpo del guardia que lo había abatido yacía contra la pared, en la que había dejado un rastro escarlata al escurrirse al suelo. Su arma reglamentaria se había deslizado a varios metros de él. Los cinco empleados y los tres clientes que habían tenido la desgracia de encontrarse en la sucursal permanecían agrupados, de rodillas y con las manos sobre la cabeza, al pie del mostrador de roble coronado de ventanillas.

¡Cabrón de vigilante! Ni siquiera habían acabado de vaciar la caja, y menos aún los cofres, cuando se le había metido en la cabeza hacerse el héroe. ¡Hijo de puta! Se lo había ganado.

Los disparos habían revolucionado todo el vecindario. Evidentemente, a algún buen ciudadano le había faltado tiempo para alertar a la tira. En cuestión de minutos, la zona estaría infestada de polis. Tenía que largarse. Si hacía falta, cargándose a quien se le pusiera por delante.

Homero Cardona disparó la Colt 45 al techo, y una lluvia de yeso se abatió sobre los rehenes.

—¡Que no se mueva nadie! Ya vieron lo que les pasa a los que intentan hacerse los valientes. Al primero que parpadee, le pego un tiro. En menos de treinta segundos estaré fuera y todo habrá acabado para ustedes. En la calle se va a armar la de Dios es Cristo. Yo que us-

67

tedes no me movería hasta que todo haya pasado. ¡Hasta la vista, compañeros!

El atracador se estremeció, se secó el sudor de la frente con el dorso de la mano, se ajustó rápidamente el pañuelo que le ocultaba la parte inferior del rostro y se lanzó a la calle.

La Falcon de los federales frenó y quedó atravesada en mitad de la avenida de los Niños Héroes. Las cuatro puertas se abrieron a la vez, y Homero Cardona disparó al parabrisas y lo hizo añicos. Los agentes se agacharon tras las puertas de la Ford.

Homero cruzó la avenida a la carrera.

Altagracia había recogido a su único hijo a la salida de clase, en el mismo colegio donde enseñaba Literatura Española. Vestida con el tradicional sarape, que llevaba como un chal, avanzaba por la acera de la avenida de los Niños Héroes admirando al fruto de sus entrañas. Pronto cumpliría los once... ¡Madre mía, qué hombrecito! ¡Y qué guapo estaba con el uniforme del colegio, saquito azul marino, camisa blanca y corbata, como un auténtico señorito! Si no estuviera tan delgado... Bajo el peso de la mochila de cuero, encorvaba la espalda e inclinaba el hombro derecho de forma preocupante. Siempre había sido un poco frágil. Sus compañeros lo llamaban "Puro Hueso".

Y eso que comía como cuatro. El crecimiento, seguramente. Ya le sacaba más de una cabeza. No es que fuera muy difícil. Altagracia medía apenas un metro cincuenta y, si bien el chico se le parecía en la tez morena y la negrura del cabello cortado al cepillo, pronto debería su estatura de adulto a su padre. "Mucho mejor —se dijo Altagracia—. Los hombres, mejor altos." Toni volvió la cabeza y le sonrió.

El chirrido de los neumáticos de la furgoneta de los federales los sobresaltó a los dos, justo a tiempo para ver al hombre que salió del banco corriendo y disparando sobre el vehículo, del que habían saltado cuatro agentes. El parabrisas estalló en mil pedazos, y Homero Cardona atravesó la calle en dirección a Altagracia y su hijo. Sentía el pañuelo que le ocultaba la parte inferior del rostro deslizándose un poco más a cada paso.

De pronto, se detuvo, se llevó la mano a la boca, frunció el entrecejo y los miró un instante antes de ponerse el pañuelo en su sitio con un rápido movimiento del índice. Le habían visto la cara.

Los federales le apuntaban, impotentes: la mujer y el niño estaban justo en medio de su ángulo de tiro.

Homero Cardona encañonó a la mujer y la abatió de un tiro en plena frente. Un chorro de sangre surgió de la parte posterior de su cráneo al tiempo que se desplomaba como una muñeca de trapo. Toni, cubierto de sangre de su madre, permanecía inmóvil, en estado de shock. El hombre movió ligeramente el arma y lo encañonó. El gatillo golpeó el vacío con un clic característico, y Homero miró su Colt 45 con incredulidad, mientras el chico lo miraba petrificado.

En total, la escena no había durado más de veinte segundos.

El atracador apartó al niño de un empujón en el pecho, reanudó la fuga y desapareció en la primera esquina. Los federales abandonaron el precario abrigo de las puertas abiertas de la Ford Falcon aullando órdenes.

Toni se precipitó sobre el cuerpo inmóvil de Altagracia Zambudio.

Domingo 25 de febrero de 1997.
Comisaría central de Ciudad Juárez. 09.30 horas

El capitán de policía estaba de buen humor. Había pasado la noche en brazos de su amante, una mujer con dos tetas como dos lunas, cintura de avispa y un culo... ¡Qué culo, Dios mío! Y encima alta, por lo menos una cabeza más alta que él. Semejantes resultados sólo podía producirlos el mestizaje con los indios seris del estado de Sonora. Un auténtico volcán que ya le había dado tres hijos, de los que estaba más que orgulloso. No como su legítima, que no había sabido hacerle más que niñas. En fin, que entre pitos y flautas la cosa le salía en un ojo de la cara. Si al menos volvieran a ascenderlo...

Se echaría una segunda amante, como merecía un hombre de su posición. Se puso a fantasear con aquellas chicas tan jóvenes que lo volvían loco, chamacas de apenas trece años y rostros virginales pero con unas nalgas como defensas de Cadillac. Arrellanado en su sillón bajo los retratos de Benito Juárez y el presidente Zedillo, el capitán encendió un cigarrillo pensando en los miembros del Partido Revolucionario Institucional a los que había prestado señalados servicios recientemente y que podrían apoyar su irresistible ascensión, cuando llamaron a la puerta.

—¡Adelante! —dijo enderezando el cuerpo detrás de su escritorio, junto al que destacaba, protegida en su vitrina, la bandera de México.

Un agente hizo pasar a un sujeto ni joven ni viejo y más gordo que flaco, entrecano, sin afeitar y vestido con una chaqueta arrugada, una camisa nada limpia, un chaleco y unos pantalones vaqueros que habían conocido días mejores. Llevaba las botas sucias, y la sangre seca remedaba un bigote bajo su nariz hinchada.

—Tome asiento, señor Zambudio —le ofreció abriendo la carpeta que tenía sobre la mesa—. Porque así es como dice llamarse, ¿verdad? He leído el informe de esta noche relativo a usted. —Más muerto que vivo, Toni se dejó caer en la silla de plástico colocada frente al escritorio—. Ya nos hemos puesto en contacto con el motel La Vela, donde nos han confirmado su declaración. No obstante, hay algo que no encaja con su historia de agresión: en el momento de su detención, usted estaba ebrio. Si es tan amable de contarme lo que ocurrió exactamente...

Toni suspiró. No había tomado nada desde el día anterior, aparte de los comprimidos de Maalox, que por suerte no le habían robado. La sed torturaba su cuerpo entumecido, y miraba con ansia el garrafón de agua instalado en un rincón del despacho.

—Perdóneme, estoy faltando a todos mis deberes de oficial. Dele un vaso de agua —ordenó el capitán al agente.

Toni bebió con avidez y tendió el vaso de plástico hacia el policía, que hizo caso omiso de su expresión suplicante.

—Hablábamos de la verdad, señor Zambudio, que, como usted sabe, es un diamante con múltiples facetas.

—Entré en una discoteca —confesó Toni—, El Coyote Cojo, en la avenida Juárez. Estaba cansado, bebí demasiado y una prostituta me robó el dinero y la documentación. Fui víctima de mi ingenuidad. A continuación, una de sus patrullas me dio el alto. Intentaron sacarme dinero. En ese momento me di cuenta de que me lo habían robado todo. No estaba en mi estado normal, lo admito, pero eso los puso furiosos, me pegaron y me trajeron aquí.

—Vaya, vaya... Comprendo. Una mordida, ¿no? Es lamentable, pero debo reconocer que la corrupción es el azote de nuestro bello país. Luchamos sin descanso contra esa triste tradición. Incluso hemos puesto un número a disposición de la población, para que los ciudadanos honrados puedan denunciar las presiones de las que son víctimas. Desgraciadamente, se utiliza poco. Le presento mis excusas. Y también investigaremos el robo del que se dice víctima. ¿Desea presentar una denuncia?

—Solo quiero que me suelten. Tengo una cita a mediodía y debo coger el avión para Madrid, vía México, a las cuatro de la tarde, y ni siquiera tengo el pasaporte.

—No tan deprisa, señor Zambudio. Me asombra la ingenuidad de que ha dado prueba. Si es usted el periodista que asegura ser, debe tener experiencia en el mundo del crimen. Dice que está aquí para escribir un artículo sobre los asesinatos en serie cometidos en Juárez en los últimos años...

—Así es —respondió Toni—. Trabajo para *El Diario*, el periódico con más tirada de España, para el que incluso he entrevistado a su jefe de policía. Tiene que dejarme marchar.

—Es demasiado pronto para eso. Me temo que habrá que esperar hasta mañana para verificar definitivamente sus declaraciones ante el consulado de España en Chihuahua. Como comprenderá, no podemos dejarlo marchar sin habernos asegurado oficialmente de su identidad y de la autenticidad de su misión. Nuestra policía puede ser corrupta, pero no incompetente.

—¡Oh, no! —se lamentó Toni—. Otra noche aquí, no. Tengo hambre, tengo sed, estoy cansado...

—Tenga en cuenta que los trámites administrativos que llevamos a cabo para sacarlo de aquí cuestan dinero a la nación, lo mismo que alimentarlo. ¿Está seguro de que no lleva ningún dinero encima, ni siquiera una tarjeta de crédito que haya podido dejarse en el motel? Podríamos llevarlo allí. Previa fianza que, por supuesto, dejaríamos a su discreción.

Hijo de puta... El instinto de conservación detuvo el insulto al borde de los labios de Toni, que se limitó a negar débilmente con la cabeza.

—En tal caso, señor Zambudio, lo siento en el alma, pero no puedo hacer nada más hasta mañana. ¿Otro vaso de agua, tal vez?

Por primera vez en su vida, iba a perder un avión. Sin contar las explicaciones que tendría que darle a Pérez.

Domingo 25 de febrero de 1997. Ciudad Juárez. 17.30 horas

El agente Manuel Mendoza estaba realmente preocupado. Para empezar, se acercaba el fin de mes y no había conseguido reunir los quinientos pesos que debía entregar a su capitán, como todos los policías de la comisaría.

La culpa era del calor. Con el mercurio a punto de hacer explotar la barra de los treinta y cinco grados, cualquiera salía a poner multas inexistentes a la gente. No, el capitán no se pondría nada contento, pero tampoco iba a sacar de sus ahorros lo que no había conseguido con las mordidas. ¡Hasta ahí podíamos llegar! ¿Y ahora qué tripa se le había roto a aquel pepenador,* a aquella rata de vertedero, que le tiraba de la manga enseñándole la lengua cortada? Por lo general, aquella gente huía de los policías como de la peste. Decididamente, ya no había respeto. Eso era lo que pensaba el agente Manuel Mendoza sudando la gota gorda dentro de su uniforme mientras el mudo pepenador lo arrastraba hacia el vertedero entre murmullos inquietos y cabeceos afirmativos.

Hedía como la carroña. Hinchada, expuesta al sol del desierto en mitad del muladar. Frenéticas, las moscas se afanaban zumbando como una escuadrilla de aviones B 52, y los gusanos se agitaban bajo la ennegrecida piel. Las ratas habían comenzado su trabajo sobre las mejillas y los labios de la muerta, que estaba semidesnuda. Las ligaduras de sus muñecas y el alambre que rodeaba su cuello se habían hundido en la carne hinchada.

---

* Trabajador del sector informal de la economía. *(N. del E.)*

73

Los ojos, vidriosos, estaban cubiertos de excrementos de insectos. El cabello negro, esparcido, le llegaba a la cintura. La minifalda dejaba al descubierto un sexo entreabierto y deforme. Debía de ser muy joven, a juzgar por lo que permitían adivinar sus formas, o lo que el calor había dejado de ellas. No, decididamente el capitán no se pondría contento, nada contento. Mendoza comprendió que iba a vomitar.

Lunes 26 de febrero de 1997. Ciudad Juárez. 11.00 horas

Esa mañana, cuando Alfonso Pazos, el jefe de la policía en persona, entró en la comisaría central de Juárez, parecía muy contrariado. Le temblaba el bigote, cierto, pero era de cólera. Desde su metro cincuenta y dos de altura, miró de arriba a abajo al capitán, hundido en su sillón.

Hoy no era su día. Hasta Benito Juárez le ponía mala cara desde su cuadro.

—Le he avisado en cuanto hemos tenido la confirmación de la identidad de ese periodista del consulado de España —balbuceó—. Ha sido un error lamentable.

—Eso es un lugar común, capitán —respondió Alfonso Pazos con sequedad.

El sol se afanaba en inundar el despacho, sin conseguir calentarlo.

—No podíamos saberlo. Podía ser un impostor. Nos hemos limitado a cumplir con nuestro deber —se justificó el capitán—. No quería molestarlo en pleno fin de semana. Además, con lo que pasó ayer tarde...

—Y yo creo que sólo lo ha retenido aquí cuarenta y ocho horas para sacarle dinero. Según la triste costumbre de esta administración que tengo la desgracia de dirigir. Cuando me he enterado de que nació aquí, he llevado a cabo una rápida investigación. El último recuerdo que se llevó este hombre de Ciudad Juárez antes de abandonarla en mil novecientos sesenta y tres fue el asesinato ante sus propios ojos de su madre, abatida en plena calle y en presencia de los federales por un atracador de bancos, que por suerte murió poco más tarde en un enfrentamiento con la policía, ante la impotencia de los federales. Vuelve treinta y cuatro años más tarde, enviado por un rotativo de fama mundial, y usted lo detiene por error, lo maltrata e intenta sacarle una mordida. ¡Y la responsabilidad recae sobre mí! ¡Estoy soñando, dígame que estoy soñando! Como ese hombre escriba en su papel una línea, ¿me oye?, una sola línea sobre lo que le ha ocurrido por culpa de la policía de Juárez, lo veo en una plaza de San Cristóbal de las Casas ordenando el tráfico con los zapatistas en el culo, capitán.

Pálido, el capitán bajó la cabeza y clavó la vista en la papelera, a la que acababan de ir a parar sus esperanzas de ascenso.

Mandaron buscar a Toni, al que el capitán había hecho servir un sólido desayuno mexicano, huevos rancheros con café a discreción, antes de permitir que se aseara. Con todo, el periodista tenía el rostro descompuesto y su arrugada ropa despedía un olor nauseabundo.

El jefe de la policía se le echó encima con los brazos abiertos y lo agarró por los hombros:

—¡Mi pobre amigo, en qué estado lo han dejado! Ha sido un error lamentable. Créame, los responsables serán sancionados con la mayor severidad. Hemos llevado a cabo un registro de la cantina donde lo desvalijaron, pero no hemos encontrado nada. ¡Qué vergüenza para nuestra tradición de hospitalidad ver tratado de este modo a un huésped tan señalado como usted!

Alfonso Pazos fulminó al capitán con la mirada, mientras Toni protestaba:

—A estos bestias no les ha dado la gana de creerse que usted me había recibido en su propio despacho. Pensaban que fanfarroneaba. Ahora he perdido el avión y no tengo dinero ni pasaporte. ¿Qué hacemos?

—Señor Zambudio, le ruego humildemente que acepte las excusas de la policía del estado de Chihuahua. Si tiene la amabilidad de acompañarme, lo llevaré personalmente a su hotel, donde decidiremos qué hacer.

En el coche que lo conducía al motel sorteando los embotellamientos del lunes por la mañana, Toni, muerto de cansancio, permaneció mudo.

—Mire, señor Zambudio —empezó a decir Pazos—. En muchos aspectos, este país es un país virtual y la gente como yo no puede hacer gran cosa para remediarlo. El correo, por ejemplo. Hay oficinas de correos, carteros, buzones en casa de la gente... Pues bien, todo es virtual. A nadie se le ocurriría mandar una carta. Si por casualidad llegara a su destino, se quedaría en el fondo de un costal, sobre un montón de costales parecidos, por los siglos de los siglos, en el almacén de la oficina de correos. Tan enterrada como la momia de un faraón egipcio en su sarcófago. La frase favorita del funcionario mexicano, señor Zambudio, es: "¿Quién sabe?" En fin, hay que acostumbrarse. Por suerte, el fax es un invento que funciona de forma autónoma. Su consulado nos ha hecho llegar este documento oficial, que certifica su identidad a falta de pasaporte y es válido durante un mes. En el ínter, sobra tiempo para dar con el modo de cambiar su billete y enviarlo a casa, a España, lejos de aquí. También he mantenido una conversación telefónica con su periódico. Efectuarán una transferencia a una cuenta de Banpaís que he ordenado abrir. No obstante, deberá esperar hasta mañana para retirar dinero y llamar al aeropuerto. Hasta entonces, le ruego acepte ser mi invitado. Voy a dejarlo en La Vela, donde podrá descansar y cambiarse; después, si lo desea, pasaré a recogerlo e iremos a cenar y hablar del asunto que lo ha traído aquí. Los asesinatos en serie de Juárez. Hay novedades. Se las comunicaré esta noche.

El jefe de la policía lo dejó delante del motel. El recepcionista estaba enfrascado en la lectura de una revista de automóviles. Toni le pidió la llave de su habitación. Sin levantar la cabeza, el hombre extendió el brazo hacia el casillero correspondiente y dejó el llavero sobre el mostrador. Maquinalmente, echó un vistazo por encima de la revista, y su mandíbula inferior se aflojó de tal modo que Toni creyó que iba a desencajarse y caer sobre el mostrador.

—¡Señor Zambudio! ¡Virgen Santa de Guadalupe! Hay que ver cómo lo han dejado... Nos enteramos de lo que le pasó por la llamada de la policía, el domingo por la mañana. Ante la incertidumbre, nos hemos visto obligados a realquilar su habitación. Su equipaje está en el almacén. Ahora mismo lo subiremos a la veintiuno, que será su nueva habitación. Está al lado de la otra, así que apenas notará el cambio. Por desgracia, tendremos que cobrarle las dos noches reservadas, aunque no durmiera en el hotel. Durante el fin de semana, hemos tenido que rechazar a otros clientes.

—Ningún problema —respondió Toni al recepcionista, que estaba en mangas de inmaculada camisa.

—De todas formas, ¡qué error tan lamentable! ¡Qué error tan lamentable! —repetía el hombre meneando la cabeza.

—Sí, ya me lo han dicho. Tranquilícese y deme la llave, por favor.

Pero el recepcionista parecía inconsolable:

—¿Qué van a pensar de nuestra policía en España? Cada vez viene menos gente a visitar Juárez...

Al fin, se decidió a tenderle la llave de la veintiuna. Toni no podía con su cuerpo.

El portero fue a buscar su maleta al almacén y lo precedió escaleras arriba arrugando la nariz. Dejó la maleta sobre la cama y se retiró discretamente sin esperar propina. Decididamente, en aquella ciudad las noticias volaban.

La habitación era idéntica a la que había ocupado con anterioridad. Solo cambiaba la decoración. Esta vez, tenía derecho a una reproducción de una mala tela que representaba una puesta de sol sobre un rancho en el que unos peones se afanaban en marcar varias vacas de largos cuernos.

"¿Cultura ranchera sin fronteras?", se dijo Toni pensando en Texas, tan cercano y al mismo tiempo tan lejano, por lo que a los juareños respectaba, como si estuviera en otro planeta. Al menos los colores de aquel cuadro eran un poco menos chillones que los de la habitación de al lado. Toni se desnudó y tiró la ropa al suelo. Hizo un rebujo con ella, lo metió en la bolsa de plástico de la lavandería y entró en el baño.

Bajo sus ojos, las bolsas ya no eran mochilas sino baúles.

Tenía un morado, aunque morado no era el adjetivo adecuado para calificar el arco iris que le señalaba la piel sobre las costillas inferiores del lado izquierdo.

Se palpó esperando no tener nada roto. Pues no; la grasa debía de haber amortiguado el golpe. Debería plantearse ponerse a dieta, se dijo. "Sí, quédate sin comer, con una úlcera." Se pasó las palmas de las manos por las mejillas. Hummm... Puede que le conviniera dejarse barba, así disimularía aquella incipiente papada. Cuántas cosas empezaban a cambiar en su vida...

También debería dejar de fumarse un Fortuna detrás de otro.

Era ahora o nunca. Desde que estudiaba en Francia, no había pasado tanto tiempo seguido sin fumar. Dos días, joder, dos días enteritos. Esa idea lo empujó hasta la cama, donde estaba su maleta. La abrió y se quedó mirando los tres cartones de cigarrillos españoles que descansaban sobre la ropa.

—¡Mierda! —exclamó rompiendo una de las cajas de cartón.

Una avalancha de paquetes rojos y blancos se desparramó sobre la colcha. Con rabia, cogió uno, rompió el celofán, sacó una caja de cerillos y encendió un cigarrillo.

Su estómago protestó indignado a la primera calada, pero, ¡qué coño!, le supo a gloria, pensó observando las volutas de humo que ascendían hacia el techo.

En cueros como estaba, se acercó a la ventana y se asomó al soleado jardín.

Hacía un día estupendo para estar en libertad. Decidió que, si no dejaba de fumar, al menos se dejaría barba.

Estaba a punto de quedarse dormido en el baño de agua muy caliente, como a él le gustaba, cuando sonó el teléfono. Lo cogió chorreando, y la voz del inefable Pérez le estalló en el oído:

—¿Qué coño te ha pasado, Zambudio?

Toni le contó sus desventuras del fin de semana, omitiendo cuidadosamente el episodio de la cantina.

—Mira, Toni —dijo su jefe de servicio en tono perentorio—, la próxima vez ten más cuidado. Te hemos enviado una tranferencia. Tendrás suficiente hasta que consigas cambiar el billete. Deberías encontrar plaza para mañana, o pasado mañana a más tardar. Por cierto, tu artículo era cojonudo. Ferrer está contento. —Al menos el redactor jefe no lo recibiría con una cara de quince metros de larga—. Pero vuelve enseguida. Tus minivacaciones nos salen por un ojo de la cara. Y estamos esperando tu segundo artículo —añadió Pérez.

—Estoy citado con el jefe de la policía en persona para dentro de un rato, y ya tengo un artículo sobre el particular funcionamiento de la policía local, un reportaje vivido desde dentro, no sé si me explico —respondió Zambudio.

—Sí, ya, pero según el muy honorable Alfonso Pazos, todo ha sido un lamentable...

—¡Venga, hombre! Tú también, no —lo atajó Toni.

—Vale, vale —dijo Pérez echándose a reír—. Pero cuidado con las guapas y peligrosas aztecas. Venga, cuídate.

Sí, decididamente, las noticias volaban.

¡Mierda! La Alianza de las Mujeres. Lo había olvidado por completo.

Aún mojado, llamó a Guadalupe Vidal para disculparse y tratar de concertar otra cita antes de marcharse. Nadie. Volvería a intentarlo más tarde. Se secó y se tumbó en la cama. Cuando sonó el teléfono, tenía la sensación de no haber dormido más de diez minutos.

—¿Ha podido descansar, señor Zambudio? Soy Pazos. Estoy abajo, en recepción.

—¿Qué hora es? —preguntó Toni mirando el rectángulo de la ventana, oscurecido por la noche.

—Las siete pasadas. ¿No tiene hambre?

—Deme cinco minutos y estoy con usted.

Toni sacó de la maleta unos jeans limpios, una camiseta negra y un suéter fino, se vistió y saltó sobre sus botas camperas. Tendría que encontrar un limpiabotas de primera para que las dejara presentables.

Los dos hombres estaban sentados a una mesa del restaurante Adelita, en un centro comercial situado a dos pasos de la frontera, cerca del puente de Santa Fe.

Los representantes de las clases medias de la ciudad se codeaban con los turistas yanquis, ausentes de las calles próximas. No se atrevían a aventurarse más allá, había explicado Pazos, por miedo a la violencia urbana. De hecho, allí todo había sido ideado para hacer que se sintieran seguros, desde las tiendas de artesanías hasta las cantinas de opereta animadas por mariachis neurasténicos. La entrada al centro comercial estaba custodiada por guardias armados hasta los dientes.

En la mesa de al lado, tres mujeres elegantes sonreían beatíficamente a otros tantos hombres de negocios enfrascados en una conversación sobre los flujos de capital. El jefe de la policía había propuesto un brindis por la libertad recuperada del periodista. Un brindis con tequila. Aquel animal tenía sentido del humor, pensó Toni declinando la oferta y optando por una Corona y, por recomendación del policía, un plato de gusanos fritos.

—Es un plato precolombino —le explicó Pazos—. Ya sé que, *a priori*, la idea de degustar gruesos gusanos blancos fritos resulta poco atractiva, pero en esta vida hay que probarlo todo.

Tras el episodio de la comisaría, Toni esperaba que su interlocutor lo interrogara sobre sus orígenes, pero no lo hizo, sin duda por discreción. De momento bebían cerveza e intercambiaban generalidades sobre la ciudad.

80

—Permítame que insista en presentarle nuestras excusas. Lo que ha ocurrido es incalificable. Hemos puesto sobre aviso al servicio de aduanas, con el que mantenemos excelentes relaciones. Por descontado, he tenido que rebajarme a contarles nuestra hazaña. Teniendo en cuenta las circunstancias, embarcará usted sin problemas. Esta misma tarde, me he ocupado personalmente de encontrarle un vuelo para pasado mañana, que podrá tomar si lo desea, y me he permitido efectuar una reserva.

—Se lo agradezco —respondió el periodista con bastante frialdad.

—Contará sus desventuras en las columnas de su periódico, ¿verdad?

Los dos hombres se observaron como dos pitbulls antes de un combate. Sus respectivas profesiones los habían vuelto cínicos y desencantados. Además de hastiados.

En un rincón del cerebro de Toni, acababa de encenderse una luz roja.

—¿Usted qué cree?

—Comprendo —suspiró Pazos—. Era lo que me temía. Escuche, quiero proponerle un trato.

Ahora la luz roja parpadeaba en señal de alarma.

Las neuronas de Toni trabajaban a tope. Un disco duro al borde de la saturación.

—Verá —empezó a decir el policía tras aclararse la garganta—, esta mañana he mencionado que teníamos novedades en lo relativo a los asesinatos. Pues bien, estoy en condiciones de proporcionarle una amplia ventaja sobre sus colegas.

—¿Y a cambio? —repuso Toni encandilado.

—Tengo una deuda con usted. Pero, como jefe de la policía, mi obligación es defender a mis hombres, sean cuales sean sus defectos. No quiero leer en su periódico ni siquiera una alusión a su aventura de este fin de semana. No quiero tener que escuchar de labios del alcalde o del gobernador del estado de Chihuahua que hemos maltratado a un periodista extranjero. Bastantes complicaciones tengo ya. A cambio, le ofrezco información. No es una proposición negociable. Es una oferta. Lo toma o lo deja. Mi mordida será su silencio.

—La instrucción está llena de lagunas, de conjeturas. Me he entrevistado con el abogado de El Aziz y con los defensores de los Diablos de Juárez. Ni siquiera estoy seguro de que la base de la acusación se sostenga a la larga. ¿Qué otra cosa podría revelarme?

81

—En primer lugar, déme su palabra.

No plantarse, sobre todo no plantarse. ¿Qué podía esconder en la manga aquel hombrecillo que en esos momentos lo miraba con los ojos reducidos a dos hendiduras, los ojos de un caimán al acecho?

Un artículo sobre los abusos de la policía de Juárez contra su modesta persona tendría un interés reducido para el lector español. Pensándolo bien, era algo más apropiado para Reporteros sin Fronteras. Bastaba con tragarse la cólera, la humillación. Y el sentimiento de injusticia. Eso último era lo más difícil.

De acuerdo.

El camarero le puso una cazuela de barro sobre la mesa y retiró ceremoniosamente la tapadera. Puaj. Los gusanos parecían hormiguear en el fondo de la cazuela. Pazos había tenido la sensatez de pedir un mole, pollo al cacao. Pero los gusanos resultaron no estar tan malos, a condición de olvidar su repulsivo aspecto. Una vez en la boca, tenían la consistencia de patatas fritas muy crujientes. Y con la ayuda de la cerveza…

—Tenemos una pista seria.

—De acuerdo —se rindió Toni—. Lo escucho. Tiene usted mi palabra.

El menudo jefe de la policía cruzó las manos sobre la mesa y adoptó la untuosa actitud de un prelado.

—Mientras usted se desesperaba en nuestros calabozos, ha ocurrido un hecho trascendental. Y nada alegre, créame. El asesino ha vuelto a actuar.

A Toni, el trago de cerveza se le fue por otro lado.

—¿Qué? —preguntó golpeándose el pecho para hacer bajar el líquido—. ¿Cómo dice?

—Ayer a primera hora de la tarde, un pepenador de basura descubrió el cadáver de una joven de diecisiete años en un vertedero del sudeste de la ciudad. Atrozmente mutilada, probablemente violada, aunque seguimos esperando el informe del laboratorio, y por supuesto asesinada. Esta vez, estrangulada con un trozo de alambre. El mismo tipo de víctima y las mismas torturas, o prácticamente las mismas. Antes de morir, sufrió más de lo que es posible imaginar. La hemos identificado como Liza Guevara, una empleada de Somermex. Fue vista con vida por última vez a la salida de un bar de la Zona Rosa, El Tiburón Loco, al que había acudido con una compañera de trabajo.

Hemos interrogado a su amiga: no sabe nada. En el bar, tontearon con dos individuos. Hemos dado con ellos. Parece fuera de duda que no tuvieron nada que ver. Fueron directamente a una discoteca. Hay testigos que lo confirman. Liza Guevara fue asesinada en la noche del viernes al sábado.

Toni estaba conmocionado.

—Eso pone en tela de juicio la culpabilidad de El Aziz y los Diablos.

—Le he dicho que seguíamos una pista. Y también le he prometido que mi oferta no era un engaño. Estaba seguro de que la aceptaría. He invitado a alguien para los postres. Le había hablado de un sociólogo especializado en sectas que nos envió el FBI. Lo que le contará le interesará enormemente. —Otra vez las sectas. La palabra había puesto en alerta a Toni, que recordó la oración a San Miguel Arcángel sometiendo al demonio en la tumba de Catalina Cruz—. Pero no olvide el trato —siguió diciendo Pazos—. Luego estaremos en paz. Se marchará a España con su información y se olvidará del desagradable incidente de este fin de semana.

—Estaba usted muy seguro de sí mismo. ¿Y si hubiera rechazado su oferta?

Pazos se entreabrió la chaqueta y dejó al descubierto el móvil que llevaba abrochado al cinturón.

—Me habría limitado a anular el postre, y usted habría vuelto a Madrid con la satisfacción de haberme puesto contra las cuerdas, pero con las manos vacías. Y alguno de sus colegas se convertiría en el feliz destinatario de nuestras confidencias, que ha llegado el momento de hacer públicas. —Bajo el bigote, Pazos esbozó una sonrisa—. Parece que compartimos un profundo conocimiento de las reacciones humanas.

—Basada en la experiencia.

Los músicos del restaurante, dirigidos por una especie de Pancho Villa de pacotilla, atacaban por tercera vez consecutiva "La cucaracha" a petición unánime de un autobús de turistas de Oklahoma literalmente histéricos, cuando un individuo alto de aire desenvuelto y complexión atlética se acercó a ellos. Saludó a los dos hombres, que se habían levantado, con un jovial apretón de manos mientras Pazos hacía las presentaciones.

—Lawrence Harding, asesor del FBI. Antonio Zambudio, periodista de *El Diario*, de Madrid.

Tendría unos cincuenta años y debía de rozar los dos metros. Sin embargo, no era desgarbado. Toni se fijó en los pocos cabellos rubios que aún no habían encanecido en su cuidado *brushing*. Iba sobriamente vestido con pantalones de mezclilla y camisa verde almendra y calzaba mocasines náuticos sin calcetines. En su rostro levemente atezado, los ojos azules eran casi infantiles, risueños, rasgo que reforzaba un bigote con las puntas dobladas hacia arriba.

Toni se preguntó si sería homosexual. El estadounidense tomó asiento y dejó ante sí un maletín de cuero negro y tela crema.

Los tres hombres intercambiaron las banalidades de rigor y optaron por saltarse el postre y pasar directamente a los cafés.

Harding explicó que, algún tiempo después de terminar sus estudios en Nueva Inglaterra, había obtenido una cátedra de Sociología en la Universidad de Chicago, donde había enseñado durante muchos años. De pronto, un día cualquiera, se dio cuenta de que no estaba hecho para la vida sedentaria. Aquella revelación, más un divorcio —así que no era marica... Aunque eso no probaba nada—, lo había impulsado a viajar regularmente. Luego, siguiendo el viejo adagio universitario "publicar o morir", se consagró a la redacción de una serie de obras sociológicas sobre Centroamérica y las sectas. Había conseguido varias becas para estudiar el fenómeno de las desviaciones satánicas en las religiones sincréticas originarias de África Occidental.

—Le he pedido que venga para que exponga su teoría a nuestro amigo. Le estaba explicando que estamos sobre una pista importante.

—¿Está seguro de que el momento es oportuno?

Hablaba español sin acento. O casi. Un castellano internacional perfectamente neutro, salvo por un pequeño defecto de pronunciación al atacar las consonantes.

—Eso me corresponde decidirlo a mí. Hasta nueva orden, estoy al mando de esta investigación, y los últimos hechos invitan a pensar que hacer pública al menos una parte de nuestras sospechas contribuiría a hacer salir el lobo del bosque —opinó el jefe de la policía—. El asesino no ha vuelto a actuar por casualidad.

—España es un país muy lejano, no veo la utilidad, en este caso...

—*El Diario* es un periódico conocido, leído por las personalidades de México. Y, si lo que sospechamos es cierto, el eco internacional del artículo pondrá a todo el mundo a cubierto, incluidos usted y yo.

—De acuerdo —aceptó Harding—. Si asume usted la responsabilidad... —Se volvió hacia Toni y alzó la voz sobre el ruido de los mariachis—. Lo que yo creo es que tanto la cuestión de los Diablos de Juárez como la inculpación de El Aziz son la prolongación de otro asunto que nunca se ha aclarado. Considerados uno junto a otro, los dos casos arrojan un saldo indeterminado de víctimas, pero sin duda hablamos de cientos de muertos. —Ahora Toni escuchaba con atención. Ni siquiera oía la trompeta que le taladraba los tímpanos. Harding se inclinó hacia delante—. ¿Ha oído hablar de los asesinatos de Matamoros? —Aparecían mencionados en los documentos que Pepe había recopilado para él antes de que dejara Madrid. Otro caso de asesinatos en serie, en la costa Atlántica de la frontera, a finales de los años ochenta. Pazos también había aludido a él durante su primer encuentro—. Los dos casos tienen numerosas e inquietantes similitudes —señaló Lawrence Harding—. Pero, antes de nada, deje que le refresque la memoria. ¿Qué sabe usted sobre la santería?

—Es una de las formas religiosas del animismo africano mezclado con el cristianismo, un sincretismo. Si no me equivoco, se practica en Cuba. Pero los esclavos perpetuaron sus creencias en diversos lugares del continente americano. Haití es conocido por el vudú, igual que el sur de Estados Unidos, en particular Nueva Orleáns. Y en Brasil se desarrolló la macumba en el sur y el candomblé en el norte. Todos estos rituales están destinados, si no recuerdo mal, a honrar a dioses originarios de Benin.

—No está mal para un profano —admitió el sociólogo—. Efectivamente, la santería honra a dioses originarios de África disfrazados de santos católicos. La terrible crisis económica que atenaza a Cuba ha propiciado el retorno de su práctica a la intimidad de muchos hogares. Pero hay que tener en cuenta que a finales del siglo XIX la isla vio afluir gran cantidad de esclavos originarios de Nigeria, los yorubas. Trajeron consigo su religión, el "palo mayombe", y sus rituales, que desconocen los conceptos morales del bien y el mal. Sus dioses, llamados "orishas", son venerados mediante sacrificios. A Oggun, por ejemplo, divinidad ligada a la brujería y a las armas, se le ofrece sangre, plumas y hierro. El mayombero practica la magia negra. De espaldas, como digo, a toda noción maniquea. En consecuencia, pedir protección para un narcotraficante o solicitar a los dioses la muerte de un rival no plantea ningún problema moral. Por ese motivo la mafia no ha dudado en instrumentalizar el mayombe, que, sin embargo, es una auténtica religión. La ha despojado de su sentido original, como en su momento hicieron los Duvalier en Haití, con el vudú. Pero la cosa no acaba ahí. México es un país en el que los sacrificios humanos seguían practicándose regularmente hace menos de cinco siglos. Y la cultura indígena sigue latente en muchas conciencias. Cuando los conquistadores llegaron a este país, descubrieron la efigie de uno de los numerosos dioses aztecas cubierta de pieles humanas. Imagine un mayombe, despojado de su sustancia, transformado en culto sectario, en instrumento de muerte. ¿Se hace una idea de las consecuencias en el inconsciente colectivo mexicano? En resumidas cuentas, su oficio consiste en contar historias, ¿no? Entonces, deje que le cuente una: la de Benito de María Constanza, alias "El Padrino". Bastante bien parecido y de verbo fácil. Perteneciente a una familia de marielitos, los cubanos refugiados en Miami, nació en Estados Unidos en 1962. Como en los hogares de muchos de sus compatriotas, en casa del pequeño Benito hay un altar santero. Pero, además, los Constanza son mayomberos de padres a hijos. Así pues, lo inician desde su más tierna edad. Su aspecto de efebo fascina a las chicas tanto como a los chicos. La cosa funciona: el Padrino no le hace asco a nada, y al parecer son amigos de su medio quienes en 1983 le facilitan un empleo como modelo masculino en México D.F. Su éxito en la Zona Rosa es fulminante. De forma similar a Marie Laveau, la gran sacerdotisa vudú de Nueva Orleáns, un siglo antes, se gana poco a poco los favores de la buena sociedad local a cambio de interceder ante los dioses orishas, o lo que él considera como tales. Efectivamente, Benito se ha fabricado una religión a su medida tomando prestados de aquí y de allí retales de ocultismo que integra en su propia cultura, ya de por sí heterogénea. Una especie de *New Age* satánica, por decirlo así. Por un ritual de protección cobra, en esa época, entre ocho mil y cuarenta mil dólares... Sus clientes son estrellas del cine y la televisión, narcotraficantes y miembros influyentes de la policía. Entre ellos, encontramos nada menos que a Lino Valente, director de Interpol en México, que se quitará la vida en 1988, después de asesinar a toda su familia. Se cree que, ebrio de un poder que aumenta constantemente, Benito de María Constanza llega a sacrificar víctimas humanas, protegido por poderosos cómplices. A partir de 1987, se empiezan a encontrar cuerpos torturados y lastrados con bloques de hormigón en diversas zonas del río Zumpango. Algunos cadáveres no serán identificados jamás, pero la policía consigue establecer la filiación de cinco de las víctimas, entre las que figura un travestí conocido como Françoise, cuya autopsia muestra que lo han desollado vivo desde los pies hasta lo alto del cráneo. Un año después, las víctimas son nueve miembros de una familia de narcos. Podría tratarse de un arreglo de cuentas, pues testigos oculares afirman que han sido liquidados por Constanza secundado por su gran sacerdote, Luis Hurtado, miembro de los federales, el equivalente mexicano del FBI. Por otra parte, el mayombero está relacionado con una de las mayores familias de narcotraficantes, los Márquez, cuyo heredero, Julio Júnior, de apenas veinte años, se enfrenta a continuos problemas en Matamoros, una ciudad fronteriza que se alza frente a Brownsville, a dos días en coche de aquí, en el este. Se conocen en México, D. F., sin lugar a dudas. El joven Julio Márquez Júnior cae bajo la influencia de Constanza casi de inmediato. Oliendo el negocio, Benito se traslada a Matamoros. Allí, conoce a una divorciada con posibilidades en la terraza de un café. Se llama Sara Iturbide y es dos años más joven que él. Le hace el truco más viejo del mundo: se sienta a su mesa y le echa las cartas. Fascinada por la tenebrosa belleza del cubano, Sara se rinde a sus encantos y se une a su delirio. Desde ese momento, no se suman, se multiplican: es Bonnie and Clyde versión Drácula. Para reforzar su ascendiente sobre Júnior, Constanza mete a su amante en la cama del joven mafioso. Poco a poco, se consolidan las bases de una secta satánica estructurada. Para mayor discreción, el trío infernal y sus cómplices compran una finca a unos kilómetros de Matamoros, el Rancho Santa Teresa, un lugar aislado. La carnicería empieza en 1988. Benito ha garantizado a sus cómplices la inmunidad a las balas y la invisibilidad, nada más y nada menos. Atiborrado de drogas, alucinado, llega a convencerse de que debe realizar ofrendas de carne y sangre mezcladas en un caldero mágico. Así, se dice en su delirio, se atraerá los favores de Ogun, dios ciertamente poderoso, pero que jamás ha pedido tanto. La tortura es un elemento importante del ceremonial que ha elaborado: el alma de la víctima habrá sufrido tanto que temerá a su verdugo hasta el fin de los tiempos. Será obediente. La docilidad de su espíritu esclavizado será proporcional a las torturas sufridas antes de la muerte. Conviene no perderlo de vista. —Toni, fascinado, empezaba a comprender adónde quería ir a parar el estadounidense—. La propia Sara Iturbide participó en los asesinatos con un celo digno de mejor causa. Cuando mató con sus propias manos a Gilberto Quile, un ex federal reconvertido en narco, se dice que lo colgó por el cuello sin atarle las manos. El hombre trató de sobrevivir agarrándose a la cuerda a pulso, y ella lo sumergió en un barril de agua hirviendo después de cortarle las tetillas con un cúter. La ceremonia acabó con un banquete caníbal: potaje de sangre y cerebro hervido para todos los invitados. Era una especie de concurso permanente de crueldad sanguinaria. Julio Júnior no tardó en ponerse a la altura de los demás: castraba a sus víctimas y las desmembraba. Para acabar, las abría con un machete y les mordía el corazón mientras agonizaban. Por supuesto, la muerte de un gringo fue la gota que colmó el vaso.

—Lo recuerdo —dijo Toni—. Ése fue el momento en que el FBI tomó cartas en el asunto

—Exactamente. Entonces, le ahorro los detalles. Resumiendo, el 14 de marzo de 1989, Graham Mulroney, un joven estudiante de Medicina tejano, vaga por las calles de Matamoros cuando es secuestrado, hacia las dos de la mañana, por miembros de la secta. Inquietos por su desaparición, los padres alertan a las autoridades mexicanas y estadounidenses. Pero nadie se mueve demasiado. Todo hace pensar en una fuga. Sin embargo, Jack Mulroney es un hombre testarudo. Conoce bien a su hijo, y está convencido de que no habría desaparecido sin dar señales de vida. En fin, hay algo que no cuadra. Mulroney viaja a Matamoros, inunda la ciudad de pasquines, remueve cielo y tierra y para acabar aparece en uno de los programas más populares de la televisión de Estados Unidos, *America's Most Wanted*, una especie de llamamiento catódico a posibles testigos respecto a personas desaparecidas a través del tubo catódico. Veinte millones de estadounidenses sueltan la lagrimita, y la reacción no se hace esperar: una vez más, México está en la picota de Washington por su laxismo en materia de lucha antidroga, el peso inicia una caída en picado y el estado no puede hacer frente a sus obligaciones en materia de créditos internacionales. Salinas,* que en esa época sigue siendo el presidente del país, no se siente nada cómodo. Ordena que la policía mexicana esclarezca cuanto antes aquel caso de desaparición tan inoportuno. Entran en juego los federales, a los que no tarda en unirse el FBI. En un país como México, Matamoros, con sus trescientas cincuenta mil

* Carlos Salinas de Gortari, presidente mexicano a comienzos de los años noventa. Se exilió tras la elección de Ernesto Zedillo.

almas, es una ciudad pequeña. A los pocos días, Julio Júnior y algunos cómplices dan con sus huesos en la cárcel. Pero la investigación de la policía está llena de agujeros e inverosimilitudes, especialmente a causa de interrogatorios demasiado "intensos", que acaban provocando retractaciones en serie. ¿No le recuerda nada? Pues bien, es exactamente lo que ocurrió en el caso Matamoros: Sara Iturbide es detenida, confiesa y, acto seguido, se retracta. Los secuaces también son interrogados a la mexicana. Les meten en la nariz el cuello de una botella de agua con gas convenientemente agitada. Una versión más lúdica del "tequila rápido". Las burbujas suben directamente al cerebro. Es tremendamente eficaz y terriblemente doloroso. Otra ventaja es que no deja señales. Como las palizas propinadas con un costal de arena mojada. En ese momento, la ilusión de total invulnerabilidad de los sospechosos, inducida por las ceremonias, salta en mil pedazos ante el pragmatismo de los métodos policiales. Bien. Se averigua el emplazamiento del rancho de la muerte. Se descubren los restos de catorce cadáveres, entre ellos, el del joven gringo. Más un caldero que despide un olor nauseabundo y contiene restos humanos mezclados con trozos de madera, colillas de puro y no sé cuántas cosas más. Los policías están tan impresionados que piden que se exorcice el lugar y se queme el templo maldito. Y lo más increíble es que el gobierno del estado de Tamaulipas accede y envía un curandero. Benito de María Constanza se ha dado a la fuga con varios de sus cómplices. Unos trescientos policías le siguen el rastro hasta el departamento donde se ha ocultado con sus últimos fieles, sito en la calle Río Sena de México, D.F. El 6 de mayo de 1989 la policía asalta el lugar. Los miembros de la secta han prestado juramento de suicidio colectivo. En el momento del asalto, Benito se encierra en un armario con su amante del momento y pide a un cómplice, Martín Ochoa, que dispare a través de la puerta. Ochoa duda, pero, espoleado por los insultos de su gurú, acaba obedeciendo.

—O vengándose de los insultos —apuntó Toni.

—Es usted un cínico, amigo mío. En cualquier caso, es lo que cuenta Ochoa a los federales cinco minutos más tarde.

—Siga. Me muero de impaciencia.

—Estupendo, porque lo mejor viene ahora. En primer lugar, como en el caso de los Diablos de Juárez, las retractaciones serán generales. Luego está esa extraña historia de la purificación del rancho mediante el fuego, el 23 de abril de 1989. De golpe y porrazo, las investigaciones sobre el terreno quedan frustradas. El caldero mágico, la única prueba material que se libró de la quema, desapareció pura y simplemente después de que los policías se hicieran cargo de él. Se "olvidó" examinar unas tumbas que podían contener otras víctimas. Sin embargo, en los meses posteriores a la redada de la policía, México fue pródigo en extraños descubrimientos: altares ensangrentados al abrigo de miradas indiscretas en lujosas mansiones, propiedad de personalidades situadas en lo más alto. En uno de ellos al menos, se encontraron prendas infantiles manchadas de sangre humana. Ninguno de estos hechos tuvo consecuencias.

—Si lo he entendido bien, y veo adónde quiere ir a parar, se ha echado tierra al asunto para proteger a personas muy poderosas implicadas en esos rituales sangrientos —dijo Toni.

—Exacto.

Se les había pasado el tiempo volando, los mariachis se habían ido con la música a otra parte y un camarero se acercó con expresión contrita trayéndoles la cuenta.

Pazos se sacó una cartera de piel de pitón de la chamarra, arrojó la tarjeta de crédito sobre la mesa y se guardó la cuenta en el bolsillo.

—En mi opinión, lo que ocurre aquí es una resurgencia del fenómeno —concluyó el sociólogo.

—De hecho, ambos casos presentan numerosas concomitancias —reconoció Toni—. Demasiadas para que pueda tratarse de meras coincidencias. Pero usted tiene más que sospechas, ¿verdad?

—En efecto. No son tanto pruebas formales, como íntima convicción. El satanismo gana terreno en todas partes, acompañado de su cohorte de sacrificios humanos. En la India, donde se secuestra a niños para degollarlos en el altar de Siva. En Rusia, donde cabía esperar un retorno avasallador de la religión ortodoxa, proliferan en cambio las sectas satánicas. En Europa, con la secta del Templo Solar; en mi país, con los suicidios colectivos de Waco. Todo esto es el contexto; no olvide que soy un investigador. Pero también hay similitudes más concretas entre ambos casos: la implicación de personajes de la Zona Rosa, el simple nombre de la banda los Diablos y de su líder, El Satán, que también coqueteó con el mundo de los modelos. Los cuerpos mutilados, los miembros amputados, las ciudades fronterizas... Las dificultades de la investigación. Si se hubiera querido borrar el rastro de los asesinos, no podría haberse hecho mejor. En el caso que nos ocupa, ni siquiera hemos podido descubrir el sitio donde se torturó a las víctimas, y no son El Aziz o los Diablos quienes nos lo dirán, ahora que tienen alguna posibilidad de ser absueltos. No olvide que se ha cometido un nuevo crimen mientras estaban en prisión. El jefe de la policía bajó la cabeza.

—Tengo la certeza de que ha hecho usted todo lo que estaba en su mano, don Alfonso —lo reconfortó Harding—. Pero, si se trata de una conspiración que implica a personalidades de las altas esferas, sabe usted tan bien como yo que, por mucho que se empeñe, en México...

—Entonces, los sospechosos encarcelados son inocentes... —lo interrumpió Toni.

—Ni eso es seguro —respondió Pazos—. Podrían estar implicados, haber participado en alguno de los asesinatos, pero no ser más que un eslabón de la cadena. Obtuvimos algunas pruebas tangibles y...

—El señor Pazos y yo divergimos sobre la "tangibilidad" de esas pruebas —objetó Harding—. Sin querer ofenderlo, Alfonso, los análisis del FBI no confirmaron los de ustedes.

—Tengo que preguntárselo. —Toni observó con atención al jefe de la policía—. ¿Ha sufrido presiones en el curso de la investigación?

—Señor periodista, voy a asombrarlo. Yo soy honrado. He hecho mi trabajo, con los escasos medios de que dispongo, en un país corrupto, como todo el mundo sabe. Tiene usted perfecto derecho a dudar de mi sinceridad. En esta investigación, llegaré tan lejos como pueda. Pero mi poder es limitado. Solo soy el jefe de la policía de Ciudad Juárez. Su artículo podría ayudarme.

—Esa joven que han encontrado muerta, Liza Guevara... ¿Podría entrevistar a su familia?

—Quíteselo de la cabeza. Todavía no les he comunicado la noticia, y debo decidirme a hacerlo antes de que la prensa mexicana se haga eco de su artículo. No puedo permitir que se enteren por la tele o los periódicos. Sea como fuere, esas personas serán protegidas hasta el entierro de la víctima. Y ni siquiera hemos empezado la autopsia. Tendrá que contentarse con nuestra versión de los hechos. Por cierto, ¿qué opina de nuestra hipótesis?

—Debo admitir que resulta muy atractiva, si puedo emplear ese adjetivo. Pero los periodistas somos gente escéptica por naturaleza.

—Los científicos, también —repuso Harding—. ¿Qué hacemos con las violaciones y el aspecto sexual del segundo caso, no es eso? Es la única objeción importante. Variación del ritual, tal vez: corderos sobre el altar de esta ciudad corrompida, en muchos casos, con las familias en la otra punta del país. Por otro lado, es tan fácil, hay tantas fábricas... Es un inmenso coto de caza. Basta con seguir el autobús, acechar a las presas solitarias a la salida de las zonas industriales. A las que acaban el turno al amanecer. Y estoy seguro de que, como en el otro caso, no hemos encontrado a todas las víctimas.

Sin duda, el sociólogo estaba en lo cierto.

—Sigue costándome creer en la culpabilidad de El Aziz y los Diablos.

—Hay demasiadas coincidencias —insistió Pazos—. Hablamos de asesinatos, señor Zambudio, y el proceso empieza dentro de quince días. Esos sujetos podrían quedar absueltos.

—¿Qué proponen ustedes? —preguntó Toni.

—No lo sé. Necesitaríamos encontrar el sitio donde esas pobres chicas fueron torturadas y ejecutadas. En mi opinión, no puede estar muy lejos —respondió Harding—. Si localizáramos el lugar en que las sacrificaron, tendríamos muchas posibilidades de descubrir las pruebas que aún nos faltan.

Toni no lamentaba haber conocido los calabozos de Juárez. Tenía una materia prima excelente para su próximo artículo. Antes de despedirse, el estadounidense le tendió una tarjeta de visita. "Lawrence Harding. Sociólogo. Asesor." Debajo, un simple número de móvil.

—No hay nada más eficaz. Desde que adopté un estilo de vida nómada, no utilizo otra cosa. Si tiene más preguntas, no lo dude. En vista de lo que acaba de pasar, seguiré por aquí unos días.

Cuando Pazos lo dejó en La Vela, Toni estaba en un estado de exaltación próximo al trance. Dio las gracias al jefe de la policía.

—Ya se lo he dicho, señor Zambudio, es mi mordida. No me lo agradezca. Vuelva a casa y escriba un buen artículo. Si estamos en lo cierto, puede que se haga famoso. ¡Ah, olvidaba un punto esencial! Nada de lo que le hemos contado esta noche es oficial. Actúe como un buen periodista: proteja sus fuentes. Suerte.

Vuelva a casa, le había aconsejado. Por supuesto. Pérez se iba a subir por las paredes.

Al otro extremo del hilo, Pérez echaba chispas:

—¿Cómo que te quedas? ¡Tú estás mal de la cabeza, te lo digo yo! ¡Hazme el favor de subir a ese puto avión y presentarte en el periódico!

Pero cuando Toni le relató su extraña cena, su jefe de servicio fue incapaz de emitir un sonido durante al menos quince segundos, signo inquietante donde los hubiera.

—¿Oye? ¿Sigues ahí? —preguntó Toni extrañado.

Por toda respuesta, oyó un silbido que imitaba de forma bastante aceptable el ruido de un neumático desinflándose.

—¡Está bien, joder! ¿Estás seguro de la información?

—Que yo sepa, hay fuentes peores que el jefe de la policía y un asesor del FBI. No tengo forma de verificarlo, pero, en cualquier caso, los hechos de Matamoros son históricos, y concuerdan bastante bien con lo demás.

—Y ha aparecido otro cadáver. ¿Lo sabe alguien más?

—¿Te refieres a alguien de la prensa? Ellos dicen que no. Pazos quería hacerse perdonar los errores de su administración a mi respecto. Elegirme ha sido todo un detalle.

—¿Un detalle? Te ha tocado el gordo. Dime, si te quedas, ¿cómo se lo tomará? ¿Te ayudará?

—Ni idea. El otro, el estadounidense, me dijo que podía llamarlo si tenía más preguntas. Pero el jefe de la policía... No lo sé. En cualquier caso, debo quedarme. Lo presiento.

—Bien. Escucha, ponte a redactar el artículo y mándanoslo por e-mail.

—Uf... ¿Esta tarde? Estoy reventado, con el fin de semana que he pasado, necesito recuperarme. En fin, el deber me llama, supongo.

—No podemos dejar que se enfríe la noticia. Mañana mismo nos encargaremos de hacerte llegar otro pasaporte a través del consulado en Chihuahua y reabasteceremos la cuenta del banco para más tiempo. Pero adminístrate, ¿eh? El juicio se celebra dentro de dos semanas. Te doy hasta entonces. Necesitamos novedades, ¿entendido? Mañana, sales en la primera. Después, habrá que llenar las columnas. El periódico sale todos los días, no lo olvides.

Ya. Esa noche también iba a ser corta. Toni se desperezó. Nadie podría decir que había huido de Juárez por segunda vez.

Martes 27 de febrero de 1997

Toni se despertó tarde. Volvió a llamar a la Alianza de las Mujeres para intentar disculparse. Guadalupe Vidal descolgó al tercer tono. Su voz sonaba como si le hubieran lijado las cuerdas vocales con tabaco o alcohol. O con ambas cosas.

—¡Ah!, es usted... El domingo lo estuve esperando un buen rato. Pero... ¿Sigue usted aquí?

—Es muy largo de explicar. Escuche, lamento mucho haberle estropeado parte del domingo y le ruego que me perdone. Me pasó de todo. De hecho, los próximos días voy a estar muy liado; pero, ¿estaría usted disponible, en caso necesario? Me gustaría que pudiéramos encontrarnos, digamos... —Toni alargó la mano para coger la agenda mientras sujetaba el auricular entre el hombro y la mejilla derecha—. ¿El viernes?

—Mire, no lo sé —respondió la mujer con voz indecisa—. Estaré bastante ocupada, no sé si....

La frase quedó en suspenso.

—No la entretendré mucho —insistió Toni—. Solo serán dos o tres preguntas.

Guadalupe Vidal dejó pasar unos segundos antes de decidirse.

—El uno de marzo. Espere... Sí, podría ser. De acuerdo, y doy por hecho que esta vez no me dará un plantón —dijo la voz cascada—. Deme su teléfono, todavía no sé dónde estaré ese día. Me muevo mucho, ¿sabe? Lo llamaré. ¿Le va bien el viernes a las cuatro de la tarde?

—Perfecto, y esta vez no le fallaré.

—Eso espero, lo contrario sería insultante. Soy una dama —dijo la mujer, y colgó.

El periodista se volvió hacia la ventana de su habitación de hotel. El cielo era de un azul puro. Otro día estupendo.

Se sentó en el borde de la cama y hojeó el listín de Juárez. G, Ga, Ge, Gi, Go... Gu. Guevara.

Había toda una página.

Bueno, no había diez mil maneras de actuar. Hizo callar la voz del ángel plantado en un rincón de su cráneo, que siempre lo tomaba con su falta de escrúpulos, y marcó uno tras otro todos los números preguntando en cada ocasión por Liza Guevara. Al llegar al final de la lista, tuvo que admitir que se había pasado de listo. La cosa no tenía nada de extraño. Como los Cruz, la familia Guevara debía de vivir en lo más profundo de una inmunda colonia donde no había ni agua ni electricidad, y menos aún teléfono.

Alfonso Pazos detestaba lo que tenía que hacer. A primera hora de la mañana, había abandonado el pisito de alquiler que ocupaba en la segunda planta de un pulcro inmueble de la calle Anáhuac Norte, casi enfrente de Estados Unidos. Antes de subir a su coche oficial, un viejo Chevrolet Impala, había alzado la vista hacia su terraza una última vez: los tiestos con flores bien ordenados de su balcón rompían la monotonía de las antenas parabólicas orientadas hacia Estados Unidos.

Nuestra Señora de la Televisión, ruega por nosotros. Un climatizador le arrojó unas gotas de agua al rostro, y el jefe de la policía retrocedió un paso.

Nadie podía imaginar hasta qué punto era difícil cultivar cactus. Los regaba cuidadosamente todas las mañanas. Una gota a cada uno, nunca más. Vigilaba celosamente el desarrollo de los pequeños globos erizados de sus *Copias Poas* venidas del lejano Chile, supervisaba el crecimiento de los *Disco Cactus* nacidos en las altiplanicies desérticas de Bolivia... En cuanto recibía un envío, procedía a plantarlo en su maceta, asaltado por visiones andinas. Pero sentía el mismo aprecio por las variedades locales, como el *Ario Carpus*, en vías de extinción y clandestinamente recogido por los chavales de la zona para satisfacer a los coleccionistas de todo el mundo. Éstos formaban una red inmensa, con la que el policía mantenía una correspondencia coordinada y realizaba intercambios regulares de especímenes repartidos por los cinco continentes.

El dinero no era una de las debilidades de Alfonso Pazos, que no tenía otra pasión en este mundo que los cactus. Generaciones de antepasados terratenientes del estado de Sonora habían contribuido a su bienestar amasando una fortuna con la ganadería, tras pagar generosamente ejércitos de asesinos a sueldo para limpiar de indios la región. Los yaquis que habían sobrevivido habían sido reducidos a la esclavitud por los propietarios de las minas de oro y plata.

Una cuenta bancaria relativamente abultada, una libido casi inexistente y un físico poco agraciado habían convertido a Pazos en el perfecto solterón.

Sus necesidades se limitaban a la compra de dos trajes al año, invariable e inmediatamente anterior a una visita al burdel. Y encima, en atención a su cargo, casi nunca lo dejaban pagar. Toda su vida amorosa se resumía a un breve espasmo semestral en brazos de una puta.

Si se exceptuaba las variedades rarísimas de cactus, cuyos precios eran relativamente módicos, el jefe de la policía estaba al abrigo de las tentaciones.

Alfonso Pazos soltó un profundo suspiro y subió al coche.

Para soportar con indiferencia lo que tenía que hacer, habría debido tener espinas, como los cactus.

Se había negado a que lo acompañaran. Por mucho que odiara aquellas obligaciones, siempre había preferido cumplirlas solo.

Se dirigió a una zona industrial situada en la prolongación del Parque del Chamizal, construido a principios de siglo para celebrar la amistad entre México y Estados Unidos. Pendejadas. Decididamente, la fórmula acuñada unos cien años antes por el viejo dictador Porfirio Díaz estaba más de actualidad que nunca: "Pobre México, tan lejos de los ojos de Dios y tan cerca de Estados Unidos".

A su alrededor todos eran flamantes y ultramodernos edificios industriales rodeados por cuidadas zonas de césped de un color verde oasis que resultaba casi obsceno en pleno desierto. La mayoría de las grandes firmas mundiales tenían una sucursal allí.

No obstante, cierto número de rótulos ostentaban nombres de resonancia típicamente local. Cuestión de estrategia comercial, sin duda.

Tenían nombre mexicano, pero detrás siempre se encontraba una empresa de fama mundial. Grandes carteles publicitarios anunciaban triunfalmente: "Se solicita mano de obra femenina, de 18 a 35 años, magníficos salarios", "Se precisan trabajadoras de noche y de día", "Contratamos mano de obra no calificada"...

El sueño de un parado de país rico.

En una extensión de terreno desértico, una agencia inmobiliaria extranjera había colocado una enorme pancarta redactada en inglés sobre cuyos destinatarios cabían pocas dudas: "Se venden terrenos industriales. Mano de obra abundante en las proximidades. Tranquilidad sindical garantizada".

El agresivo rostro de un guerrero celta con grandes trenzas rubias, ojos azul celeste y casco alado acompañaba un eslogan con grandes caracteres: "¡Vuelven los vikingos!" Había quien sabía clarificar las relaciones Norte-Sur en el seno del nuevo orden económico mundial.

Pazos aparcó junto a la acera en zona prohibida. El otro lado de la calle estaba ocupado por una serie de gigantescas naves. El nombre de la sociedad, Somermex, estaba escrito en mayúsculas rojas sobre la fachada del edificio principal.

El jefe de la policía cruzó la calzada en dirección a la garita de la entrada de la fábrica. Todo el perímetro estaba cercado con alambre espinoso. Se detuvo ante el vigilante armado y le enseñó la placa.

Lo acompañaron al despacho del director de recursos humanos, donde pidió al ejecutivo norteamericano, un individuo rubio, sonrosado, con el pelo cortado a cepillo y actitud enérgica, que lo miraba desde lo alto de su metro noventa y sus cien kilos largos, que tuviera la bondad de llamar a su presencia a una obrera llamada Dolores Guevara, a la que debía comunicar que su hija había sido violada, torturada y asesinada.

Martes 18 de diciembre de 1996. Ciudad Juárez.
Kabuki Electronics

Había visto la sangre resbalando por las piernas de Angélica, la había visto agachar la cabeza, tocarse los muslos, mirarse las manos, llevárselas a las mejillas y dejar en ellas las marcas ensangrentadas de sus dedos. Había visto naufragar sus ojos al cruzar con ella la mirada. Y, un instante después, la había visto romperse en dos aullando con las manos cruzadas sobre el abultado vientre, y su grito había rebotado en las altas vigas de acero del hangar número nueve, donde las obreras de Kabuki Electronics soldaban circuitos impresos en tarjetas de plástico, encajaban los cristales en las puertas y, en definitiva, ensamblaban microondas.

En el taller de ensamblaje había unas cien mujeres, quizá más.

El rumor de las conversaciones cesó de golpe. Eran jóvenes, algunas muy jóvenes, y muchas ya habían pasado por aquello.

Angélica gritó por segunda vez. Un grito más estridente, tan desgarrador que ahogó el estrépito de las estampadoras:

—¡Mi bebé!

Dolores se precipitó hacia su vecina de puesto en el momento en que resbalaba del asiento y se desplomaba sobre el charco de sangre que se había formado a sus pies. Su bata se volvió granate. Angélica gritaba ya sin parar: "¡Mi bebé, mi bebé, mi bebé....!", una letanía entrecortada por gemidos y gañidos de dolor.

Había una sola boca de ventilación para toda la unidad, y el calor mordía las nucas de las obreras, el ácido les irritaba los ojos, los disolventes enrarecían el aire y provocaban mareos. Allí no había ni guantes ni máscaras de protección.

Desde luego, las más veteranas recordaban que en el 94 el señor Kabuki en persona había llegado de Tokio para visitar la fábrica recién inaugurada y se habían distribuido guantes, máscaras y hasta gorros de plástico. Y que luego, en cuanto el presidente se dio la vuelta, los habían recogido.

Ahora los vendían.

Las compañeras se habían arremolinado y hacían corro alrededor de Angélica. Alertado por el desorden, el supervisor, en camisa blanca y corbata, acudió gruñendo:

—¿Qué hacen ahí? Vuelvan a sus puestos inmediatamente.

—Está indispuesta —protestó una obrera peinada y maquillada con esmero. En la chapa de su bata azul estampada con la palabra "Kabuki" se leía: "Dolores Guevara".— ¿No ve que está a punto de abortar? Hay que llamar a una ambulancia, ¡de prisa!

Dolores sabía de qué hablaba. Hacía apenas cuatro meses que había dejado Gozmex, otra "maquila". Motivo: estar embarazada por tercera vez en seis meses. Ante la perspectiva de un nuevo aborto, había optado por coger la puerta. Pero su útero, maltratado por las agujas de hacer punto, no había resistido el esfuerzo. Hacía dos meses que había perdido el bebé, retomado el camino de la fábrica y encontrado trabajo en Kabuki. Tenía treinta y siete años, lo que probablemente la convertía en una de las empleadas más viejas de la empresa.

Creía que el privilegio de la edad la eximía de obedecer. Al menos eso era lo que se había dicho el contramaestre antes de ladrar:

—¿Sí? ¿Y qué más? Ni hablar. Que vaya al baño, se lave y vuelva a su puesto de trabajo. Y ustedes, a los suyos. Ahora mismo.

Al oír aquello, otras obreras habían abandonado sus puestos. Casi todas las mujeres del taller rodeaban al contramaestre.

Dolores volvió al ataque:

—Llame a una ambulancia, por amor de Dios. Si no, va a morirse aquí mismo, y su hijo también.

—¡Ni hablar! —El cómitre consultó su reloj—. A partir de este momento, a todas las que no vuelvan a su puesto se les descontará el tiempo perdido de su salario semanal.

—¡Cerdo, pendejo! ¿Vas a dejar que reviente aquí mismo? Todos los meses, por lo menos diez pobres mujeres abortan en esta empresa, y tú haces como que no te enteras. ¡Merecerías que nos pusiéramos todas de acuerdo y te arrancáramos los güevos! —gritó Dolores escupiendo saliva sobre la inmaculada camisa.

Sin inmutarse, el contramaestre sacó un bolígrafo y una libreta del bolsillo, apuntó el nombre de la impertinente inscrito en la chapa y le anunció fríamente:

—Estás despedida. Pasa por el despacho de recursos humanos para arreglar los papeles.

—¡Cabrón! ¡Hijo de la chingada! —Dolores escupió al suelo y se volvió hacia sus compañeras—. ¿Es que no van a hacer nada? —les espetó señalando a Angélica, que seguía retorciéndose en el suelo y no era más que un gemido constante bajo las crudas luces del hangar—. ¡Chingao, voy a llamar un taxi! Por lo menos, apoquinen para pagarlo. Yo la acompañaré al hospital. De todas maneras, estoy despedida. Ya no tengo nada que perder.

Vencidas, las chicas del hangar número 9 regresaron a sus puestos.

Durante el trayecto a Durango, el centro hospitalario de Juárez, empezaron las contracciones. Y como, por supuesto, las desgracias nunca vienen solas, había embotellamiento. Angélica volvía a gritar aferrada a la mano amiga de Dolores, mientras su entrepierna dejaba escapar mucosidades sanguinolentas.

La circulación se hizo más fluida y en el taxi, que circulaba ahora a toda prisa, el bebé muerto de Angélica vino al mundo envuelto en la placenta: una cabeza deforme en un cuerpo esquelético. Las dos mujeres habían aullado a coro. Un coro tan viejo como el mundo.

Más tarde, en la habitación donde reposaba la parturienta velada por la obrera que la había acompañado a lo largo de todo su calvario, entró un médico.

La habitación apestaba a éter.

—¿Cuántos meses tenía usted? —preguntó el facultativo.

Angélica entreabrió los párpados, que el dolor le había maquillado de malva.

—Seis meses, doctor. ¿Ha...?

El hombre meneó la cabeza de arriba abajo y se sentó en el borde de la cama. Hacía mucho calor; la colcha era innecesaria, y la sábana parecía un peso difícil de aguantar.

Con toda la compasión y toda la profesionalidad que exigía el caso, el médico empezó a explicar a la chica que nunca más volvería a concebir.

Angélica ya había gritado demasiado. Se limitó a apretar con fuerza la mano de Dolores Guevara, que respondía a su gesto con la presión de sus dedos.

La obrera temblaba y todo su rostro estaba crispado en torno a los ojos cerrados.

—Doctor, en el taxi, mi bebé no parecía normal... ¿Qué le pasaba? —preguntó la paciente con voz rota y vacilante—. Su cabeza tenía una forma rara.

—Nada. No tenía nada anormal. Simplemente, se le ha parado el corazón y ha muerto en su interior. Lo siento —dijo el hombre bajando la cabeza.

Angélica lo miraba fijamente.

—Miente —dijo al fin, y volvió a cerrar los ojos.

Martes 27 de febrero de 1997. Ciudad Juárez

Mientras caminaba por la abrasada acera del Paseo Triunfo de la República, Toni recordó una frase del escritor Carlos Fuentes: "Los mexicanos no van hacia la muerte, vuelven, porque vienen de ella".

Un pensamiento muy acorde con las tesis de Harding.

Ahora había que alimentar a Pérez, investigar los medios vinculados con las ciencias ocultas, estudiar de cerca el biotopo de las víctimas, aquella Zona Rosa donde las obreras se codeaban con la juventud dorada local, donde los ejecutivos de las maquilas se acodaban en las mismas barras que los narcotraficantes.

Pero ¿por dónde empezar?

Durante sus vagabundeos de la semana anterior, le había llamado la atención una cosa, algo nuevo para él: la profusión de "botánicas" especializadas en la venta de artículos mágicos, hierbas secas, por descontado, pero también sprays contra la mala suerte y todo tipo de amuletos. Empujado por la curiosidad, había entrado en una de las numerosas y miserables barracas y se había fijado en los montoncitos de folletos publicitarios que cantaban las alabanzas de curanderos, videntes y demás charlatanes.

Había estado a punto de coger unos cuantos para la colección de curiosidades que atestaba su despacho de Madrid.

¿Dónde estaba? Toni se concentró y pasó revista a sus caminatas de las jornadas precedentes. ¡Ah, sí!, en el barrio del Carmen, al noroeste de la catedral, en una calle perpendicular a 16 de Septiembre. Pero para saber cuál...

Tardó más de una hora en encontrar el sitio dando vueltas en coche por las calles vecinas, la del Platino, la del Cromo, la del Latón, un auténtico índice de la metarlurgia. Al final, la reconoció a media altura de la calle del Cobre.

La Botánica Julia sólo ofrecía a los viandantes una estrecha fachada violeta con molduras malva, que le había pasado inadvertida al remontar la calle un cuarto de hora antes. Cuando empujó la puerta, una campanilla anunció su entrada.

Nadie se molestó en acudir.

Plantado en medio del enjambre esotérico, Toni observó los heteróclitos objetos que lo rodeaban. Las velas en forma de sexo femenino o falo en erección y los polvos de la madre Celestina en diversas presentaciones disputaban el espacio a los montones de patas de caimán y conejo y de colas de serpiente de cascabel. Imágenes piadosas que representaban a santos desconocidos languidecían en vitrinas polvorientas. Manojos de salvia seca colgaban del techo y variopintos exvotos indicados para resolver los problemas del corazón, el trabajo o la salud esperaban comprador en los atestados estantes del baratillo.

De una pequeña rebotica llegaba una luz difusa y vacilante. El tabuco, sumido en la penumbra, no tenía otra iluminación que los centenares de velas colocadas al pie de un altar. Cinco hileras de sillas vacías ocupaban lo que cabía considerar una capilla. Toni se acercó a las ofrendas depositadas a los pies de una imagen de Cristo crucificado. Tras la cruz, una cortina de llamas se elevaba hacia el cielo, iluminado por una bola de fuego. Una escala sujeta con una cuerda colgaba de la cruz, en la que descansaban una espada, un martillo y una lanza. Una calavera yacía a la sombra del calvario, junto a un farol. Una serpiente reptaba por el suelo. A la derecha, una imagen del santo sudario pendía como una oriflama de una columna coronada por un gallo en posición de firmes. Una horca y unas mazorcas de maíz asomaban detrás del sudario. Toni retrocedió. Los cirios despedían un calor insoportable y el olor a cera caliente se subía a la cabeza. Habría jurado que en su anterior visita la capilla estaba cerrada. Contemplaba el cráneo humano colocado cerca de la pintura y las ofrendas depositadas por los fieles, incienso, naranjas, flores, clavos... cuando una voz le hizo dar un respingo y volverse:

—¿Puedo ayudarlo en algo?

La voz pertenecía a una anciana que debía de rondar los ciento sesenta kilos. Una impresionante cabellera gris caía sobre sus hombros, cubiertos con un chal de algodón blanco. Sus ojos casi desaparecían entre los numerosos pliegues de piel oscura. Llevaba una falda larga salpicada de manchas de dudoso origen y una gorra de béisbol Nike. Al preguntarle Toni por la capilla, la mujer le dio la espalda y simplemente se colocó ante la caja arrebujándose en el sarape y se abismó en la contemplación de una vieja y manoseada fotonovela.

Toni dio otra vuelta entre las vitrinas y se detuvo ante una hilera de cilindros de cristal que contenían velas de color similares a la que había visto en la tumba de Catalina Cruz. Pero no idénticas. Aquellas tenían un esqueleto blanco impreso en el cristal, guadaña en mano y larga capa sobre los hombros que destacaba contra la cera de color. Bajo los huesos de los pies, una inscripción remataba el conjunto: "La Santísima Muerte".

Y, después de todo, ¿por qué no?

Toni dudó entre el rojo y el negro y acabó eligiendo la parca ataviada de sangre.

—El rojo, ¿eh? Es para atraer el amor —se dignó explicar la tendera mientras envolvía el objeto en papel de seda y se lo tendía a Toni, que se preguntaba si la gorda sería la Julia del letrero, pero se limitó a darle las gracias y tomar una de las muchas tarjetas de visita extendidas ante la caja—. Es un curandero muy poderoso, señor —añadió la mujer al tiempo que Toni cerraba la puerta y se guardaba la tarjeta en el bolsillo posterior de los pantalones vaqueros.

Y, apoderándose de un spray de San Antonio, la anciana roció el camino que había seguido el desconocido.

Colocada junto a la computadora, la Santísima Muerte producía un efecto alegre. Despedía un olor a rosas marchitas y arrojaba un resplandor de capilla ardiente sobre las teclas del ordenador. Encantador. Toni examinaba la tarjeta de visita naranja fosforescente del derecho y del revés.

—Venga sobre las cinco —le había propuesto el Matapollos—. Lo esperaré.

Tenía teléfono, sí, pero la consulta del sanador no era más que un mínimo foro de pedruscos en el barrio de Altavista, a la orilla del río.

—Me llaman el Matapollos porque siempre obtengo muy buenos resultados sacrificando pollos —le explicó el hombre—. En su opinión, ¿cuál es el medicamento más utilizado en el mundo? —le preguntó de sopetón.

—La aspirina —aventuró Toni.

—Desengáñese, es el pollo. En África, por supuesto, pero no solo allí. Hasta hace bien poco, los brujos de Europa también los sacrificaban. Para leer el porvenir, alejar los malos espíritus y cortar la fiebre.

El periodista expuso la tesis de Harding y Pazos al Matapollos.

—Hummm... Hace mucho tiempo que los pobres pollos ocuparon el sitio del hijo de Abraham en el altar de los sacrificios. La barbarie tiene otros rostros más modernos. La tecnología permite variantes masivas, y mucho más radicales, señor periodista. Imaginar que se asesina en su nombre sería ofender al mayombe. Se trata de una auténtica religión, no de una secta.

Toni miró a su alrededor. La consulta del curandero y la Botánica Julia se parecían como dos gotas de agua. Y el Matapollos a un expositor del susodicho establecimiento.

Se cubría con un sombrero deforme de paja adornado con una pluma de gallo y un crótalo seco enrollado en la base a modo de cinta. Una camisa granate de vaquero con una escena de marcado de reses estampada como sombra chinesca flotaba sobre su escuálido cuerpo. Un collar sobrecargado de amuletos, colgantes, colmillos y uñas de oso se agitaba sobre su pecho, visible bajo la camisa entreabierta.

En su rostro, oculto bajo la enmarañada barba, solo destacaban unos ojos febriles.

A juzgar por el color de su piel, por sus venas debía de correr sangre negra. Los auriculares de un *walkman* rodeaban su arrugado cuello.

—¿No se podría coger un puñado de principios del mayombe y pervertir su sentido original? —insistió Toni.

El otro extendió la mano. El gesto era inequívoco.

—No ofrezco consultas gratuitas.

—Se trata de una entrevista —protestó Toni.

—En tal caso, lo acompañaré a la puerta.

A regañadientes, Toni sacó dos billetes de cincuenta pesos de la cartera.

—Las grandes cifras son mejores talismanes, señor —repuso el curandero, imperturbable.

Toni dudó antes de añadir el tercer billete y guardarse la cartera en el fondo del bolsillo con un gesto inapelable.

—Pervertir el sentido original del mayombe y convertirlo en un instrumento de muerte, ¿eh? Todo es posible, señor, pero aquel o

105

aquellos que lo hicieran se expondrían a grandes peligros. A no ser que fueran muy poderosos. Enormemente poderosos. Hablamos de magia negra.

—¿Conoce el caso de Matamoros?

El Matapollos se estremeció.

—Si quien está matando aquí es esa gente, u otra por el estilo, que Dios nos proteja, porque son el Mal absoluto. No olvide lo que se dice de Juárez.

—¿Qué se dice? ¿Que hay muchos mayomberos? ¿Que es el feudo del diablo?

El Matapollos dejó escapar una risa amarga.

—Conque el feudo del diablo, ¿eh? No, se equivoca usted. Juárez es la ciudad donde hasta el diablo teme vivir. O eso dicen. Pero México no es Cuba, señor; la gente de aquí practica sobre todo una mezcla de catolicismo, vestigios de las religiones indias y santería mayombera.

Lo mismo que había dicho Harding casi palabra por palabra.

En fin, al menos había verificado parte de la información, aunque, aparte de un artículo de ambiente, la entrevista con el curandero no daba mucho más de sí. Demasiado poco por ciento cincuenta pesos. Toni se despidió del Matapollos.

Pero, cuando estaba a punto de abandonar el cuchitril, el curandero lo interpeló.

—Solo hemos hablado de los otros, señor, pero no de usted.

—Se trataba de una entrevista, no de una consulta.

—Siéntese. Como le he dicho, no ofrezco consultas gratuitas. Pero usted ha pagado, y yo no soy un charlatán.

—Perdone, pero no me interesa.

—No va a divorciarse.

—¿Cómo? ¿Qué ha...? ¿Cómo sabe que...?

—Para ser periodista, la verdad es que escucha usted muy poco. Acabo de decírselo: no soy un charlatán. —Toni, que no salía de su sorpresa, volvió a sentarse. Algo en su actitud tenía que haberlo traicionado—. Esta ciudad no es buena para usted. Ya le ocurrió algo grave en el pasado y ha vuelto buscando una reparación. Veo sangre, mucha sangre. No se mueva, enseguida vuelvo.

El viejo se levantó, conectó los auriculares al *walkman* que llevaba sujeto al cinturón y presionó el play. Luego fue hasta el fondo de la habitación con paso vacilante, descorrió una cortina y desapareció en la oscuridad de un patio trasero. Toni, petrificado, esperó.

El ruido de lejanos motores, el rumor de la autopista estadounidense que pasaba frente a la casucha, al otro lado del río Bravo, llegaba hasta sus oídos.

No habían transcurrido dos minutos cuando el curandero reapareció con un cuchillo en una mano y un pollo que cacareaba despavorido y agitaba frenéticamente las alas en la otra. Con un hábil gesto, colocó al animal sobre la gastada madera de la vacilante mesa y lo abrió en canal con un solo golpe seco. Los órganos aún palpitantes de la víctima se desparramaron, mientras las blancas plumas se cubrían de un líquido rojizo y espeso.

El Matapollos contempló las vísceras esparcidas sobre la mesa largo rato. No se había quitado los auriculares, y meneaba la cabeza al ritmo de la música.

Toni, estupefacto, seguía sin reaccionar.

—No, no va a divorciarse. Pero debe marcharse. Aquí corre un gran peligro. Váyase, abandone la ciudad. No reparará las injusticias del pasado.

Sobrecogido, el periodista se puso en pie. La lámpara del techo aprisionaba en su círculo de luz el cadáver aún caliente del pollo sacrificado.

El curandero dio tres pasos hasta un estante y cogió una vela verde.

—Voy a hacerle un regalo. Es para su protección. Esto son las Siete Potencias africanas: Changó, Orula, Ogún, Eleguá, Ochun, Yemayá y Obatala. Enciéndala cerca de su cama y todas las noches diga estas palabras: "¡Oh, Siete Potencias que estáis junto a nuestro Salvador, me arrodillo humildemente ante ustedes para pedirles que intercedan por mí ante Dios Padre a fin de que me proteja! Por favor atiedan mis plegarias y la fe que pongo en sus poderes".

Las potencias aparecían sobre el cirio en medallones impresos, bajo la apariencia de santos, monjes y vírgenes, similares a los que Toni había entrevisto en la herboristería.

—Me gustaría saber una cosa. ¿Qué música escucha en el *walkman*?

El curandero levantó la cabeza y lo miró con perplejidad.

Toni le señaló una oreja con el índice.

—¡Ah, esto! —dijo el Matapollos quitándose los auriculares—. Es el *Don Juan* de Mozart. Me mimo con la música.

Miércoles 28 de febrero de 1997. Prisión estatal de Ciudad Juárez

Vamos. Era químico, se había dado cuenta de que algo no marchaba bien.

Cuando su jefe le había dicho que quería alquilar la fábrica de candados, antirrobos y otros cerramientos Cerraduras Locks para reanudar las actividades, su primera reacción había sido negativa.

La empresa estaba situada en la Colonia Moreno, al este de la ciudad.

Había sido clausurada por decisión administrativa en 1993, por la época de su llegada. Recordaba haber leído alguna cosa sobre el asunto en *El Diario de Juárez.*

Para que cerraran una maquiladora, tenía que ocurrir algo gravísimo. Ocurrió. En la calle Ramón Rayón, donde se encontraban los edificios de Cerraduras Locks, los vecinos se quejaban desde hacía tiempo de jaquecas, hemorragias nasales, irritación de la piel y alergias diversas, afecciones respiratorias y no sabía cuántas cosas más.

Seguramente, el asunto no habría ido más lejos si, el 24 de junio de 1993, a la pequeña Andrea Clara Hurtado no le hubiera dado por enredar descalza con un bidón lleno de residuos tóxicos abandonado en plena calle. La niña volvió a casa gritando de dolor en brazos del viandante que la había recogido, con quemaduras de segundo grado en los pies.

Indignados, los padres y los vecinos interpusieron una denuncia contra los propietarios de la maquiladora, europeos. Los muestreos efectuados en el suelo a un metro de profundidad revelaron que todo el barrio presentaba una concentración anormal de cianuro, cromo, níquel y cinc. Ante las proporciones del escándalo y el hecho de que en cuestión de semanas habían nacido en la colonia tres criaturas deformes, las autoridades locales promulgaron un decreto de cierre, para satisfacción general. Así que Fouad El Aziz no acababa de ver cómo se las iba arreglar su jefe para reanudar la fabricación de todo tipo de productos, desde candados hasta puertas blindadas, sin modificar en profundidad toda la infraestructura de los edificios para adecuarlos a la normatividad. Le iba a costar un dineral. Como tenía que redactar un informe sobre la viabilidad del lugar, había hecho una visita a las instalaciones de Cerraduras Locks.

Centenares de barriles marcados con el signo de la calavera y las tibias yacían volcados en un magma de olor acre. De poco le sirvió taparse la nariz con el pañuelo; empezaron a picarle los ojos y caerle lagrimones. Los muy cabrones se habían limitado a poner un candado en la puerta antes de esfumarse dejando el sitio en aquel estado. Al llegar había encontrado la puerta forzada. Cuando se disponía a marcharse, firmemente decidido a hacer un informe negativo para su jefe, oyó un ruido en el taller que daba a la sala donde se encontraba.

Procurando no pisar los charcos del mortífero veneno que cubrían el suelo, avanzó hasta una puerta vidriera. Desde allí, vio a tres sujetos con overoles blancos y gruesos guantes de hule atareados en vaciar bidones de níquel-cadmio. Viva la capa freática.

En aquel momento, debería haber gritado —"¿Qué carajo creen que están haciendo?"— o bien, largarse y avisar a la policía. Su turbio pasado, tal vez el miedo... El caso es que se había marchado caminando de espaldas, lo más silenciosamente que podía, y había ido a apostarse en el coche de la empresa, un pequeño Toyota gris estacionado ante la entrada de la fábrica.

No tuvo que esperar mucho para ver salir a los tres individuos cargados con los bidones vacíos, que colocaron en la caja de una camioneta Chevrolet amarilla con matrícula del estado de Chihuahua.

Apuntó el número maquinalmente, esperó a que se quitaran los overoles y subieran a la camioneta y los siguió. Se dirigieron al oeste, a la Colonia Anapra, una de las pobres de la ciudad. Allí no tenían ni electricidad ni agua potable. Fouad El Aziz lo comprendió todo al ver que descargaban los bidones en medio del poblado. Los del lugar se acercaron, sacaron unos pesos para comprarlos y volvieron a sus respectivas chozas con los bidones de plástico a la espalda. Sobrecogido, El Aziz presenció la llegada del camión que repartía el agua potable en la colonia, mientras los tres hombres se alejaban en la camioneta. Vio llenarse los bidones de agua pura y cristalina, automáticamente transformada en veneno. Los cabrones ni siquiera se habían molestado en enjuagarlos y quitarles las etiquetas con la inequívoca calavera. De todas formas, aquella pobre gente era totalmente inculta y analfabeta.

Fouad El Aziz había tenido numerosos encontronazos con la policía de Estados Unidos, y la de aquí era cien veces peor. De modo que se limitó a redactar un informe concluyente, que entregó a su jefe recomendándole encarecidamente que desechara el proyecto.

Había transcurrido un año cuando, por pura casualidad, compulsando unos documentos, descubrió que los propietarios de Cerraduras Locks habían acabado cediendo su clientela a su jefe, que había reanudado la actividad, pero clandestinamente, sin efectuar ningún acondicionamiento conforme a la normatividad. Se había limitado a conectar la evacuación de productos químicos con la red municipal de aguas. La fábrica, cerrada por decisión administrativa, trabajaba a pleno rendimiento sin autorización oficial.

Todos eran beneficios.

Fue entonces cuando lo detuvieron. Desde luego, tenía antecedentes en Estados Unidos. Era cierto, confesó, lo habían condenado por violación. Pero se había tratado, se había sometido a una larga terapia y había tomado montones de medicamentos. Era verdad, desde su llegada a Juárez, había pasado tantas noches en las cantinas que conocía bíblicamente a casi todas las putas de la ciudad. Por no hablar de las obreras que se había beneficiado en su coche particular, un flamante Grand Marquis.

Pero después de todo era un hombre, y las chicas sabían lo que hacían.

La verdad sea dicha, no se hacían mucho de rogar: él no estaba nada mal, y a aquellas calenturientas les gustaba que las amigas las vieran en un buen carro en compañía de un hombre bien parecido. Además, se ahorraban el viaje en autobús.

Así que un breve alto en un lugar oscuro no solía importarles. El único problema era que eran jóvenes, muy jóvenes; algunas apenas tenían catorce años.

Desde luego, las leyes mexicanas prohibían trabajar antes de los dieciséis años, pero las chicas falsificaban todos sus papeles para poder empezar antes.

Su edad era un auténtico problema, sobre todo porque no pensaban en otra cosa que en casarse.

Ésas eran las reflexiones que se hacía Fouad El Aziz en el fondo de su celda de la prisión estatal, cuando sonó el timbre que anunciaba la hora del paseo. Cuatro garitas dominaban los altos muros del patio, coronados por una barda y un remate de alambre espinoso.

La inmensa mayoría de la población penitenciaria estaba constituida por cholos* de Juárez. Allí estaban representadas las bandas del barrio del Mimbre, del barrio Zacatecas, del barrio Fronterizo...

Se distinguían por el color de los pañuelos y en el patio formaban grupos separados que mataban el tiempo haciendo ejercicios de musculación. El esfuerzo hinchaba los bíceps y los tatuajes rituales destacaban bajo la película de sudor: "*Smile now, cry later*", el *carpe diem* de las bandas subrayado por las dos máscaras antiguas, la que ríe y la que llora, o por Cristos ensangrentados y Vírgenes de Guadalupe nimbadas de rayos. Los cholos eran practicantes fervientes, y lo demostraban.

En el dorso de la mano, entre el índice y el pulgar, todos llevaban los tres puntos simbólicos comunes a las bandas, fueran chicanos de Estados Unidos o mexicanos de Juárez: "Mi vida loca". Es decir, vivir deprisa, morir joven y dejar un bonito cadáver. Los cholos llevaban el sobrenombre tatuado en la nuca, bajo el pelo engominado y aplastado contra el cráneo por una redecilla. Había un lleno, un Pelón, un Flaco, un Pingüín, un Negro... Todos "puros pelones", tipos duros con su correspondiente lágrima tatuada en la comisura de un ojo, signo identificativo de los convictos.

Cuanto mayor era la condena, mayor era la lágrima.

En una esquina del patio, tres internos del barrio Arroyo Colorado, con camisetas ajustadas y pantalones anchos, rapeaban en "espanglish".

En la cárcel es fácil conseguir un arma. Pero aún es más fácil hacérsela; cualquiera que haya estado en el tambo lo sabe. Por ejemplo, con un cepillo de dientes.

Se rodean las cerdas de nylon sintético con un trozo de poliuretano y se derriten con la llama de un encendedor. El magma de plástico así obtenido es muy duro. Basta con afilarlo cuidadosamente contra la pared. Se pueden tardar horas, incluso días si uno es un perfeccionista, pero el resultado es un arma tan peligrosa como una navaja de afeitar.

* Jóvenes marginales, que muestran una estética muy diferenciada.

Esa mañana, en el patio de la prisión, Fouad El Aziz no oyó al Chopi, del barrio Cuauhtémoc, mientras se le acercaba por la espalda.

Dio la casualidad de que en esos momentos los guardias de las garitas estaban mirando a otra parte. El estadounidense no pudo ni gritar. El instrumento era tan cortante que con un solo gesto —de una oreja a la otra— el cholo le cortó las cuerdas vocales a la altura de la laringe.

El Aziz se derrumbó sobre las rodillas lanzando miradas de asombro a diestra y siniestra. Un babero de sangre le cubrió la camisa. Cayó de bruces; los espasmos que lo agitaban aceleraron la hemorragia. Siguió estremeciéndose durante unos instantes, temblando cada vez más débilmente, hasta quedarse completamente inmóvil.

El Chopi se alejó silbando y levantando el polvo del patio con sus aparatosos Nike.

Jueves 29 de febrero de 1997. Ciudad Juárez

Toni había intentado hablar con Fina y los chicos apenas se despertaron. Tampoco. Y eso que en Madrid debía de estar anocheciendo. Qué raro.

Ahora desayunaba —a pesar de tener el estómago delicado, había adoptado definitivamente los huevos rancheros generosamente sazonados con salsa roja— y leía el periódico local. Sólo se había adelantado a la prensa mexicana por un día escaso. Sin contar las emisoras de radio y televisión.

El titular de *El Norte* ocupaba toda la portada: "¡CONTINÚA LA OLA DE ASESINATOS!" Una foto de credencial de Liza Guevara ilustraba el artículo. Era la imagen de una jovencita candorosa. Habría podido ser la hermana de Catalina Cruz. El mismo pelo largo, la misma tez mate, los mismo ojos oblicuos.

Anonimato protegido, había dicho Pazos. ¡Qué desfachatez! Toni leyó el artículo.

No encontó la menor alusión al lugar de trabajo de la víctima, ni tampoco a su domicilio. Se hablaba simplemente de la obrera de una maquiladora que vivía en una colonia de las afueras de Juárez. Como buscar una aguja en un pajar. Sin embargo, la gacetilla local habría ofrecido una buena mordida al jefe de la policía. Puede que después de todo Pazos fuera el único tira íntegro de aquella maldita ciudad. Toni estudió detenidamente el retrato en blanco y negro, un tanto borroso. Las fotos de cabina siempre proponían enigmas, rostros fantasmales, mudos, ilegibles. Toni prosiguió la lectura.

El autor del artículo se preguntaba qué nuevo rumbo tomaría la investigación policial. Un despacho de una agencia internacional se hacía eco de las revelaciones de Toni publicadas por el gran periódico español *El Diario*.

En cuanto a Europa, vista desde allí, no parecía gran cosa: una nueva ola de atentados de ETA en el País Vasco ocupaba apenas un artículo suelto en la penúltima página, y las cábalas existencial-mastríchticas de Inglaterra, poco más.

En cambio, se dedicaba toda una página a la desaparición de un periodista gráfico local.

Toni miró hacia la calle por el ventanal del comedor del solitario restaurante.

Hacía viento, y sus ráfagas arrojaban puñados de polvo incandescente contra los cristales ahumados. Fuera, la ciudad estaba sumida en la tormenta. Un camarero bigotudo se acercó a preguntarle si quería más café. Toni pensaba en el fotógrafo de *El Norte*, desaparecido en el interminable páramo de mesquites y raquíticos palos verdes.

Y en las víctimas de los asesinatos.

Puede que no hubieran encontrado a todas. Puede que la arena del desierto se hubiera tragado a las demás.

Toni decidió llamar al jefe de la policía y tratar de conseguir una entrevista con el juez que llevaba el caso una vez más.

Alfonso Pazos estaba en una reunión y no podía ponerse al teléfono. Al menos eso fue lo que ordenó que le contestaran. Tras sortear una serie de barreras telefónicas, Toni consiguió que lo pusieran con la secretaria del juez Gandolfo, encargado de instruir el sumario de los Diablos de Juárez.

—¿En relación a qué? —inquirió una voz femenina llena de elegancia, pero no desprovista de un punto de arrogancia.

La dosis justa para que Toni tuviera la sensación de ser uno de esos gruesos gusanos blancos que se maceran en el fondo de las botellas de mezcal. Intentó explicar el motivo de su llamada de tal modo que la chica, que debía de estar pintándose las uñas, transmitiera la información al magistrado.

—No, señor Zambudio, no puedo ponerlo con el señor juez. En estos momentos está en una reunión. Sí, lo entiendo perfectamente, ha hecho miles de kilómetros para verlo, pero ahora mismo está ocupado precisamente con el asunto por el que se interesa. Esta mañana se han producido nuevos hechos que cambian radicalmente el panorama del futuro proceso. El señor Gandolfo dará una conferencia de prensa a las cuatro de esta tarde en las dependencias del ayuntamiento. No, no puedo adelantarle nada. Sí, está abierta a todos los periodistas. De nada, señor Zambudio. Adiós.

Toni intentó localizar a Harding una vez más. En vano. Decididamente, no era su día. Desde luego, en el periódico se había marcado un tanto con su artículo de la antevíspera, pero no se contentarían con eso durante mucho tiempo. Puso la televisión con la esperanza de que dijeran algo. Todos los canales mexicanos se hacían eco de sus revelaciones.

Hizo *zapping* al azar y dio con un canal de Dallas. Una serie de tornados había devastado el oeste de Louisiana y el noreste de Texas causando a su paso la muerte de al menos treinta personas y millones de dólares en daños materiales. Fuera, la tormenta no aflojaba, pero tampoco soltaba una mísera gota de agua. Una luz de apocalipsis nimbaba la ciudad. Parecía un eclipse de sol. Poca gente se aventuraba a recorrer las abrasadas calles.

Tardó casi tres cuartos de hora en llegar al sitio donde creía que iba a celebrarse la conferencia de prensa. La arena lo oscurecía todo y se colaba en el habitáculo por los intersticios de la carrocería. Toni había ido directamente al antiguo ayuntamiento, detrás de la vieja catedral.

Se quedó de una pieza al ver que el edificio estaba abandonado. Los postigos se bamboleaban sobre sus arrancados goznes chirriando estridentemente, y las ventanas vibraban en sus marcos. Sólo las enormes puertas permanecían desesperadamente cerradas. Toni dio la vuelta al edificio protegiéndose de las nubes de polvo con la cazadora.

En todas partes reinaba el mismo abandono. En el techo faltaban tejas, y los cables eléctricos estaban rotos.

Y ni un alma. Consultó el reloj de sesenta pesos que había acabado comprándose. Los diodos de cristal líquido marcaban 16.45. La conferencia había empezado.

Mierda.

A través de la polvareda, distinguió una fonda abierta, donde vendían pollo asado y le informaron de que el ayuntamiento había abandonado el viejo edificio hacía más de veinte años para instalarse en uno más moderno situado en la otra punta de la ciudad. Nadie supo explicarle por qué el plano que se entregaba a los turistas seguía situando el gobierno municipal en su antiguo emplazamiento.

Irritado, pidió una cerveza y se puso a quitarse la arena de las comisuras de los ojos con el índice. El fortachón camarero dejó una Bohemia en la barra y Toni, que tenía la garganta reseca, se llevó la botella a los labios.

El camarero volvió a abismarse en la contemplación de la tele, y Toni estuvo a punto de ahogarse al ver las primeras imágenes de la conferencia de prensa retransmitida en directo por la televisión local. Sentados en la tribuna, Gandolfo y Pazos respondían a las preguntas de los periodistas. El español pidió que subieran el volumen y el camarero accionó el mando de mala gana.

—...y hemos de aceptar que, de hecho, tras el asesinato de esta mañana en la prisión estatal del principal sospechoso, el libanoestadounidense Fouad El Aziz, durante una reyerta, la ola de crímenes sádicos que venimos padeciendo en los últimos años conservará siempre una parte de misterio.

Al presunto autor de los asesinatos en serie le habían cortado el cuello la víspera, sin que se pudiera señalar al autor del crimen, que habría actuado en legítima defensa, según los vagos testimonios de los que disponían los investigadores.

Sin esperar al final de la conferencia de prensa, Toni pidió al camarero que le explicara cómo llegar al ayuntamiento nuevo y salió disparado de la fonda.

Con la caída de la tarde, la tormenta había disminuido en intensidad.

Si se daba prisa, tal vez llegaría a tiempo de abordar a alguna de las dos personalidades encargadas del caso a la salida de la conferencia.

Con un poco de suerte, obtendría una entrevista particular sobre los últimos acontecimientos.

Aunque hoy la suerte...

Aparcó de cualquier manera y empezó a subir las escaleras del ayuntamiento de tres en tres justo cuando Pazos y Gandolfo salían de la sala de conferencias rodeados de periodistas que, micrófono en ristre, seguían asaeteándolos con preguntas. Toni se metió en el corro y consiguió llegar hasta el juez y presentarse. Al oír su nombre, todas las cabezas se volvieron hacia él. Rostros teñidos de envidia profesional. El magistrado le respondió secamente que lo sentía mucho pero no tenía nada que añadir a su declaración oficial. Toni se abrió paso entre sus colegas hasta el jefe de la policía, que lo vio de inmediato.

—¡Ah, señor Zambudio! ¿Cómo está? Lo imaginaba en algún punto del cielo, sobrevolando el Atlántico.

Pazos opuso una negativa categórica a su petición de entrevista:

—Creo que fui totalmente claro con usted —dijo el jefe de la policía—. He pagado mi deuda. No acabo de entender que hace todavía aquí. Además, convendrá usted que la situación ha cambiado considerablemente desde ayer. Me temo que lo esencial de este asunto se nos escapa tanto a usted como a mí, y que tendrá que conformarse con contar la misma versión de los hechos que sus colegas. Adiós, y que acabe con bien su estancia en Juárez, ya que sin duda no tardará en dejarnos.

En un último golpe de efecto, el juez Gandolfo anunció que, a pesar de lo ocurrido, el proceso de los "Diablos de Juárez" comenzaría dentro de doce días.

"Los Diablos de Juárez." La fórmula acuñada por Toni había hecho fortuna.

Al menos, algún día podría reivindicar los derechos de autor de la expresión.

Al llegar junto al coche, Toni se dijo que, después de todo, la suerte no lo había abandonado completamente: seguía en el mismo sitio, a pesar del desparpajo con que lo había estacionado.

Cambió de opinión al ver que las placas de matrícula habían desaparecido. Era el sistema ideado por los policías urbanos locales para que los infractores pagaran las multas. Desatornillaban las matrículas, y no quedaba más remedio que ir a recuperarlas a la comisaría más cercana a cambio de apoquinar.

El estómago de Toni se encogió ante la idea de volver a vérselas con la tira. Decidió dejarlo para el día siguiente y echó a andar hacia el hotel.

29 de febrero de 1997. 18.00 horas

En las paredes de la habitación del hotel, los recortes de periódico habían acabado juntándose con el gran plano de la ciudad. Al pie de la granulosa foto de Liza Guevara publicada por *El Norte*, se consumían las Siete Potencias africanas y la Santísima Muerte. Toni, que no paraba de dar vueltas en la cabeza al penoso artículo que iba a mandar a Madrid, maldijo su mala suerte. Luego, intentó llamar a Fina por enésima vez.

Allí eran las dos de la mañana; tenía que estar en casa. Descolgó al segundo timbrazo. Le dio la noticia a quemarropa.

—Es Diego —le explicó mientras él no paraba de hacer preguntas—. Ha sido esta mañana. Un coche, la fatalidad... Estaba jugando con sus amigos y ha cruzado sin mirar. Por eso no me encontrabas. Habría podido ser mucho más grave. Se ha roto la pierna; se repondrá. Lo malo es que, al caer sobre el pavimento, se ha golpeado la cabeza. Tiene un pequeño traumatismo craneal. Si todo va bien, saldrá del hospital pasado mañana. Está en observación, pendiente de que le den el alta, pero al oír el teléfono, y a estas horas, me he asustado. Creía que llamaban del hospital, que había algún problema...

A pesar de la distancia, Toni percibía el relente del pánico en su voz.

—Perdona —se sintió obligado a decir—. Lo ha hecho para vengarse, porque no pasé con ellos el fin de semana. Debería haberme negado a marcharme antes del lunes.

—Mira, Toni, ahórrame tus psicoanálisis de andar por casa. No eres el centro del mundo. Los chicos estaban furiosos contigo, es verdad, y yo también. Pero podemos arreglárnoslas sin ti. Siempre lo hemos

118

hecho. Y seguimos haciéndolo. ¿Cómo va tu reportaje?, ¿avanza? —le preguntó Fina de buenas a primeras.

—Podría ir mejor —respondió sorprendido.

Fina odiaba su trabajo.

—¿Toni? —preguntó con voz más suave.

—Sí, te escucho.

—¿No podríamos acelerar los trámites? Ya sabes... para el divorcio. Yo... Quiero volver a casarme, Toni.

—Ahora tengo que dejarte —respondió Toni para eludir el asunto—. Ya iré llamando para saber cómo están los chicos. Hasta pronto, dales un beso de mi parte.

Y colgó sin darle tiempo a añadir nada acariciándose la barba, cada día un poco más espesa.

Estaba visto que las malas noticias nunca llegaban solas. Qué día. Por suerte, tocaba a su fin.

Apenas se había apartado del teléfono, cuando volvió a sonar.

—¿Toni?

—¡Harding! He intentado encontrarlo desesperadamente. ¿Dónde está?

—Verá, he estado en la otra orilla del río. Tenía trabajo allá arriba, pero ya estoy de vuelta en México, al menos por unos días. Estamos esperando el informe de la autopsia de la pequeña Guevara. Puede que el *modus operandi* del asesinato aporte algo nuevo. Pero, ¿qué quería de mí?

Toni le hizo un detallado relato de su viaje de exploración por los medios del ocultismo juareño. Para acabar, confió a Harding su frustración por no poder llevar más lejos la investigación.

—Nosotros estamos igual, mi querido amigo. Tenemos una intuición, y cada nuevo asesinato confirma nuestras convicciones. Pero lo cierto es no hay ni sombra de una prueba para apoyarlas. Si al menos consiguiéramos encontrar el sitio donde las matan... Todas han sido trasladadas después de muertas. Tiene que haber un altar para sacrificios en algún sitio muy cerca de aquí. Pero no podemos registrar todas las casas de Juárez una por una. Ni poner un policía detrás de cada ciudadano.

—¿Y Pazos? ¿Qué opina usted?

—¿Pazos? Es un hombre maniatado. Por la incompetencia de sus servicios y por sus relaciones, más que mediocres, con los federales y, sobre todo, con los políticos. Como nadie ha podido comprarlo, lógicamente, todos lo detestan. Y él les paga con la misma moneda. Ama su trabajo y hace lo que puede. Pero es un policía de poca altura. No olvidemos que hasta los agentes del FBI curtidos en investigaciones de este tipo lo pasan mal. No podemos explicar el proceso con exactitud; pero, si sometemos a un individuo a un violento estrés, las somatizará de una forma increíble: úlceras, problemas cardiacos, súbitas pérdidas de peso, cánceres fulminantes... Por no hablar de los clásicos insomnios, depresiones y suicidios que provocan. Algunos de nuestros hombres han muerto literalmente por haber trabajado en exceso en asesinatos en serie. Conque Pazos... Mire, no es mi problema, pero... Me ha sorprendido mucho que no se marchara a Madrid después de nuestro encuentro. Por el momento, este asunto no da más de sí. Debería usted volver a casa, y regresar si hay alguna novedad. Pazos está furioso con usted. No esperaba volver a encontrárselo entre las patas. Se ha llevado una regañada del juez Gandolfo, que sospecha que está en el origen de sus revelaciones.

—Sin embargo, puede que Pazos tuviera razón cuando dijo que harían salir al lobo del bosque. Mire lo que le ha pasado a El Aziz.

—Yo no sé nada. No sé nada de nada. Esto es México, amigo mío. Sin duda, nunca se sabrá nada de lo que le ha pasado a El Aziz, ni siquiera si estaba relacionado con los motivos que lo llevaron a la cárcel.

Viernes 1 de marzo de 1997. Motel La Vela. 04.00 horas

El ácido le perforaba la pared del estómago lentamente. Doblado sobre sí mismo, con la espalda apuntalada por tres almohadones, Toni miraba sin ver un documental sobre los lemures de Madagascar, crucificado por el dolor. Apenas había dormido tres horas antes de que lo despertaran los espasmos.

Cuántas noches no habría pasado dando vueltas por el piso de Madrid, víctima del insomnio, agonizando ante la pantalla, hipnotizado por sabe Dios qué gilipollez...

Quien nunca se hubiera quedado enganchado a un programa italiano de televenta captado por el satélite a las cuatro de la mañana no sabía qué cimas de mediocridad podía alcanzar la caja tonta.

Una ola de fondo más violenta que las anteriores le inundó el estómago, y apenas le dio tiempo a correr al baño y vomitar un chorro de bilis.

Intentó encender un cigarrillo para quitarse el mal sabor de boca, pero comprendió de inmediato que, efectivamente, no era una buena idea.

En la planta baja, los narcos seguían con la juerga.

Algo no encajaba. Pazos, Harding, Gandolfo... Todos soñaban con lo mismo: que cogiera el avión para Madrid.

El sol despuntaba ya tras las cortinas cuando acabó durmiéndose, agotado.

Al otro lado del teléfono, Pérez echaba espuma por la boca. ¿Lo tomaba por idiota, creía que las imágenes del cable no llegaban a Madrid?

El principal sospechoso del caso criminal más importante de la historia de México moría asesinado en el patio de la prisión, la información aparecía en todos los periódicos del planeta, y él, Pérez, no había recibido ningún artículo sobre el asunto, cuando había mandado un enviado especial a Juárez para cubrir el asunto. ¿Qué coño estaba pasando? Se había tenido que contentar con repetir los despachos de las agencias, como todo el mundo. ¿Qué cojones se creía? ¿Que estaba de vacaciones?

El periodista capeó la tormenta, se aguantó las ganas de replicar que Ciudad Juárez no era precisamente el sueño de un veraneante y explicó laboriosamente a su jefe de servicio que acababa de descubrir un enfoque inédito del clima que rodeaba el asunto.

Le habló de su inmersión en el Juárez esotérico y su entrevista con Harding, y concluyó prometiéndole que esa misma tarde se pondría a redactar un artículo consistente sobre lo que había vivido en los dos últimos días y omitiendo que se había perdido la conferencia de prensa cuyas imágenes acababan de dar la vuelta al mundo.

—Más te vale que sea bueno —se limitó a mascullar Pérez desde España antes de colgar.

Después de todo, puede que el estadounidense tuviera razón. Puede que fuera mejor volver a Madrid para ocuparse de la pierna de Diego.

¡Y una mierda! Podían irse todos al carajo.

Toni descolgó el teléfono, se tapó la cabeza con el almohadón y empezó a soñar.

¡Asesinatos rituales! En fin... Pero la verdad es que el artículo no estaba nada mal. Volvió a leerlo antes de salir de la *web* de *El Diario*, donde lo había encontrado, y pinchó "apagar". El runrún de su computadora, regalo de una ONG internacional, murió en un suspiro.

Habían matado a Liza Guevara. En los últimos tiempos, Guadalupe Vidal confiaba en que todo hubiera acabado. Pero no. No pararían mientras quedara una. Sin piedad. Y llegaría su turno, y la muerte tendría sus ojos, su cara. Se estremeció y extendió la mano hacia el arrugado paquete de Raleigh. ¡Mierda! Ya no ganaba ni para tabaco. Los rostros de todas las mujeres asesinadas, de todas las compañeras, desfilaban por su memoria como un cortejo de fantasmas.

Dudando si hablar con el periodista español, había decidido echar un vistazo a la página de su periódico. Luego había tomado la decisión.

¿Qué podía contarle a aquel fisgón de Madrid sin poner en peligro su vida ni la de las supervivientes?

Hablar era morir. Callarse, también.

Habla y muere. Sí, habría podido hacerlo, si hubiera estado sola. Pero estaban las otras chicas. Y Ángel. ¿Qué sería de él sin ella?

Guadalupe Vidal apartó la mirada de la fotografía desde la que el adolescente le lanzaba una sonrisa ausente sobre el escritorio del pequeño local de la Alianza de las Mujeres.

No, había que poner al reportero sobre la pista, esa era la mejor estrategia.

Ayudarlo a meter el dedo en el engranaje y desaparecer.

Después, publicaría toda la historia, y puede que aquello parara. Puede que eso las pusiera a todas fuera de peligro.

Con tal de que fuera astuto.

La pesadilla era siempre la misma. Siempre la muerte de su madre.

Y, como siempre, en el instante en que el atracador apretaba el gatillo, sus oídos respondían con el estallido de un disparo.

Toni se despertó sobresaltado. Alguien hacía tamborilear los dedos contra la puerta.

Era pleno día.

Se levantó con dificultad y se frotó los párpados.

—Señor, hay una dama que lo ha llamado al menos cuatro veces, y como siempre sonaba ocupado su teléfono cuando intentaba ponerla con la habitación, he decidido subir para asegurarme de que todo iba bien. Empezaba a preocuparme —dijo una voz detrás de la puerta.

—Está bien, está bien —respondió Toni con voz ronca—. ¿Qué hora es?

—Las cuatro de la tarde, señor. ¿Qué hago? Sigue al teléfono. ¿Se la paso?

—Sí, sí, la tomo.

Toni volvió a la cama rascándose la entrepierna y colgó el auricular. El teléfono sonó de inmediato.

—Bueno, ¿se puede saber qué estaba haciendo? ¿Se había olvidado de mí otra vez, o qué?

Mierda. Guadalupe Vidal. La Alianza de las Mujeres. Decididamente, aquella estaba gafada. La había olvidado por completo.

Toni se deshizo en excusas mientras buscaba en vano un posible lugar para una cita por los meandros de su embarullado cerebro.

—Voy a buscarlo a su hotel, antes de que vuelva a desaparecer por ahí. Digamos dentro de media hora, ¿de acuerdo? Por cierto, ayer lo vi por la tele, a la salida de la conferencia de prensa —dijo la mujer con una risita—. Hasta ahora.

Con un poco de suerte, le serviría para añadir unas cuantas líneas al artículo. Empezó a vestirse de mala gana, acosado por una creciente sensación de malestar.

Guadalupe Vidal esperaba modosamente sentada en el banco del vestíbulo, con el bolso sobre las rodillas.

Se levantó para recibirlo.

Era una mujer alta, corpulenta y metida en carnes. Su tez mate, señalada por un acné que debía de haber sido tenaz, contrastaba con sus rasgos, más españoles que indios. El pintalabios subrayaba una boquita de piñón en una cabeza grande, sin apenas cuello y enmarcada por un casco de cabellos cortos. Necesitaba un tinte; desde el anterior, las grises raíces le habían crecido al menos un centímetro. Llevaba una larga falda de algodón color tierra y zapatos planos —debía de calzar un cuarenta y dos largo—, pero le sacaba una cabeza. Una amplia camiseta amarilla disimulaba la opulencia de sus pechos, que subían y bajaban al ritmo de su respiración.

Debían de pertenecer a la misma generación, poco más o menos.

—¿Adónde vamos? —preguntó Toni.

—¿Tiene coche? El mío hace tiempo que dio la última boqueada. Entonces daremos una vuelta —decidió la mujer ante el cabeceo afirmativo del periodista—. ¿Me deja manejar? —Toni objetó tímidamente que el seguro del Volkswagen de alquiler no la cubría—. Güero, esto es el tercer mundo, aquí no nos aseguramos. Si tenemos algún problema con la policía, lo arreglaremos con una mordida de cien pesos. Sale más barato —aseguró la mujer en tono concluyente sentándose al volante—. ¿Sabe cuál es el segundo país más corrupto del mundo? México. ¿Y el primero? —Al ver la expresión perpleja de Toni, Guadalupe se echó a reír y respondió—: México, hombre, pero untamos al jurado para ser los segundos. —Acababa de saltarse un semáforo en rojo—. El motel La Vela, ¿fue idea suya?

—No, la reserva de habitación fue cosa del periódico.

—Pues se lucieron. ¡Es el peor antro de narcotraficantes de la ciudad! El médico del dispensario de la ONG para la que trabajo se alojó en él. Cuando llegó de Chihuahua no tenía donde vivir. Alquiló una habitación por un mes mientras encontraba algo. Una noche, la policía echó abajo la puerta. Venían a detener a un narco muy buscado. Lo sacaron de la cama y le dieron una buena tunda antes de darse cuenta de que se habían equivocado de habitación. Entre tanto, en la de al lado, el narcotraficante oyó el escándalo y puso los pies en polvorosa.

Guadalupe giró bruscamente a la izquierda sin encender la intermitente y atravesó los cuatro carriles del gran bulevar en medio de un guirigay de indignados bocinazos, para tomar la avenida Plutarco Elías Calles, de proporciones más modestas. Señaló un edificio de dos plantas de aspecto ruinoso.

La sede de la Alianza de las Mujeres no era, de hecho, más que una antigua tienda, un entresuelo en una calle tranquila, detrás de la estación de autobuses, en un barrio de casitas.

—Ahí es donde trabajo —comentó la mujer con voz que había perdido la animación repentinamente; pero, en lugar de reducir la marcha, siguió conduciendo hacia el viejo centro colonial de la ciudad—. Así que está escribiendo un artículo sobre los crímenes de Juárez...

Al ver que Toni se llevaba un Fortuna a los labios, le cogió otro, el tercero desde que habían salido del motel.

Durante todo el tiempo que tardó Toni en explicarle en detalle la razón de su presencia en México, Guadalupe no apartó los ojos de la calle dando caladas al cigarrillo como si su vida dependiera de ello y apretando el acelerador.

El periodista intentaba desesperadamente garrapatear algunas notas en su libreta. Con los botes sobre el asfalto combado por el calor, el resultado tenía más de curva sismográfica que de escritura legible.

—¿Cómo consiguieron relacionar la reciente ola de asesinatos con las muertes de mujeres ocurridas en el pasado?

—¡Ah, eso! No fue tan difícil. Aquí las mujeres son una reserva de carne fresca. Carne para los hombres. Todos los hombres. —Guadalupe lo miró por el rabillo del ojo—. Chulos, policías, contramaestres de las maquiladoras, ligones de fin de semana o padres incestuosos. Ésa es nuestra razón de ser. Hasta no hace tanto, el valle del río Bravo no era más que una región poco fértil en medio del desierto. En los últimos años, Juárez ha crecido a la velocidad de un champiñón. Las mujeres, que vivían encerradas en casa, empezaron a trabajar en masa en las multinacionales, que las prefieren a los hombres. Porque son más dóciles, dicen los patrones. Y lo único positivo de todo eso es que han probado la libertad. Cobrando un salario. Ridículo, sí, pero salario al fin. Se han ganado la independencia. Y los hombres se lo hacen pagar muy caro. Ya nadie cuenta las violaciones y los casos de violencia doméstica. La Alianza de las Mujeres, sí. Todos. Atar cabos no fue tan difícil. Pero, si hubiéramos esperado a que los atara la policía, nos habríamos muerto esperando.

—Y de la muerte de El Aziz, ¿qué piensa?

—¡Ah! —Guadalupe alzó los ojos al cielo—. ¡Qué pregunta! Una riña en el patio de la prisión, ¿eh? Lo siento, pero yo no me lo trago. En mi opinión, intentan echar tierra al asunto.

—¿Qué quiere decir?

—¿Es que hablo en chino? Echar tierra al asunto, darle largas. Se encuentra un culpable y, ¡muerto! Ni siquiera hay que juzgarlo.

—Pero ha aparecido otro cadáver...

—Encontrarán otro culpable.

"Lógico", escribió Toni sobre la hoja emborronada de garabatos.

—En cuanto a las mujeres de Juárez, y especialmente las obreras de las maquilas, ¿tienen el perfil ideal para un asesino, o asesinos, en serie?

Guadalupe soltó una risa desencantada y alzó los ojos, que tenía muy negros. Toni se fijó en sus dientes, pequeños y blancos como el azúcar.

—¡Las mujeres de Juárez! Usted está de guasa. Y seguro que quiere que le explique eso en un cuarto de hora. ¡Y todo eso para un articulito en la otra punta del mundo que aquí nadie leerá jamás! —La cólera casi la hacía temblar—. No hacen falta quince minutos para explicar lo que va mal en esta ciudad. ¡No son las mujeres, es la frontera! Esto, se lo repito por si todavía no lo ha notado, es el tercer mundo. En cuanto se sale de la Zona Rosa. El tercer mundo, hasta la

Tierra de Fuego, hasta el jodido cabo de Hornos. Y esta frontera está tan podrida como un diente cariado, de un extremo al otro. De Nogales, por mal nombre Drogales, a Magdalena, la ciudad de Colosio, el candidato del PRI asesinado, rebautizada Mafialena. Y en medio de toda esta tierra del demonio, está Juárez: sangre apache y española. Uno de mis dos bisabuelos se refugió aquí con Gerónimo tras cruzar el río Grande. El otro venía de España. Llegó con Benito Juárez y su ejército. Puede decirse que mis antepasados fundaron esta ciudad. Durante unos años la convirtieron en capital de México, aunque era poco más que un poblachón, y se ha convertido en la porquería que hoy todo el mundo conoce con el estremecedor sobrenombre de Sidá Juárez. Por el virus, que aquí hace estragos, por la prostitución galopante, por las muertes de mujeres que se producen con la velocidad de una epidemia... Como ya le he dicho, somos carne fresca. ¿De verdad quiere que le hable de las mujeres de la frontera? ¿De verdad tiene tiempo para eso?

Ahora casi gritaba en el interior del pequeño escarabajo.

Tenía que calmarla, encontrar el modo de que lo ayudara. Toni sudaba copiosamente. Su instinto de periodista le decía que tenía ante sí un ángulo de ataque distinto para esclarecer los asesinatos. El malestar de la noche había dado paso a la excitación. Madre mía, allí dentro hacía un calor de los mil demonios.

—Escuche, Guadalupe. Tiene usted razón. Mi periódico está en la otra punta del mundo. Pero puede que lo que está ocurriendo aquí merezca ser contado. Todo lo que puedo decirle es que tengo tiempo. Más del que necesito. Tiempo para dedicárselo. —Toni vio dibujarse la sombra de una sonrisa irónica en el rostro de su interlocutora—. ¡Eh, no me malinterprete, no estoy intentando ligar! —bromeó—. En serio, lo que le ofrezco es una tribuna. Lo que tiene que decir me interesa. Tal vez sea un modo de hacer progresar la causa de la Alianza, ¿no?

Toni se secó la frente con el dorso de la mano. Estaba chorreando.

Guadalupe Vidal permaneció en silencio durante unos instantes. Luego le cogió un Fortuna suplementario.

—Lo vi en la tele. Parece que su artículo tuvo el efecto de una bomba.

—¿Qué piensa usted de la tesis de los adeptos de los asesinatos rituales?

127

—No le doy la menor credibilidad.

—¿Y por qué?

La mujer consultó su reloj.

—¿Tiene un poco de tiempo por delante?

Bajó la avenida 16 de Septiembre a toda velocidad, conduciendo de un modo totalmente ortodoxo en México, con la mano pegada al claxon y zigzagueando entre los jadeantes restos de viejos Ford y Chrysler.

Se abrió camino a través de la nube de gases de escape de una reata de renqueantes camionetas y torció hacia la avenida del Norte. Nada más cruzar un puente, giró a la izquierda y, con un último chirrido del maltratado cambio de marchas, entró en una calleja de aspecto miserable y aparcó junto a la acera. Sus ojos brillaban como dos falsas perlas de obsidiana en el escaparate de una bisutería.

Toni relajó las nalgas lentamente.

En la esquina, una placa medio caída rezaba: "Calle Arteaga".

—Ésta es una de las partes más antiguas de la ciudad. Aquí todas las casas datan de finales del siglo pasado —explicó Guadalupe.

Era un barrio de casuchas de adobe, construcciones tradicionales de deterioradas fachadas. Un grupo de niños harapientos jugaba en la calle y dos perros escuálidos lamían el agua del arroyo. Guadalupe se había estacionado ante una casa con las ventanas cubiertas con viejas mantas. Dieron unos pasos, doblaron la primera esquina y penetraron en una calleja que los recibió con una mezcla de olores a fruta podrida, carne en mal estado y vino.

Las campanas de la cercana catedral tocaron a vísperas. A medida que avanzaban, la calleja se poblaba de una muchedumbre ruidosa, y no tardaron en desembocar en una placita ocupada por un mercadillo. Los vendedores ambulantes se agitaban por todas partes. Un burro enganchado a una carreta con el dibujo de los neumáticos totalmente gastado y cargada de hojas de nopal se entretenía espantando las moscas con la cola. Los estridentes gritos de los vendedores de bebidas frescas dominaban la algarabía general. Toni compró horchata* en un vaso de plástico para echarse algo al estómago. Había optado por la dieta.

* A diferencia de la española, la horchata mexicana se hace a base de arroz.

El mercadillo se extendía por todas las calles adyacentes. Entre los tenderetes, las prostitutas medían la acera.

Guadalupe se detuvo ante una de ellas, una chica regordeta y escuetamente vestida, con un ojo virulo y un vendaje en la nariz.

—¿Qué onda, chica? ¿Ya te ha dejado en paz? No tengas miedo, es un amigo —dijo Guadalupe indicando a Toni, que no pudo evitar acordarse de las prostitutas con las que había hecho cola en la comisaría central. Veía el rostro lamentable de la que suplicaba al policía que le había robado.

Había allí todo un mundo a medio camino entre el zoco árabe y la corte de los milagros. Altas, bajas, jóvenes, viejas, rubias de cejas oscuras, pelirrojas de ojos negros y hasta una enana compartían acera entre los puestos de melones, papayas y estropajos.

—Como ve, hago la ronda. Mire —dijo Guadalupe señalando con un gesto de la barbilla a una joven de labios pulposos y pechos opulentos bajo el ajustado suéter de angora—. Ésa es la Choca. Es un travestí.

Avanzaron entre los tenderetes de pañuelos, cintas de música a precio de ocasión y cinturones trenzados hacia el menudo personaje, que los esperaba encaramado en unos zapatos de tacón de aguja. Ni de cerca se veía rastro de barba en sus mejillas, embadurnadas con fondo de maquillaje.

Olía a agua de colonia.

—¿Vienes a la reunión? —le preguntó Guadalupe.

—Iré dentro de media hora —respondió la Choca—. Espero a un cliente fiel. Pero no te preocupes, es de los rápidos —añadió guiñándole un ojo al periodista.

—Deja de tontear con mis cuates —dijo Guadalupe riendo, y se volvió hacia Toni—. Venga, vamos.

—¿A dónde?

—A una reunión del Comité de trabajadoras sexuales.

Toni miró a su guía con los ojos como platos. Volvieron por donde habían venido y dejaron atrás la casa ante la que habían aparcado el escarabajo. El ocaso dejaba adivinar una luz muy débil en la trama de las mantas indias que cubrían las ventanas. Guadalupe no aflojaba el paso. Se dirigía hacia otra parte de la Zona Roja. Los letreros de los tugurios se reflejaban en los charcos de aceite de coche, parpadeantes manchas malva, rojas o azules mezcladas con las pobres luces fluorescentes del alumbrado municipal. Los "Bar El Encanto", "Sala de Fiestas", "Club El Zar" o "Club Moctezuma" guiñaban el ojo a los transeúntes, mientras los ajetreados mariachis iban de cabaret en cabaret con los instrumentos bajo el brazo.

Para una noche de viernes, la zona estaba relativamente tranquila.

El Crazy Horse hacía esquina y tenía las luces apagadas.

—La Abuelita de la Paz es una prostituta. La llaman así porque parece mayor y trabaja en la calle de la Paz, en el barrio de la catedral —precisó Guadalupe llamando con los nudillos.

En efecto, una mujer bajita de cara arrugada y pelo gris les abrió la puerta.

—Juani, he traído conmigo a un periodista español interesado en nosotras. ¿Algún problema?

—No, claro que no. Buenas noches, señor, entre.

Aparte de un puñado de mesas con sus sillas, había un amplio espacio para bailar. Un estrado ocupaba toda una pared de la cantina.

Juani los precedió hasta una puerta decorada con un calendario de la marca de cerveza Corona: una chica en biquini salpicado de cagadas de mosca.

La mujer los invitó a entrar a un cuarto pintado de verde y lleno de montones de ropa que olía a pipí de gato. Como para justificar el olor, tres mininos dormitaban sobre un mueble desvencijado que sostenía un gran pizarrón escolar.

Media docena de busconas con la cara embadurnada de maquillaje esperaban modosamente sentadas frente al pizarrón.

—Hemos venido directamente del trabajo —dijo una de ellas arrastrando las erres—. ¿Qué tal, Guadalupe? ¿Quién es ése?

La señora Vidal presentó a Toni al Comité de trabajadoras sexuales.

Unas quince sillas llenaban el pequeño cuarto, y el aire estaba viciado. Aquello parecía una reunión clandestina.

—Antes nos reuníamos dos veces a la semana en un dispensario, pero se desentendieron de nosotras. Desde entonces, nos juntamos aquí. El Comité se fundó hace unos cinco años. Antes todas las chicas trabajaban en las cantinas, y tenían que bailar y beber con los clientes y besarlos. El tiempo que pasaban con cada uno no estaba limitado. Y, por supuesto, ni hablar de preservativos. Estaban expuestas a las agresiones de los policías y los cholos. Ahora se han organizado: diez minutos por cliente como máximo, cincuenta pesos el servicio, lidad de trabajar en la calle, uso obligatorio del condón y comité de defensa para controlar las relaciones con la policía... Las chicas no han perdido el tiempo. Incluso han creado un fondo privado para financiar los proyectos de las que quieren dejar la prostitución. Una especie de banco que presta sin interés. Así es como compró este sitio Juani.

Toni se volvió hacia Juani y enarcó las cejas, sorprendido.

—¿Es usted la dueña de esta cantina?

—Pues sí. Pedí el dinero al fondo de préstamos del Comité. Pero, cuidado, no se equivoque: mientras yo viva, este sitio no servirá para la prostitución. Así que, cuando el negocio no marcha demasiado bien, vuelvo a la calle para tapar agujeros, porque...

—La Zona Roja de Juárez es la más importante de la frontera —siguió diciendo Guadalupe irritada por la interrupción—. Pero ahora hay comités como éste en casi todas partes, de Tijuana a Matamoros. Y como muchas chicas son antiguas trabajadoras de las maquilas que empezaron a prostituirse para escapar de la miseria, han fundado una especie de planeación familiar informal que se ocupa de la educación sexual en las zonas industriales. Las obreras llegarán dentro de una hora. Ahora ya podemos empezar.

Increíble.

Aquello era un artículo por sí solo. Desde luego, no tenía mucho que ver con los asesinatos. Salvo si lo enfocaba desde el punto de vista de la tipología de las víctimas. Mujeres, obreras.

Lo único que le preocupaba —en realidad, le aterraba— era que apareciera la chica que lo había desplumado en el Coyote Cojo. Qué vergüenza.

Una posibilidad entre mil, acabó diciéndose para tranquilizarse.

Se había quedado de pie, en discreto segundo plano. La reunión empezó. El tema del día era la autoestima.

Una mujer bastante bien hecha, con el pelo negro muy corto, intervino para manifestar la imposibilidad de sentir la menor autoestima cuando una comercia con su cuerpo.

Guadalupe se inclinó hacia Toni:

—No habla por hablar. Es Inocencia. Trabaja en la calle Noche Triste. Cuando llegó aquí, llevaba doce años sin despegar los labios. Su tía la vendió al dueño de un burdel. Pasó más de veinte años encerrada en él. Cuando consiguió salir, se encontró en la calle. Ya no hablaba. Gracias a las reuniones, a la solidaridad entre las mujeres, consiguió recuperar el habla.

Toni tenía la desagradable sensación de estar en una reunión de alcohólicos anónimos.

Todo aquello olía a activismo teñido de psicoterapia de andar por casa. Acababa de decidir marcharse discretamente en un cuarto de hora, cuando hizo su aparición un grupo de cuatro obreras.

Las chicas ocuparon sus asientos en el mayor de los silencios. Guadalupe tomó la palabra para explicar que la prostitución era una forma de trabajo corporal como cualquier otra, no muy diferente, en el fondo, de la cesión del tiempo de trabajo a un patrón.

—Sí, ustedes alquilan las manos y nosotras, el culo —tradujo crudamente Juani, lo que provocó la hilaridad general.

—Salvo que, a veces, no tienes más remedio que alquilar las dos cosas —repuso una obrera que dijo llamarse Marta—. Cuando el contramaestre te da a elegir entre pasar por el catre o salir por la puerta, ¿qué haces, si tienes criaturas que alimentar?

Todo el mundo asintió. La charla prosiguió en torno al tema del respeto a uno mismo y cómo no perderlo cuando todo —promiscuidad, incesto, acoso sexual...— se confabula para humillarnos. Una obrera levantó la mano y empezó a hablar con voz temblorosa:

—Me llamo Ana Rita y soy una adicta al trabajo. Soy empleada de Horizon, una maquila de electrodomésticos, y ya no vivo más que para eso. Por supuesto, los jefes están encantados, pero yo ya no puedo más. Pronto hará un año que perdí a mi hija. Vivíamos en una sola habitación con mi amante. El padre nos había abandonado hacía tiempo. Ese día, yo estaba en la fábrica. Mi amante intentó violarla, ella se resistió y él la estranguló. Cuando llegué a casa, la encontré muerta. El canalla había huido. Tenía veintitrés años y era mi única hija. Desde entonces, soy como un robot. Por la mañana me levanto y voy a trabajar. Cuantas más horas hago menos tiempo tengo para pensar que murió por mi culpa, porque me enamoré de un monstruo.

El final de la frase apenas se oyó. Ana Rita se había echado a llorar.

En el exterior, dos perros se enzarzaron en una pelea, y la calle, silenciosa hasta entonces, se llenó de gruñidos y gañidos de dolor, cuando los colmillos hacían presa en el cuerpo del adversario.

Una de las prostitutas que habían permanecido calladas hasta ese momento se levantó lentamente, se acercó a la obrera, la rodeó con los brazos y empezó a mecerla besándole los cabellos.

Poco a poco, Ana Rita se calmó y se agarró con fuerza a los brazos de la mujer.

La conversación derivó hacia las reivindicaciones salariales.

—No saben negociar —sentenció la Abuelita de la Paz—. Yo, cuando el cliente quiere un servicio especial, le cobro un suplemento. Y ustedes deberían hacer lo mismo cuando quieren que hagan horas extra.

Su desgarro tuvo la virtud de levantar, siquiera un poco, el ánimo general. Era un buen modo de acabar la reunión. Guadalupe puso una gran caja de cartón sobre la mesa y empezó a sacar muestras de píldoras y preservativos, que repartió entre las mujeres.

—Las pastillas se toman una después de cada relación, ¿verdad? —le preguntó una joven obrera con el pelo recogido bajo una gorra de béisbol de la General Motors.

Guadalupe Vidal le lanzó una mirada de desesperación y empezó a explicarle la dosis del contraceptivo. El cuarto iba vaciándose poco a poco.

Al salir, el periodista vio que Juanita envolvía un trozo de carne en un papel y se lo daba a Guadalupe, que se lo guardó en el bolso y dio las gracias discretamente.

—¡Eh, chicas! —exclamó la Abuelita de la Paz volviéndose hacia el grupo—. ¿Qué les parece si inauguramos mi cantina?

Y, tras invitarlas a pasar con una inclinación ceremoniosa, se colocó detrás de la barra y encendió el foco desnudo que colgaba del techo.

Un letrero de neón gentileza de la cerveza Tecate se encendió igualmente en la pared del fondo.

Toni y Guadalupe se quedaron en la barra y las chicas se sentaron alrededor de una mesa.

—¡Juani, Juani, envía el carburante! —reclamaban a grito pelado.

Juani sacó Cartas Blancas cubiertas de hielo de un refrigerador, y todo el mundo empezó a beber directamente de las botellas.

—¿Qué edad tiene la Abuelita de la Paz? —le preguntó Toni a Guadalupe.

—Cuarenta años. Y un corazón de oro. Las ha visto de todos los colores. Envía dinero regularmente a su familia, que vive en el estado de Jalisco. Ellos creen que trabaja en una maquila. ¡Pobres! Si supieran... Con los doscientos pesos a la semana que se gana en esas fábricas, a buenas horas iba a poder mantenerlos. De todas formas, si la menciona en el artículo, cámbiele el nombre. Nunca se sabe.

—¡Doscientos pesos! ¿Se puede vivir con eso?

—¡Qué remedio! Mire, aquí todos estamos jodidos. No ha entendido nada de lo que le he dicho. Esto es el tercer mundo. Si Juanita no me ayudara con sus regalos, no podría vivir con lo que gano en la Alianza. Además, tengo que mantener a mi hijo, que estudia con los gringos, en El Paso.

—¿Qué estudia? —preguntó Toni.

—Está en la academia de policía —respondió Guadalupe con voz opaca, y le dio un trago a la cerveza.

Toni comprendió que era mejor dejarlo correr. La Choca había echado unos pesos en la sinfonola y los acordes de una melancólica ranchera inundaron la penumbra del bar.

—Entonces, lo que ha visto esta tarde, ¿es lo bastante interesante para su artículo? —preguntó Guadalupe con voz ya un tanto pastosa.

—¿Interesante? Ya lo creo. Es una historia que podría encajar en mi serie sobre los asesinatos. Por ejemplo, no imaginaba que las prostitutas y las obreras estuvieran tan próximas.

—Es que aquí pesa una maldición sobre las mujeres.

Maldición. La palabra lo hizo reaccionar de inmediato.

—¿Una maldición? ¿Qué quiere decir exactamente? ¿Se refiere a las sectas satánicas que...?

—¡Ya estamos con lo mismo! ¡Las sectas! No le busque tres pies al gato. Esos crímenes tienen motivos mucho más reales.

—¿Reales? ¿Como cuál?

—Como el dinero. La mundialización. Eso sí es sólido, tangible. Eso te interesa, ¿eh, güero? Más tarde, tal vez —dijo Guadalupe llevándose la Carta Blanca a los labios.

Con la ayuda del alcohol, había pasado al tuteo.

Guadalupe dejó la botella en la barra con un golpe seco.

El azabache de sus ojos relampagueaba con ferocidad. La sinfonola había dejado de sonar.

Un grupo de músicos se detuvo en el umbral de la cantina. Las chicas los invitaron a pasar. El mariachi se situó bajo la bombilla y atacó un vals de una tristeza infinita, "¡Ay, qué dolor vivir!", con el dramático rictus de quien acaba de perder a un ser querido. La Choca arrastró a Toni a la pista para marcarse unos torpes pasos de baile con él, que sentía los pechos del travestí dándole friegas en la barriga.

Las chicas se lo estaban pasando en grande, y Juani sirvió otra ronda de cervezas heladas. Más que achispada, Guadalupe empezó a contornearse y agitar un chal al ritmo del vals, e Inocencia no tardó en unirse a ella. Cuando acabó la pieza, el travestí estampó un sonoro beso en la mejilla de Toni.

La velada se prolongaba. Toni había perdido la cuenta de las cervezas.

Llegado el momento de pagar música y bebida, todo el mundo se volvió hacia él, que consiguió sacarse los quinientos pesos que le quedaban de un bolsillo de sus jeans.

La fiestecita había costado dos semanas del salario de Irena Cruz o Ana Rita.

O de Liza Guevara, que nunca volvería a ganarlos.

Qué pobreza la de la gente de aquel país.

El periodista, los músicos y las chicas se despidieron en la acera.

—Me voy a casa —dijo Guadalupe en tono perentorio.

—De ninguna manera. Conduzco yo.

La mujer no discutió. Volvieron al escarabajo a pie, tranquilamente.

El aire de la noche empezaba a espabilarlo. Abrió el paquete de cigarrillos, pero se le habían fumado hasta el último Fortuna.

Guadalupe Vidal vivía en una vieja casa de la calle Carmona, no lejos del centro.

También era un barrio antiguo. Guadalupe empujó la puerta de madera barnizada y lo invitó a pasar:

—Entra a tomar algo. Hablaremos otro poco. Sólo puedo ofrecerte café, pero será un placer.

Un encanto marchito, casi anacrónico, emanaba de los viejos muebles y las paredes de adobe de la casa. Una impresión de lujo descuidado. Al cabo de unos instantes, el visitante advertía los titubeos de la luz, las grietas de los techos y el polvo que cubría las ventanas.

—Amo esta casa. Crecí en ella. Mi padre era administrador del común. Como ya te he dicho, somos una de las familias más antiguas de la ciudad. En los años cuarenta, pertenecíamos a lo que suele llamarse la clase media, una especie extinguida en este país. Mírame a mí: licenciada en Sociología por la Universidad de México, capital federal. Un puesto de formadora de promotores de salud en una organización no gubernamental. Y lo que gano apenas me permite mantener esta casa y pagar los estudios de mi hijo. Ya no tengo coche y ni siquiera puedo comprar cigarrillos. Y necesito la ayuda de una puta para poder comer carne. ¿Qué te parece? Perdona, no debería hablar así, es injusto e inútil. Voy a hacer café y enseguida estoy contigo. —Guadalupe Vidal se levantó y puso un disco de Paco Ibáñez en el achacoso tocadiscos—. Supongo que, siendo español, esto te gustará —añadió antes de abandonar la sala.

Toni observó las fotos colocadas sobre la cómoda de madera oscura.

Viejas ampliaciones sepia de una pareja en traje de boda, seguramente sus padres, una foto en color de un adolescente vestido de jugador de béisbol... Bajo la estrecha frente y los prominentes arcos ciliares, el chico tenía los carnosos labios abiertos en una sonrisa de imbécil y el maxilar inferior ligeramente caído.

—Su padre se limitó a pasar por mi vida. Tuve una juventud agitada. —Guadalupe acababa de reaparecer con una bandeja sobre la que había colocado un tarro de Nescafé, dos tazas y un cazo con agua hirviendo—. En México, cuando estudiaba, era tan de izquierdas que me metieron en la cárcel después de las manifestaciones del 68. Conocí a su padre cuando vivía en una comuna de Chihuahua. La cosa no duró más que unos meses. Acabé volviendo a la casa familiar tras la muerte de mis padres.

—Lo siento —murmuró Toni.

—No lo sientas, fueron felices. Yo en cambio miro mi vida y veo un inmenso fracaso. Mi hijo está aprendiendo el oficio de policía con los gringos, para reprimir las revueltas de los pobres. No tengo un chavo y mi vida amorosa es un desierto. Si no fuera por el trabajo... ¿Estás casado, güero?

—Tramitando el divorcio.

—Vaya, lo lamento —dijo Guadalupe.

El periodista se sirvió una cucharada de Nescafé y agua caliente.

Paco Ibáñez arrancó la nota final a su guitarra. Sólo quedó el chisporroteo de la aguja en el surco del disco para turbar el silencio de la noche.

Permanecieron en silencio unos instantes, soplando sobre el café y lanzándose miradas furtivas por encima de las tazas.

—¿Hijos? —volvió a preguntar Guadalupe.

—Dos, varones. ¿Qué querías decir hace un rato, cuando hablabas de maldición, si no te referías a las sectas?

—No te rindes nunca, ¿verdad? Mira, yo estaba obsesionada con esos asesinatos, convencida de que la policía no se molestaría en buscar seriamente a los culpables. Ya has visto a esas mujeres en la reunión. Aquí, su vida no vale gran cosa. Aquí, la vida en general no vale nada, y la suya aún menos. Si te contara ciertas cosas, seguro que no me creerías... Pero, volviendo a lo que decía de mí, empecé a buscar entre mis viejos recortes de periódico casos de asesinato, de desapariciones que habían quedado sin esclarecer. Habíamos tenido noticia de esas historias a través de grupos feministas, pero con el tiempo la cosa se diluyó. Empecé a atar cabos cuando se aceleró el ritmo de los asesinatos. Cuando acabé de contrastar esos viejos artículos, de comparar los datos que había recogido, tenía un total de cincuenta asesinatos. Al principio, la Judicial no quiso saber nada. Pero, cuando amenacé con ponérselo delante de las narices a los gringos del FBI, no tuvieron más remedio que escucharme y reconocer que tenía razón. Entonces, traté de explicarles la relación que existía entre todas esas chicas, obreras, Toni, obreras.

—¿Las conocías a todas?

Guadalupe prosiguió como si no hubiera oído la pregunta:

—Entre tanto, mataron a otras tres... —Su voz se rompió—. Creo... creo que estoy demasiado cansada.

—Será mejor que vuelva al hotel, Guadalupe. Pero, antes, dime: ¿te suena el nombre de Liza Guevara?

Guadalupe fue a dejar la taza sobre la mesita baja, ante sí.

Pero falló.

La porcelana se hizo añicos contra los baldosines, entre sus pies.

Con los zapatos cubiertos de salpicaduras de café, Guadalupe se levantó, dio un paso hacia Toni, pisó un fragmento de porcelana y, con un crujido seco, lo redujo a un montoncito de polvo brillante.

La mujer se detuvo ante él.

—¡Mierda! Ya te lo he dicho, güero, estoy muerta. Y he bebido más de la cuenta. Vete de una vez.

Guadalupe cerró la puerta a sus espaldas.

Estaba parado en la acera, sacándose las llaves del Volkswagen del bolsillo de los vaqueros, cuando oyó que lo llamaban en voz baja y se volvió.

Guadalupe había entreabierto la puerta y lo miraba apoyada en el quicio.

—Llámame dentro de un par de días.

Toni había averiguado algo importante.

El accidente, la taza de café volcada, era una estratagema.

Las palabras que había ido oyendo durante la velada chocaban entre sí dentro de su cabeza: dinero, mundialización, "Obreras, Toni, obreras"... Las maquiladoras. ¿Qué si no? Sacrificios rituales y multinacionales. Estaba en el buen camino.

Seguro que Guadalupe sabía mucho más de lo que le había contado.

Inquieto, Toni tardó en conciliar el sueño. Demasiadas informaciones contradictorias dándole vueltas en la cabeza.

¿Y si se estaba empecinando con lo de las sectas? ¿Y si Pazos y Harding estaban totalmente equivocados?

Al cabo de unos instantes, volvió a levantarse y anotó las impresiones de la velada en su libreta. Luego hizo un rebujo con el fax de Pérez, que había encontrado al llegar a La Vela.

"¿ENTONCES?", preguntaba la hoja de papel térmico.

El artículo salió a dos columnas en la primera de *El Diario* del día siguiente, bajo el titular:

EL CASO DE LOS DIABLOS DE JUÁREZ
O LOS BAJOS FONDOS DE LA GLOBALIZACIÓN

En él, Toni mezclaba el auge de las prácticas mágicas y de las sectas, las noches locas en las discotecas y cantinas locales, los comités de prostitutas y su relación con las obreras. Era un buen trabajo de ambientación. Los lectores del periódico español descubrieron la palabra "maquiladora" y su significado, inseparable del fenómeno de la mundialización.

Toni mencionaba los nombres de las principales multinacionales y los salarios que pagaban a sus empleados, y describía la violencia doméstica a través del testimonio de Ana Rita sobre la muerte de su hija, estrangulada por su amante. Analizaba el contexto en el que se habían cometido los asesinatos, empezando por el de Catalina Cruz; describía con lujo de detalles las sórdidas condiciones de vida de las familias trabajadoras y acusaba a las maquiladoras de fomentar la miseria.

Concluía con la muerte de El Aziz, poniendo en duda que el asunto llegara a esclarecerse algún día. Estaba especialmente satisfecho de la frase final:

Si las víctimas de los Diablos de Juárez hallaron la muerte en circunstancias innobles, el principal motivo es que, en la mente de los habitantes de este lugar, la vida de las mujeres de la frontera no tiene más valor que la de un animal, cuyo cadáver se abandona en mitad del desierto.

En la cabecera del artículo, un recuadro en color enmarcaba su firma:

De nuestro enviado especial en Ciudad Juárez,
Toni Zambudio

Pérez había hecho bien las cosas. Era una señal más. Su cotización volvía a estar al alza. De hecho, el jefe del servicio extranjero le había telefoneado en plena noche:

—¡Esto es lo que yo llamo un buen trabajo! —había exclamado—. ¿Cuándo llegará la continuación, para que podamos hacer una doble página central? De hecho, tendrías que pedir fotos de las víctimas a las familias, Toni. Necesitamos ilustrar tus artículos, y en las agencias es difícil encontrar otra cosa sobre Juárez que fotos de espaldas mojadas. Bueno, ánimo, y no te duermas en los laureles, ¿eh?

Como de costumbre, iba de culo, y a Toni apenas le dio tiempo de aprovechar su buena disposición para pedirle que interviniera a fin de acelerar los trámites que le permitirían recuperar el pasaporte y la tarjeta de crédito.

Sábado 2 de marzo de 1997. Motel La Vela

Toni estaba enfrascado en sus notas, una libreta que engrosaba de día en día. Veamos, ¿había mencionado Pazos el nombre del club en el que habían detenido a los Diablos de Juárez?

Por amor de Dios, ¿dónde lo habría escrito? Ajá: el Maverick's.

Pues bien, de día, el Maverick's debía de ser tan kitsch y divertido como de noche. Merecía la pena echarle un vistazo.

Desde el exterior, el local parecía un rancho, con su galería cubierta, sus paredes de troncos y su tejado de tablillas. Salvo que, además, un carromato entoldado de tamaño natural flotaba sobre la discoteca con sus cuatro ruedas enarcadas con neones rosa que parpadeaban en el vacío. Un cable del grosor de una muñeca, empalmado a un pescante metálico, alimentaba el remolque. Movido sin duda por un deseo de extrema desnudez, el decorador del local había renunciado a añadir un tiro de caballos alados que arrastrara el carro hacia los cielos. El sacrificio debía de haberle costado un berrinche.

—Bonito sitio tienen ustedes aquí —le lanzó Toni al camarero empujando las puertas de vaivén del salón.

Al parecer, a esa hora del final de la mañana, los vaqueros aún estaban en la cama, y el local permanecía desierto salvo por el melancólico barman, ocupado en secar la barra y oír salsa. El hombre lanzó una mirada culpable al periodista y extrajo la cinta de Jerry González para reemplazarla de inmediato por otra de quejumbrosas rancheras.

—¿Es usted el propietario? —le preguntó Toni.

—¿Quién lo pregunta? —respondió el hombre en tono cortante—. ¿Es usted policía?

—No, periodista.

—No tengo nada que decir a los de su ralea —le espetó el camarero—. Viene por los asesinatos, ¿no? —preguntó al cabo de unos instantes, picado por la curiosidad—. De todas formas, no podría contarle nada. Sólo hace dos meses que trabajo aquí.

—Sírvame al menos una Bohemia —dijo Toni encendiendo un cigarrillo y contemplando las fotografías de artistas clavadas en las paredes de corteza de árbol.

Todos eran parecidos: culturistas con el cuerpo brillante de aceite, pantalones cortos deshilachados y tangas de lentejuelas, clones del ranchero que había visto en el Boy's la noche de su monumental borrachera.

Uno llevaba un calzoncillo a rayas dos tallas más pequeño de la cuenta. Sus nervudos muslos parecían a punto de reventar el tejido. De la bragueta emergía el pescuezo de un gallo de tela terminado en una cabeza con su cresta escarlata. Era de un gusto exquisito.

El fulano no debía de medir menos de dos metros, y pesaba en consonancia. Sin un gramo de grasa, por supuesto.

Al referirse al caso de Matamoros, Harding había dicho que el gurú de la secta había sido modelo.

—Tiene usted buen ojo, lo ha localizado enseguida —dijo el camarero.

Toni se sobresaltó.

—¿A quién?

—¡Qué pregunta! Pues al Satán.

No lo habría reconocido; solo había visto las fotos de la ficha policial, frente/perfil, imágenes sin vida, sacadas de su contexto. Toni se acercó a la foto y se fijó en los ojillos de azabache, la nariz corta, los labios sensuales y el fuerte mentón, y no pudo evitar recordar las marcas de mordiscos que había visto en otras fotos muy distintas. Sobrecogido, apartó la vista.

—¿Reconoce a otros miembros de la banda en las fotografías?

—Ya le he dicho que hace poco que trabajo aquí. Eso tendría que preguntárselo al jefe. Pero dudo que quiera hablar del asunto. Cuando detuvieron a los Diablos, los federales cerraron toda la Zona Rosa. Aquí la redada fue general. Al jefe lo encerraron por contratarlos, y, en vista de la cara que traía cuando lo soltaron, no creo que quiera hablar de todo aquello.

—Podríamos dejar que decidiera él mismo —sugirió Toni dejando un billete de cien pesos en la barra para pagar la cerveza.

Como propina no estaba nada mal. El camarero desapareció.

La cinta llegó al final y pasó a *auto-reverse*.

En las paredes había fotos de otro tipo. Reproducciones de cliclés sepia tomados por Edward Sheriff Curtis a principios de siglo. Apaches, comanches y otras tribus de la frontera.

La contemplación de las viejas fotografías le inspiró reflexiones agridulces. Era extraño pensar que una pizca de sangre de aquellos hombres corría por sus venas. Que, siglos atrás, los remotos antepasados de su madre habían llegado por el estrecho de Bering, procedentes de las estepas de Asia central, persiguiendo las hordas de renos arco en mano. Como muchos chihuahuenses, Altagracia era mestiza de tarahumaras.

Y sus antepasados españoles pertenecían a la raza de los conquistadores.

En él, como en la mayoría de los americanos de ambos continentes, bullían juntas la sangre de los verdugos y la de las víctimas.

Violación de esclavas negras, de indias... Las Américas producían generación tras generación de esquizofrénicos herederos de la violencia de sus padres.

Las amarillentas imágenes se confundieron. La fotografía del asesino de su madre publicada en los periódicos le quemaba la retina.

No fue el camarero quien sacó a Toni de su ensoñación, sino un individuo barrigudo y calvo, que salió de detrás de la barra y le puso una mano en el hombro.

Llevaba una hilera de anillos en la oreja y, sobre el pecho desnudo bajo un chaleco de cuero, suficientes tatuajes como para abastecer de lectura a todo un harén.

—Aquí hay alguien que busca problemas —le espetó con voz de falsete hinchando la barriga de bebedor de cerveza.

No era una pregunta.

Como en los mejores *westerns*, Toni atravesó la puerta de vaivén con la cabeza por delante, en vuelo planeado, y aterrizó en el suelo de tierra en medio de una nube de polvo. Cuando se levantaba sacudiéndose el polvo y palpándose para asegurarse de que no tenía nada roto, el camarero reapareció en el umbral del Maverick's.

—Ya se lo había advertido —le soltó.

No parecía muy contrariado.

Toni subió al Volkswagen maldiciendo la susceptibilidad del barrigudo.

Los estigmas de sus anteriores peregrinaciones apenas empezaban a borrarse, y ya volvía a estar cubierto de moretones.

El escarabajo arrancó con un rugido, y Toni giró en el aparcamiento como si fuera a dar media vuelta, lo que le permitió pasar despacio por delante de la fachada posterior del edificio, al nivel de la cocina.

No tuvo que buscar mucho.

Había dejado el motor en marcha y la puerta del conductor abierta. Miraba a su alrededor febrilmente, pero nadie lo sorprendió.

Pegó la cara a un ventanuco que daba a un trastero y se protegió de los reflejos del sol en el cristal con las manos.

El altar era absolutamente idéntico al que había visto en la Botánica Julia. La misma estampa de Cristo sobre un fondo de llamas, la calavera, el gallo, el santo sudario, las ofrendas, las velas, todo. Un altar mayombero.

De vuelta en el hotel, Toni intentó sin éxito contactar con Harding y se metió en la ducha. A simple vista, no tenía señales, aparte de un morado que empezaba a extenderse a la altura de las costillas.

Esta vez, Pérez podía subirse por las paredes todo lo que quisiera. No pensaba escribir una línea hasta haber seguido aquella pista hasta el final.

No tenía hambre, ni tampoco sed. Simplemente, estaba agotado.

Encendió la tele y buscó el canal local de El Paso. Habían detenido a dos chicanos acusados de violación colectiva. Habían llevado a una mexicana a un motel de carretera, la habían atado y habían abusado de ella. La mujer los había identificado formalmente al ver sus fotografías en las fichas de la policía estadounidense.

Toni fue cambiando de cadena hasta dar con un viejo *western, Flecha rota*, en American Classic Movies.

Estaba a punto de quedarse frito, y los diálogos de la película se mezclaban con las sibilinas palabras de Guadalupe Vidal sobre las maquiladoras, así que abandonó la somnolienta contemplación de James Stewart ataviado de piel roja y extendió la mano hacia el teléfono.

—Bueno, güero, ya que has venido, te invito a cenar —dijo Guadalupe abriéndole la puerta—. Pagando tú, claro.

Toni había pasado por el banco y sacado dinero para los próximos días.

—Supongo que me llegará —respondió tocándose el bolsillo posterior de los pantalones vaqueros.

—Pediremos unas pizzas, ¿de acuerdo? Diré que traigan una para mi hijo, que llegará de un momento a otro. ¿No te importa?

Toni negó con la cabeza.

Guadalupe colgó el teléfono después de dar la dirección al repartidor y volvió a la cocina, donde había dejado al periodista. La habitación, de planta cuadrada, llevaba sin pintar probablemente durante varias décadas, más o menos las mismas que debían de tener la cocina y el frigorífico, a cual más achacoso. Con su *look* de los años cincuenta, habrían quedado muy aparentes en el piso de algún moderno de Madrid.

Toni hubiera apostado que su anfitriona los habría cambiado por otros nuevos sin dudarlo. La cocina olía a cerrado.

Guadalupe se sentó frente a él en una silla desvencijada y extendió la mano hacia el paquete de Fortuna.

—Bueno, ¿qué te trae por aquí?

—Ayer noche, en el Crazy Horse, me hablaste de una maldición. Una maldición que pesa sobre las mujeres. Y, cuando te pedí que te explicaras, cambiaste de conversación y empezaste a hablar de las maquiladoras. ¿Qué tiene eso que ver con la magia negra?

Guadalupe se encogió de hombros.

—Olvídate de esas historias de superstición. No tienen nada que ver. Ayer estaba bastante bebida. Lo que está ocurriendo es de locos, eso es todo. Los asesinatos, la muerte de El Aziz... Mira, esos crímenes son horribles, pero solo son una parte de un todo espantoso por otros muchos motivos. Si las víctimas son obreras de las maquilas, no es por casualidad. En esas fábricas se cometen otros crímenes. Utilizan a la gente como si no fueran más que objetos, robots o esclavos. Los asesinos no han hecho otra cosa; era fácil, esas mujeres ya estaban instrumentalizadas.

—¿Así que esa es tu maldición? Espera —objetó Toni decepcionado—. Estoy dispuesto a admitir que esas filiales de los pesos pesados de la economía mundial no son benefactores de la humanidad. Pero ¿qué relación tienen con unos asesinos en serie especializados en la carnicería ginecológica en cadena?

—¡Sí, claro! —estalló Guadalupe. "Vuelve a estar en plena forma —se dijo Toni—, como una pasionaria de las trabajadoras sexuales."—. Porque, ¿no es un crimen obligar a las mujeres a presentar sus compresas usadas todos los meses para demostrar que no están preñadas, so pena de despido? ¿No es un crimen parir criaturas que nacen muertas y sin cerebro a causa de la contaminación? ¿No es un crimen ver a tus hijos afectados de saturnismo porque las maquilas almacenan toneladas de plomo al aire libre a dos pasos de las lecherías? ¿No es un crimen morir envenenada en la cantina de tu propia empresa? ¿No es un crimen tener que acostarte con quien sea desde los catorce años, en cuanto empiezas a trabajar en una fábrica, porque si no el capataz se las apaña para que te despidan y te pongan en la lista negra, y entonces ya no encuentras trabajo? ¡Y tú te sorprendes que unos degenerados esperen a esas chicas en un rincón oscuro para acabar el trabajo! ¡Es lógico, carajo!

Guadalupe estaba lívida.

—Como, como... ¿Me estás diciendo que multinacionales conocidas en todo el mundo hacen todo eso aquí? Pero, ¿cómo va a ser posible?

—Gracias al dinero, güero, gracias al dinero. En este país hay una tasa de desempleo catastrófica. Hace unos años, para encontrar un trabajo decente, la única solución era convertirse en un espalda mojada, expatriarse con los gringos. Luego, entraron en vigor los acuerdos del TLC. Antes ya había algunas maquilas. Pero el tratado de libre cambio entre Estados Unidos, México y Canadá aceleró su implantación. ¿Has visto el muro? Lo construyeron en ese momento. Se habla de la libre circulación del dinero y las mercancías, güero, pero no de las personas. Según esa basura de Salinas, sobre el país iba a llover maná. Moraleja: el peso se devaluó un cincuenta por ciento. Eso disparó el fenómeno. Se podían fabricar a un tiro de piedra de los gringos, que acaparan el cuarenta por ciento de los bienes de consumo del planeta, todo lo que compran, televisiones, vídeos, ordenadores, coches... Por un precio irrisorio. ¡Piénsalo bien! El obrero medio de una maquila cobra dos dólares al día. Tiene que trabajar cuarenta y cinco minutos para comprar una barra de pan, mientras que a su equivalente estadounidense, en el mismo puesto de la misma empresa, le bastan cuatro minutos para comprar lo mismo. En quince kilómetros, el salario se divide por diez. El mayor mercado mundial, al precio de venta del primer mundo, al alcance de la mano. En unos años, todos se instalaron aquí. Europeos, gringos, japoneses... Hasta a los coreanos les sale a cuenta trasladarse a México. Centenares de miles de campesinos pobres emigraron de los campos del sur hacia las ciudades del norte por salarios de miseria. Las ciudades fronterizas están a punto de explotar. Hoy en día, hay tres mil maquiladoras de un océano al otro. Y la cosa no ha acabado. Todos los meses se instalan entre treinta y cuarenta nuevas, llegadas de todos los continentes. Ya emplean a más de un millón de personas, en su mayoría mujeres. ¿Por qué mujeres? Ya te lo dije: sujetas, güero, sumisas. Eso es la mujer mexicana: la felicidad del hombre, una india callada y obediente, ¿comprendes? Y, si se hace todo despreciando la ley, es lisa y llanamente porque hoy por hoy las maquiladoras son la fuente de ingresos número uno del estado mexicano. ¿Eres capaz de imaginarte las sumas colosales que están en juego? Lo que se ahorran en salarios las multinacionales cada año equivale a la deuda externa de México, lo creas o no. Nada, óyelo bien, güero, nada se hace aquí sin las maquilas. Ni el crimen.

—¿Qué quieres decir con eso? —preguntó Toni.

El repartidor de pizzas llamó a la puerta. El periodista le pagó bajo la mirada de apuro de Guadalupe. Señor, solo el precio de las tres pizzas debía de representar dos días de trabajo en la cadena de montaje de una maquiladora.

—¿Y tu hijo? —preguntó Toni cuando volvieron a quedarse solos.

—Vendrá. Habría cola en el puente sobre el río Bravo. Te recuerdo que viene de El Paso. Comamos antes de que se enfríe. —Guadalupe puso agua a calentar en la vieja cocina—. El agua de Juárez está podrida. Si quieres beber, tienes que hervirla. Yo no puedo permitirme comprar agua mineral. Bueno, te propongo un trato —dijo Guadalupe tragando un bocado de pizza de chorizo.

"Decididamente —pensó Toni—, ésta es la ciudad de los regateos."

—Te escucho.

—Mira, yo te llevo a ver las fábricas, los poblados de miseria y a las obreras, y tú lo sacas todo en tu periódico, ¿de acuerdo? Y mientras tanto te habrá dado tiempo de sobra para comprender lo que se esconde detrás de esos asesinatos. Lo que verás te hará comprender.

Toni meditó su proposición durante unos breves instantes.

—Háblame, Guadalupe, es más sencillo. Anoche te hice otra pregunta. Te pregunté si te sonaba el nombre de Liza Guevara. El cuerpo que descubrieron el pasado fin de semana era el suyo.

—Como si no lo supiera, con todo el ruido que han hecho —suspiró Guadalupe—. Te llevaré a ver las chozas donde viven las obreras de las...

—Ya he visto todo eso. He estado en la Colonia Fronteriza, he hablado con Irena Cruz, la hermana de la primera víctima encontrada por la policía, y con el resto de la familia. He visto cómo viven. Pero estamos hablando de asesinatos.

Toni le hizo un rápido resumen de su agitado fin de semana y del trato que había hecho con Pazos. De su visita al Maverick's. De sus incursiones en las botánicas. De su intuición sobre un posible rebrote de los asesinatos rituales de Matamoros.

Guadalupe se puso pálida y, cuando Toni acabó su relato, un ligero temblor agitaba su mano, posada sobre la formica de la mesa. Encendió un cigarrillo con dificultad y expulsó el humo por la nariz.

—Olvida todo eso, es un bluf. Te digo que las maquiladoras están complicadas en el asunto.

—¡Imposible! ¡Es demasiado gordo!

—Te digo que sí.

—Entonces, hechos —suplicó Toni—, hechos.

—O.K. Liza y su madre, Dolores, trabajaban para la misma maquila. Las dos son... Liza era miembro de la Alianza de las Mujeres... —La voz de Guadalupe se volvió vacilante—. Cuando me preguntaste por ella, me entró el pánico. Me acuerdo, prácticamente te puse de patitas en la calle. Las cosas han ido demasiado lejos y...

—¿De qué tienes miedo, Guadalupe? Te lo pido una vez más: háblame.

—Y... no puedo dar marcha atrás, supongo.

Solo el vuelo de las moscas turbaba el silencio de la casa.

Las pizzas se enfriaban sobre la mesa. Se oyó una llave en la cerradura de la puerta de entrada y al cabo de unos instantes un joven de unos veinte años apareció en el umbral de la cocina. Toni reconoció al chico de la foto enmarcada en la sala. Su cuerpo, aún más fornido de lo que había supuesto, hacía una herradura, como un yunque visto de perfil. Pero, sobre todo, tenía una expresión infinitamente estúpida.

Depositó un beso distraído en la mejilla de su madre y miró a Toni con ojos bovinos.

—Ángel, te presento al señor Zambudio. Es periodista y ha venido de Madrid. Toni, te presento a mi hijo, Ángel.

Guadalupe miraba a su hijo como un náufrago que hubiera divisado un barco y esperara un signo providencial. Pero, a pesar de todos sus esfuerzos, no pudo sacarle más que un rápido "hola" seguido de unos gruñidos.

El chico ya se había lanzado sobre su pizza, que devoró en un visto y no visto. Se limpió la boca con el dorso de la mano, soltó un sonoro eructo y se volvió hacia su madre:

—Mamá, necesito dinero para el peaje del puente.

"Milagro, habla", pensó Toni. Guadalupe Vidal sacó un billete de veinte dólares de su pequeño monedero. El periodista se mordió la lengua para no hacer notar que el peaje en cuestión solo costaba dólar y medio. La corriente de aire humana ya había desaparecido dando un portazo.

—No será un policía como los otros. Me lo dijo un día. Lo llevé a una reunión del Comité de trabajadoras sexuales y habló con las chicas. Quería que se diera cuenta de cómo las trata la policía. Al salir, me dijo: "Siempre estaré del lado de los oprimidos". Y sé que luego ha vuelto a ver a las chicas del Comité varias veces, para saludarlas. Sí, es verdad que tiene algunos problemas de comunicación, pero espero que acabe superándolos.

Toni se abstuvo de hacer algún comentario. A cada uno su cruz.

—Bueno, Guadalupe, ¿qué decides?

—Todo eso no es para ti, güero. Coge el primer avión y vuelve a casa. El jefe de la policía te ha contado suficientes cosas sobre los asesinatos. ¿No crees que ya sabes bastante? ¿Quién te has creído que eres, güero, el Zorro?

Decididamente, aquello se estaba convirtiendo en una manía. Pazos, Harding, Guadalupe... ¿Por qué tenían todos tanto empeño en que se volviera a Madrid?

—Deja de llamarme güero a cada momento —le soltó Toni, exasperado—. Si tú supieras... Nací en Ciudad Juárez, hace ya mucho tiempo, en 1952. Esta ciudad me arrebató a mi madre.

Guadalupe lo miró como si súbitamente dudara de su cordura.

—Pero, ¿de qué carajo me hablas?

Era una larga historia. Le habló de su padre, que huyó de la Guerra Civil en 1938, mientras Barcelona caía, dudando a cuál de los dos países que habían enviado armas a España, la URSS y México, exiliarse. Su viejo era un canuto* testarudo. Jamás pudo digerir las balas

* Canuto: miembro de la CNT.

149

soviéticas que atravesaron la espalda de Buenaventura Durruti, el mascarón de proa de los anarcos.

De modo que se decidió por México.

Encontró un puesto de profesor de castellano en el instituto de Ciudad Juárez.

Al cabo de diez largos años de soledad, una guapa profesora de Literatura recién trasladada de Chihuahua y llamada Altagracia entró en su vida.

Una mujer cariñosa y callada. Su tesoro.

Toni llegó cuatro años después.

Y algo más tarde, aquel día soleado de junio de 1963. Y el atraco.

Toni siguió contando: el atracador que sale del banco, el pañuelo que se le desliza rostro abajo, la impotencia de los federales, el disparo, la sangre, su madre que cae, la mirada del hombre, su nombre, que no olvidará jamás, Homero Cardona... Y Guadalupe pensó que tal vez se habían cruzado, de niños, al volver una esquina.

Si habían sido niños alguna vez.

Toni no dijo nada de la foto del periódico. Solo le explicó que, después de ese día, su padre no pudo quedarse, que sintió nostalgia de la vieja Europa, que Franco ya no era joven y que esperaba tener la última satisfacción de verlo caer de su pedestal antes de morir.

Por aquel entonces, las consignas de millones de obreros y estudiantes coléricos resonaban de un extremo del mundo civilizado al otro, de las calles de París al campus de Berkeley.

Escogió Francia para esperar. Por supuesto, había tardado años en digerir las traiciones del Frente Popular francés, la política de no intervención, los campos de internamiento para los refugiados españoles... Pero, en fin, podía perdonar.

Al menos los franceses no habían acabado con Durruti disparándole por la espalda.

Se marcharon de Juárez para no volver jamás.

Toni también le explicó que había hecho la carrera de Periodismo en París.

En el 75, cuando a Franco le dio la gana de morirse, hacía un año que el cáncer se había llevado al viejo anarquista.

Toni se puso en camino hacia España, el país tantas veces soñado y tantas maldecido, que emprendía a su vez el de la democracia.

Guadalupe lo miraba con incredulidad.

—¿A qué escuela ibas? —le preguntó.

—A una pequeña que había en la esquina de Guerrero con Calvino. Vivíamos al lado.

—Es realmente increíble. ¿Y no te basta con lo que te pasó hace treinta y cuatro años? Vuelves y no buscas más que una cosa: meterte en la mierda.

—Guadalupe, llévame a ver a la familia Guevara.

La mujer soltó un suspiro.

—Un día te acordarás de lo que te he dicho hoy. Acabamos de sellar un pacto de sangre. Ven a buscarme aquí el lunes, sobre las tres de la tarde.

Había mordido el anzuelo. Lo tenía encandilado. No cabía duda de que era un periodista fuera de serie. Guadalupe Vidal había cerrado la puerta con un suspiro de alivio. Lo que estaba a punto de hacer le daba un miedo del carajo. A decir verdad, había estado a punto de renunciar en el último momento, antes de que él le saliera con aquella increíble historia. Así que Toni, con su pinta de güero, había nacido en Juárez. La ciudad le había arrebatado a su madre. ¿Había que interpretarlo como un signo? Él también había pagado su tributo a aquella ciudad. Después de todo, bien podía mostrárselo. Lo comprendería enseguida, y ella podría hacerse a un lado. Aquello no era un juego, desde luego que no; entonces, ¿quién trataba de endilgarle aquella pendejada del palo mayombe?

Si no era capaz de sumar dos y dos lo bastante deprisa, no tendría más remedio que ponerle los puntos sobre las íes.

Entonces, también la matarían a ella.

Suspiró y se puso a recoger las migajas de pizza de la mesa.

Lunes 4 de marzo de 1997

Con las mandíbulas apretadas, Guadalupe conducía el Volkswagen como si estuviera echando una partida de un juego eléctronico de carreras de coches. A cada instante, Toni se preparaba para un choque, para un estrépito de carrocerías destrozadas acompañado de un aviso en letras rojas parpadeando sobre el salpicadero: "*Game over*".

Los letreros desfilaban tras las ventanillas, nombres anglosajones daneses, alemanes, franceses, pero también buen número de españoles.

Toni quiso saber si se trataba de empresas mexicanas.

Eso, mexicanas, lo eran todas. Después de todo, no estaban en Laponia. Pero el capital era extranjero y los patronímicos ocultaban marcas conocidas en todos los rincones del planeta, le explicó Guadalupe antes de precisar que existía una especie de registro de maquilas donde podía averiguarse a quien pertenecían realmente.

—Ahora espérame en el coche —dijo tras estacionar el Volkswagen—. Y sobre todo no te dejes ver. Aquí las paredes oyen. —"Y ven", pensó Toni observando las cámaras colocadas sobre la valla de la fábrica—. Voy a preguntar a qué hora acaba este turno. En casi todas partes hacen tres de ocho horas.

El periodista consultó su reloj. Eran las tres y veinte.

Guadalupe cruzó la calle. Toni la vio hablar con el guardia de la garita. Tenía que descubrir el modo de entrar en alguna de aquellas fábricas, uno de aquellos cuatro días.

—Salen dentro de diez minutos.

Esperaron en silencio, sentados uno junto al otro.

—Como ya te dije, Liza y Dolores trabajaban juntas. No obstante, no tenían el mismo horario —explicó Guadalupe al cabo de unos minutos.

Hacía bochorno. Las nubes se acumulaban en el cielo, y con ellas la esperanza de un chaparrón. Toni se sorprendió soñando con un auténtico diluvio.

De pronto, sonó una sirena, y las obreras empezaron a apelotonarse al otro lado de la valla.

La mayoría llevaban una gorra con el logotipo de la empresa.

Minibuses con el mismo símbolo dejaban sobre la acera pequeños grupos que, a la inversa, se disponían a iniciar el turno.

La verja se abrió y varios centenares de obreras inundaron la calle.

A Toni le sorprendió la elegancia de aquellas mujeres. Las minifaldas y los zapatos de tacón alto no eran la excepción, como no lo eran los vestidos con vistosos estampados.

Todas iban impecablemente maquilladas.

—Es necesario que lo entiendas. A ninguna de esas chicas se le ocurriría presentarse a trabajar en pants. Eso es para estar en casa. Fuera, están a la vista de todo el mundo, por fin existen. Nadie diría que esos vestidos son de segunda mano, ¿verdad? Todas se las arreglan con la aguja de coser.

El periodista se quedó pensativo. Todo aquel despliegue de seducción tenía no poco de ambiguo. La utilizaban como un escudo que las hacía más fuertes, más dignas. Pero también como un cebo.

Los lobos lo habían mordido. Y le habían cogido gusto.

Guadalupe abrió la puerta del conductor e hizo una seña a una mujer muy bajita y permanentada que atravesaba la calle con paso lento. Toni adivinó que se trataba de la madre de Liza. Llevaba una falda gris de tejido sintético y una blusa de algodón azul oscuro. Un brazalete negro alrededor de su brazo izquierdo indicaba que estaba de luto. Llevaba la bata del trabajo bajo el brazo, hecha un nudo.

La falda, corta y ajustada, revelaba un cuerpo armonioso, en el que no obstante el tiempo había empezado a hacer su trabajo. Bajo las medias, las varices estriaban sus pantorrillas. Se acercó al coche, y Guadalupe bajó el asiento del conductor para que pudiera sentarse atrás, e hizo las presentaciones arrancando, como de costumbre, a toda prisa. Dolores Guevara dedicó una sonrisa tímida al periodista. Debía de haber sido realmente hermosa. De pronto, a Toni le entraron ganas de acariciarle la piel, levemente arrugada bajo las ojeras, que el maquillaje no conseguía disimular.

Dolores les dio las gracias por ahorrarle el viaje en autobús. Hora y media en los transportes municipales, les explicó, con un transbordo, para alcanzar los confines de la ciudad y el comienzo de la Colonia Guadalajara.

—Por la mañana es más fácil. Vienen a buscarnos los minibuses de la maquila. Les interesa que lleguemos puntuales.

Dolores apenas volvió a abrir la boca durante el resto del viaje, salvo para indicar el camino a Guadalupe de vez en cuando.

Observaba el paisaje por la ventanilla.

Cuando Toni le explicó el motivo de su presencia en Juárez, el rostro de la mujer se ensombreció aún más. Continuaron hacia el sur y abandonaron la carretera de Chihuahua para torcer hacia un cementerio situado a unos diez kilómetros del centro.

El caso de los diablos de Juárez: el sobrecogedor testimonio de la madre de Liza, la última víctima conocida de la ola de asesinatos que enluta la ciudad

Los Guevara viven al fondo de un patio atestado de desechos de todo tipo y roñosas carcasas de electrodomésticos incompletos. Aquí, las bobinas de cobre de los motores eléctricos se recuperan y revenden.

Un cerdo hoza apaciblemente en el barro junto a una adolescente ocupada en escurrir la colada que cuelga de su brazo.

Una joven observa la escena desde el umbral. Viste un chándal viejo y está embarazada de unos seis meses. La preñez redondea sus facciones de madona india, enmarcadas por el negro y lustroso cabello, que le cae suelto sobre los hombros. Lleva un brazalete negro en señal de luto.

Se llama Xóchitl y es la hija mayor de Dolores Guevara.

La casa familiar está hecha de materiales de desecho heterogéneos, recogidos aquí y allí.

La futura madre entra en casa y nos hace café. Espera a que el agua acabe de hervir con la mirada perdida en el vacío y las manos sobre el abultado vientre, iluminada en un ángulo de cuarenta y cinco grados por una ventana, que la baña de una luz dulce filtrada por el polvo de los cristales, como en un cuadro de La Tour o Vermeer.

Dolores Guevara, que también está en la cocina, abre las puertas de un aparador desvencijado para coger el servicio de café.

Liza, una adolescente con las trenzas recogidas detrás de la cabeza, nos mira desde una foto colocada en lo alto del mueble. Un crespón negro cruza en diagonal la parte superior de la imagen.

Lentamente, con gestos delicados, su madre deja las tazas sobre la mesa.

Toda la energía de Dolores se ha volatilizado. La mujer parece hacerse más pequeña por momentos.

"Todavía no nos la han devuelto. Antes tienen que acabar los papeles de la autopsia. Dicen que aún tardarán varios días en entregarnos a nuestra Liza."

Liza Guevara, de dieciséis años, violada y asesinada, es la última víctima conocida de la ola de asesinatos que azota la ciudad desde hace años.

La familia denunció su desaparición enseguida, pero el cuerpo de la adolescente no apareció hasta el pasado domingo, abandonado en las inmediaciones de la Colonia México 68. (Véase artículo precedente.)

"Hace seis meses me despidieron de una maquiladora europea, una filial de un gran grupo que fabrica electrodomésticos —sigue diciendo Dolores Guevara—. Antes había trabajado en otra empresa, que hace aparatos de vídeo. Empecé como obrera especializada y llegué a jefe de grupo cobrando trescientos pesos a la semana, en un puesto de soldadura de plomo. Las cosas empezaron a torcerse en 1991, cuando se produjo la intoxicación alimentaria. Las empresas que subcontratan la cocina de las cantinas tienen la mala costumbre de comprar carne en mal estado para aumentar los beneficios. Esa vez hubo trescientos intoxicados por un plato de pollo. Murió una embarazada, y ni siquiera indemnizaron a la familia, porque no lo consideraron un accidente de trabajo. A mí, como me hospitalizaron con dolores de estómago y deshidratación debida al envenenamiento, me hicieron un chequeo completo. Al ver la radiografía de los pulmones, el médico me preguntó cuántas cajetillas fumaba al día. Le respondí que no fumaba. Cuando volví al trabajo, me cambiaron de servicio. Y allí el supervisor empezó a hacerme proposiciones. Le dije que estaba casada, pero él siguió erre que erre. Al ver que no cedía, decidió aplicarme lo que aquí llamamos un "café cargado": turno de noche, supresión de las primas, pausas para ir al lavabo cronometradas y penalizaciones económicas en caso de incumplimiento de los plazos concedidos. Para vengarse por no haber conseguido lo que quería, consiguió que me echaran. Después, hará algo más de un año, encontré trabajo en la Gozmex. (NDLR: uno de los grandes consorcios europeos del electrodoméstico.) Allí tuve que pasar una prueba de embarazo antes de que me contrataran. No querían que nos quedáramos embarazadas, para no tener que pagar bajas de maternidad.

156

Y nos lo hacían saber de la forma más humillante posible. Mire usted: durante los seis primeros meses de mi contrato en esa fábrica, me obligaron a presentarles mis compresas manchadas de sangre cada veintiocho días, so pena de despido, para demostrar que no estaba embarazada. Y tuve que abortar dos veces. Por último, en septiembre del 96, volví a quedarme embarazada. No tuve valor para abortar por tercera vez. Preferí tener la criatura, y la Gozmex me despidió. Luego acabé perdiéndola, porque tenía algún problema en el útero, y encontré trabajo en Kabuki, una maquiladora japonesa que fabrica hornos de microondas. Y allí volví a perder el trabajo porque una compañera abortó en el taller. El contramaestre no quería llamar una ambulancia, y me rebelé. Me despidió. Fue entonces cuando, gracias a mi hija, encontré trabajo en Somermex. He llorado de vergüenza muchas veces. Pero tenía que alimentar a mi familia. Cuando era niña, mi madre entregaba a sus hijas a su amante. A cambio de su silencio y su pasividad, él le hacía regalos. Durante años, abusó de mi hermana en la habitación que compartía conmigo. Yo asistía a todo aquello impotente, muda de terror. Cuando llegó mi turno, me resistí con todas mis fuerzas. Mi padrastro nunca consiguió abusar de mí. Hizo falta que una noche, cuando volvía a casa a la una de la mañana, topara con un drogadicto en la entrada de la colonia para que yo también perdiera la virginidad. Me amenazó con un cuchillo, me robó cuatrocientos pesos y me violó. Tuve que dejar de trabajar durante un mes. Y ahora han matado a mi niña, ¿y me pregunta usted por qué cuando me quedé embarazada no quería una hembra?"

Éste es el estremecedor testimonio de Dolores Guevara. La otra hija de Dolores, Xóchitl, de dieciocho años, dará a luz dentro de tres meses. "Por suerte, parece que será un niño", declara la futura abuela. En la colonia Guadalajara, donde vive la familia Guevara, otras diez jóvenes han sufrido la suerte de Liza desde el comienzo de la ola de asesinatos.

Tras el descubrimiento de una nueva víctima y la brutal muerte de Fouad El Aziz durante una reyerta en el patio de la prisión, no cabe ninguna duda de que el juicio a la banda de los Diablos de Juárez, cuyo inicio está previsto para el 11 de marzo, dejará un regusto amargo a justicia incompleta en la boca de las partes civiles.

DE NUESTRO ENVIADO ESPECIAL
EN CIUDAD JUÁREZ: TONI ZAMBUDIO

Toda la colonia había pagado el entierro. El ataúd de pino barnizado estaba expuesto en el centro de la habitación sobre unos caballetes, con un Cristo ensangrentado sobre una corona de flores de papel azules y blancas colocado a los pies. Excepcionalmente, la caja estaba cerrada y la tapa no disponía de ventanilla que permitiera ver el rostro de Liza. Su pobre cuerpo destrozado por el salvajismo de los asesinos y los fríos estragos de la autopsia no podía mostrarse de un modo decente. El pequeño cuarto estaba abarrotado de vecinos, compañeras de la Somermex y familiares.

Xóchitl lloraba en un rincón, y sus sollozos agitaban su abultado vientre.

Los espejos, y también la televisión portátil, estaban cubiertos con telas negras. Le habían quitado las pilas al despertador eléctrico que descansaba sobre el desvencijado aparador, y en las cuatro esquinas del ataúd ardían sendos cirios dedicados a la virgen. Hacía un calor sofocante y el olor a cera quemada no conseguía disimular el hedor a carne muerta que escapaba por los intersticios de la caja y se mezclaba con los pesados efluvios de los modestos ramos de rosas depositadas por la gente del barrio.

Dolores, vencida, contemplaba su vida destrozada.

Olvidados, los amantes episódicos que tan mal habían reemplazado al padre de sus dos hijas, en paradero desconocido desde hacía meses. Perdidos para siempre todos aquellos hijos abortados. Pisoteadas la piedad y la inocencia. Y la rabia y la rebeldía, muertas.

Tanta sangre, tantos muertos persiguiéndola noche tras noche.

¿Dónde estaba Dios mientras violaban y mataban a las mujeres de Juárez y a sus hijas?

Cuando Guadalupe le llevó al güero, había hablado, había hablado como si no fuera a parar nunca, desgranando, más para sí misma que para él, la letanía de su calvario de mujer, sin poder arrancar una sola lágrima a su cuerpo reseco. Si Guadalupe no la hubiera interrumpido, puede que aún siguiera hablando.

"Ahora ya sabe bastante", había decidido Guadalupe mirándola fijamente a los ojos.

Y Dolores se había mordido el labio hasta hacer brotar una gota de sangre.

Allí todo era posible, todo menos la justicia, y podían venir por ella, como vinieron por las otras. Aunque ahora eso ya no tenía importancia. Pero sus palabras aún podían matar. Basta de tumbas, de gritos, de lágrimas en esta ciudad olvidada del Cielo.

Cuando hubo que levantarse, las piernas le fallaron y su yerno tuvo que rodearle la espalda con el brazo para sostenerla, con el puño crispado sobre el tejido negro del vestido de luto y sin quitar ojo por un solo instante a la mujer que llevaba en su seno a su hijo, del mismo modo que Xóchitl no deshizo en ningún momento la frágil barrera de sus manos cruzadas sobre el primer bebé varón de la familia.

Cuatro hombres delgados, vestidos con trajes negros mal planchados, entraron en la casita, pusieron la corona sobre el ataúd, lo levantaron sin esfuerzo y se lo colocaron sobre los descarnados hombros.

En el patio esperaba una vieja mula enganchada a un carro de gastados neumáticos, en la que cargaron los martirizados restos de la obrera. El cortejo se puso en marcha hacia la última morada de Liza Guevara bajo un implacable sol vertical, caminando sobre la tierra mezclada con el agua de fregar de las casuchas, mientras la gente se persignaba a su paso.

Esa tarde, cuando el sacerdote y los enlutados visitantes del campo santo abandonaron los senderos flanqueados de cruces de madera, una mano solitaria depositó una vela encendida en la tumba de la joven mártir.

Viernes 8 de marzo de 1997

Su artículo había producido un auténtico revuelo. A Toni le había costado conciliar el sueño, tanto que volvió a hacerse notar llamando furibundo a recepción hacia las tres de la mañana para exigir que bajaran la sinfonola que amenizaba la juerga de los narcotraficantes. Evidentemente, como residían en La Vela todo el año, se limitaron a bajar la música una pizca para ponerla aún más fuerte cuando apenas habían pasado cinco minutos.

Para colmo de males, a la mañana siguiente, cuando fue a coger el Volkswagen, lo encontró bloqueado por una docena de deslumbrantes limusinas estadounidenses cuyos propietarios dormían la cruda de la noche, sin que por supuesto se les hubiera ocurrido dejar las llaves en recepción.

No obstante, el cochero no perdió los nervios —evidentemente, estaba acostumbrado— y se limitó a hacer saltar la alarma de uno de los mastodontes de metal, hasta despertar a todo el motel. Un maestro zen.

Las ventanas no tardaron en llenarse de rostros amodorrados, ojos hinchados y manos que lanzaron al patio las llaves de los Cadillac, BMW y Lincoln tendidos al sol de la mañana. Toni ya tenía su revancha.

Aun así, tuvo que esperar un cuarto de hora largo, envuelto en el humo de los tubos de escape y el ronroneo de los motores V8, a que el cochero sacara el pequeño escarabajo del laberinto de carrocerías negras y plateadas.

Guadalupe Vidal había dicho a las doce en punto delante de Gozmex, y Toni se preguntaba qué sorpresa le reservaba la militante.

No escatimó la propina del cochero antes de ponerse en camino hacia el polígono industrial donde se encontraba la maquila en cuestión, al borde de la nacional que llevaba a Chihuahua, justo después de la Zona Rosa.

Por el camino, pasó frente a la Cortez Electronics.

11.45 horas. Tenía cinco minutos para echar un vistazo.

De la empresa en la que había trabajado El Aziz, Toni no vio más que un edificio alargado y primoroso ante cuya fachada se extendía una zona de césped que habría provocado la envidia del jardinero de un campo de golf inglés.

El conjunto estaba rodeado por la verja de rigor y custodiado por una garita con vigilantes armados. Tras la puerta de entrada, provista de cámaras, el asfalto del aparcamiento se derretía al sol.

Un vendedor ambulante de tacos se había instalado en el bordillo de la acera, y un grupo de obreras vestidas con batas que ostentaban el nombre de la empresa se arremolinaban a su alrededor para comprar el almuerzo.

Las empleadas preferían comer en la calle a hacerlo en la cantina.

Si todos los concesionarios de los comedores laborales estaban a la altura de su fama de envenenadores, el miedo de las obreras era más que comprensible.

Desde el Volkswagen de alquiler, Toni observó las idas y venidas sin averiguar nada nuevo ni advertir que el guardia apuntaba cuidadosamente el número de sus placas, hasta que le dieron las doce y comprendió que iba a llegar tarde. Mierda.

Puso en marcha el escarabajo y aceleró por las calles del polígono industrial. Las marcas más conocidas del electrodoméstico globalizado se sucedían sin interrupción.

Ante el complejo Gozmex, un grupo de mariachis vestidos de gala iba de edificio en edificio con los instrumentos en la mano precedido por un luchador enmascarado con leotardos rojos y una capa verde que ondeaba como una bandera al viento abrasador.

Inquieto, Toni buscó a Guadalupe Vidal con la mirada.

Había cambiado los zapatos planos por zapatillas de deporte y esperaba delante de la fábrica en compañía de un hombre de aspecto pobre y fatigado que llevaba en hombros a un niño de cinco o seis años, de complexión débil y vestido con ropa sucia.

—Por fin. Tarde, como siempre —refunfuñó Guadalupe al verlo—. El niño no puede andar. Es de nacimiento. Estamos esperando a su madre, que trabaja aquí, en Gozmex.

—¿Cómo ocurrió?

—Nació con una bola muy grande en la espalda —respondió el padre del niño minusválido—. Los médicos dijeron que no podría andar nunca, pero que, si no lo operaban, moriría. Pero nosotros somos pobres. No teníamos medios para pagar algo así. —El hombre se quitó la gorra de béisbol, que estaba empapada en sudor, dudó un momento y siguió hablando mientras retorcía la sucia visera entre sus amorcillados dedos—: Entonces los jefes de Gozmex hicieron algo formidable: pagaron la operación de mi hijo. Se la hicieron en El Paso, y ellos se ocuparon de todo. Y, ya ve, ahora tiene seis años —explicó el hombre levantándole al niño la agujereada camiseta. Una larga cicatriz le recorría la espalda a lo largo de la columna vertebral—. Ahí es donde tenía la bola —dijo tocando con el dedo el lugar que había ocupado el tumor.

—¿Le dijeron el nombre de la enfermedad? —preguntó el periodista.

—Sí, pero ya no me acuerdo. No soy más que un peón. No sé ni leer ni escribir, señor.

Toni buscó la mirada de Guadalupe, que no parpadeó.

Pero le temblaban las manos. Claro. ¿Cómo no se le había ocurrido?

Primero había intentado hablar con algún alto cargo de la Gozmex. Naturalmente, le respondieron, el responsable de comunicación del grupo, un tal Bill O'Donnell, estaría encantado de responder a sus preguntas; desgraciadamente, lo habían llamado de la sede central, al otro lado de la frontera, y no volvería hasta dentro de unos días, aunque tal vez un dossier de prensa… Y bla, bla, bla. Fue en ese momento cuando estableció la relación con Cortez Electronics.

Colgó de inmediato y pasó más de una hora buscando en vano en sus notas, releyendo los artículos clavados en las paredes de la habitación y repasando la documentación que había traído de Madrid. Y, de pronto, se acordó.

Un artículo del *L. A. Times* que le había recortado Pepe Ortega. Toni lo leyó a toda velocidad. Sí, señor, ahí estaba.

Cerraduras Locks había sido absorbida por Cortez Electronics, tras un caso de contaminación que había provocado el nacimiento de niños con malformaciones e infectado todo un barrio.

Ahí era donde había leído por primera vez el nombre de la maquila donde trabajaba El Aziz. Le habría encantado echarle un vistazo al registro patronal que censaba las empresas de la frontera, de cuya existencia le había hablado Guadalupe delante de Somermex, mientras esperaban a Dolores Guevara.

La Santísima Muerte y las Siete Potencias Africanas velaban sobre la habitación y, tumbado en la cama, Toni trataba de aclararse cuando Harding lo llamó desde un poblachón de Pensilvania, donde daba una conferencia.

Había leído su artículo en la edición electrónica de *El Diario*.

—Bravo, es un trabajo excelente. Ha dado usted en la diana.

—Gracias, Lawrence. Dígame: ¿todas las víctimas trabajaban en Somermex o Gozmex? Esos dos nombres me salen constantemente al paso en la investigación.

—¡Ni mucho menos! Se trata de una coincidencia. Además, que yo sepa, la Somermex ni siquiera se había instalado en México cuando empezó la ola de asesinatos.

—Al parecer, en Cerraduras Locks, la maquila para la que trabajaba El Aziz, se produjo una sucesión de extraños acontecimientos. Todas esas empresas causaron contaminaciones masivas y repetidas, que provocaron el nacimiento de niños con malformidades. Me preguntaba si no tendrá alguna relación con nuestro asunto.

Al otro lado de la línea, se produjo un silencio de varios segundos.

—¿Toni? No se moleste por lo que voy a decirle. He leído todos los artículos que ha escrito sobre el tema desde nuestro encuentro. Y también me he informado aquí y allí. Esa mujer que le hace de guía, Guadalupe Vidal... En la ciudad tiene reputación de agitadora y quienes la rodean pasan por ser izquierdistas, radicales. Tiene mala fama en todas partes. No obstante, las desgracias de esa pobre mujer, y me refiero a la madre de la pequeña Liza Guevara, no dejan de ser reales, y realmente la suerte se ha ensañado con ella. Pero esa Vidal la utiliza con fines políticos, y me parece indigno, teniendo en cuenta lo que ha sufrido.

—Fui yo quien insistí en que me acompañara a casa de Dolores Guevara —repuso Toni.

—Pazos está muy furioso con usted. Quería que dejaran en paz a esa pobre gente al menos hasta que hubieran enterrado a su hija. Temo que ya no merece la pena que lo llame.

En boca de un estadounidense, las palabras "agitadora", "izquier-dista" y "radical" eran poco menos que insultos. En fin. Era posible que el sociólogo tuviera razón. Toni ni siquiera se había molestado en hacer averiguaciones sobre la credibilidad de Guadalupe.

Guadalupe Vidal sostenía entre las manos el pequeño ataúd de cartón que acababa de encontrar ante su puerta. Recorrió la calle con la mirada en busca de posibles confidentes, pero no vio a quienes la vigilaban.

Entró a la casa de espaldas y cerró la puerta con dos vueltas de la llave.

No necesitaba abrir el ataúd para saber lo que contenía.

Un pequeño esqueleto de cartón piedra pintado de blanco y negro, como los que vendían el día de los Muertos, la miraba fijamente con sus órbitas vacías. El remitente había amordazado el cráneo y, para que no quedaran dudas, había colocado alrededor de las vértebras cervicales un collar diminuto en el que había escrito el nombre de la militante con letra menuda.

Era un auténtico primor.

Guadalupe se derrumbó sobre una silla de la cocina y dejó el paquete sobre la mesa con mano temblorosa.

A fuerza de hacerse el idiota, se había alzado con el primer premio.

Guadalupe se obligó a pensar, a respirar con calma.

Había mucho que hacer en las próximas horas.

¿Cómo había podido ser tan ingenua para creer que un par de artículos en la prensa internacional bastarían para asustarlos lo suficiente y obligarlos a parar?

¡Y aquel periodista, al que había que poner los puntos sobre las íes constantemente!

A pesar de todo, él no estaba tan mal. Lástima que todo tuviera que acabar así.

Aunque nunca se sabía. Puede que volvieran a encontrarse algún día.

En cualquier caso, aquel iba a marcharse en un dos por tres.

Pero antes la ayudaría. Se lo debía.

Desde luego, no sería su mísero sueldo lo que le permitiría desaparecer. Además tendría que convencer a Ángel para que se quedara en la academia de policía de El Paso, para que se mantuviera alejado durante algún tiempo.

Descolgó el teléfono y llamó a Lourdes Simpson, en San Diego.

Había que avisar a Dolores. Y ni siquiera tenía coche. En autobús tardaría horas, y el tiempo apremiaba.

Extendió la mano hacia su enorme bolso y rebuscó en el bazar que contenía hasta encontrar la cartera. Con lo que había allí apenas podía pagar el taxi de ida y vuelta a la colonia Guadalajara.

Toni hizo una bolita con el mensaje que le habían dejado en La Vela. El señor O'Donnell estaba al tanto de su deseo de visitar Gozmex, pero no, desgraciadamente el señor O'Donnell no podía recibirlo, lamentándolo mucho. Desde luego, ese mismo día enviarían un dossier de prensa muy completo a la redacción de su periódico en Madrid, y se haría todo lo posible para que a su regreso a la madre patria se le facilitara una visita a una sucursal española.

¿No era maravilloso?

En la foto en color de la tarjeta de visita, el responsable de comunicación de Gozmex exhibía una espléndida sonrisa de triunfador.

—Toni, tenemos que vernos ahora mismo. Hoy es el Día Internacional de la Mujer y la Alianza se va a manifestar en la avenida 16 de Septiembre. Tendría que estar allí, con las demás. Pero debo abandonar Juárez por algún tiempo. De hecho, tengo que pedirte un favor.

Se citaron en el local de la Alianza hacia las cinco de la tarde.

El juicio empezaba el siguiente lunes. Ya iba siendo hora de poner el punto final a aquella investigación. Mientras se abría paso entre la circulación camino de la Alianza, Toni intentaba poner orden en su confuso cerebro.

Decididamente, nada casaba, y cuanto más sabía de aquel asunto menos claro lo veía. Había una relación con las maquiladoras; Harding lo había puesto sobre la pista de una secta satánica, lo que encajaba bastante bien con los Diablos. Pero a aquel rompecabezas le seguían faltando piezas. Todo acusaba al químico de Cortez Electronics. Lo que faltaba era la conexión entre las maquilas y el mayombe.

Guadalupe Vidal, por su parte, no creía en la relación con la magia negra. Y Toni no estaba completamente seguro de creer a Guadalupe Vidal.

Harding había sembrado la duda en su mente.

Sin embargo, su instinto le dictaba seguir la pista de Guadalupe.

Tenía la desagradable sensación de estar olvidando algo que habría hecho encajar las piezas. Puñeta.

Y aquellos altares mayomberos que florecían por todas partes. Realmente necesitaba que Harding hablara claro.

Se detuvo para entrar en una farmacia y comprar otro cargamento de Maalox y pastillas para combatir la jaqueca que, agazapada tras sus órbitas, le apretaba el cráneo cada vez más fuerte, como si quisiera hacerle saltar los ojos. En aquellas condiciones, era imposible pensar.

También aprovechó para tomarse un café —¡qué aguachirle!— deprisa y corriendo, antes de reanudar la marcha, con la camisa pegada al plástico del asiento debido al calor.

¡Y pensar que la televisión había anunciado grandes nevadas en el norte de Texas, a apenas cinco kilómetros de allí! Por lo menos, parecía que el anticiclón empezaba a remitir.

Llegó a su cita en la Alianza a las cinco y cuarto y se encontró la puerta cerrada.

Sobre la hoja había una nota escrita con letra fina, nerviosa, apretada: "No he podido esperarte. Llámame a casa más tarde".

Mierda, no le faltaba más que eso.

En la recepción del motel lo esperaba un sobre a su nombre. Contenía su nuevo pasaporte y una tarjeta de crédito completamente nueva. "Buena suerte", decía la tarjeta de visita de Pérez. También le entregaron un mensaje.

Había llamado Harding. ¡Puta casualidad! Maldiciendo al inventor del teléfono, marcó el número del sociólogo.

—¿Toni? A mi modo de ver, es una especie de camino iniciático. Marcan los territorios donde han operado. El altar de los sacrificios, es decir, el sitio donde se encuentra, tiene que presentar la misma marca. Pero eso es tanto como buscar una aguja en un pajar, porque o mucho me equivoco o Juárez va a llenarse de marcas diabólicas.

Joder, eso sonaba como una profecía apocalíptica, y no era precisamente lo que le apetecía oír. Bastaría con alertar a las autoridades para que iniciaran una investigación sobre los lugares señalados por los altares adornados con la extraña representación de Cristo crucificado sobre un fondo de llamas. Para encontrar el escenario de los asesinatos. Claro que, si toda la ciudad estaba llena, se convertiría en una tarea imposible.

—Eso significaría que los Diablos aún tienen cómplices en el exterior.

—O admiradores —respondió Harding.

Aquello no simplificaba las cosas. Siempre podía patearse a Juárez de cabo a rabo. Total, nada.

—Podría tratarse de un lugar aislado —apuntó el sociólogo—. Habría que buscar en esa dirección. Las víctimas gritarían, y en mi opinión las incesantes idas y venidas de los asesinos exigían un lugar discreto. Yo buscaría un rancho o una granja en un radio de unos veinte kilómetros alrededor de la ciudad.

Toni extendió sobre la cama el detallado mapa de la región. Decenas de caseríos y explotaciones agrícolas rodeaban la ciudad a lo largo del fértil valle del río Bravo.

Una aguja en un pajar, había dicho Harding. Se había quedado corto.

Qué embrollo.

En esas estaba cuando se acordó de Guadalupe.

"Perdona por lo de antes. Te espero en casa."

Eso era lo que decía el mensaje que le había dejado en recepción mientras él hablaba con Harding, y no era una invitación, sino más bien una orden, muy en su estilo de sargento mayor.

Decidido a acabar con aquella historia, Toni se resignó a subir de nuevo al recalentado Volkswagen y tomar el camino de la calle Carmona.

Iba mentalizado para enfrentarse a uno de sus arrebatos de ira. Pero la encontró postrada como una viejecita frágil y desvalida. Toni le habló de las sectas satánicas, los altares y la tesis de Harding. De pronto, el rostro de Guadalupe se volvió gris, le fallaron las piernas y tuvo que agarrarse al diván de raído terciopelo.

—Pendejadas y más pendejadas —gruñó la mujer, pero con voz apenas audible—. Si aquí hay alguna secta satánica, yo soy Marilyn Monroe. Esta ciudad ya apesta bastante siendo lo que es, una auténtica y maloliente caries. Como emanación del infierno, nos bastan los jodidos patronos, ¿no te parece?

—Hablas como los abogados de los Diablos. Digo yo que "el Satán" no parece un nombre muy católico, ¿verdad?

Ahora era Toni el que se sulfuraba. Guadalupe le pidió dinero y él se negó a dárselo, a lo que ella replicó que se lo debía por los artículos.

—¿Ah, sí? Pues vuelvo a darte las gracias, pero, por si no lo sabías, en las democracias las cosas no funcionan así. Los periodistas no pagamos mordidas a nuestros informadores.

—Hazme un favor. Vete a casa, güero. Vuelve con tus hijos, que te estarán esperando. ¡Pinche cabrón, no escuchas lo que te digo, si no te irías a Madrid a nado, si fuera necesario! —Toni se rascaba furiosamente la barba sin apartar los ojos de Guadalupe, que soltó una risa amarga y siguió hablando—: Tengo un hijo, ¿sabes? Y todavía me necesita. Guadalupe Vidal aún le tiene apego a la vida. A su vida malograda y solitaria, sí. Pero todo esto se ha vuelto demasiado peligroso. El pueblo unido jamás será vencido.... ¡Qué babosada! Durante años hemos desfilado gritándolo a voz en cuello. Y nos lo creíamos. Pero hemos perdido. Míranos: durante años, una dictadura temperada por la corrupción. Y hoy, una farsa de democracia. Guatemala, Chile, Nicaragua, El Salvador... Hemos perdido todas las batallas. En Tijuana, hace dos meses, desaparecieron dos obreras de una maquiladora de juguetes que se quejaban de sus condiciones de despido. Evidentemente, las secuestraron y las torturaron.

—Pero ¿quién? ¿Quién, por el amor de Dios? —estalló Toni.

—No son los patronos los que hacen el trabajo sucio, créeme. Es todo lo que puedo decirte. No te quedes aquí. No serviría de nada. Vuelve a España. Salva la piel, güero.

Se estaba volviendo más ambigua y paranoica por momentos. Nunca le había parecido tan vulnerable. Toni sintió refluir su cólera.

—Escucha, estoy terminando mi reportaje. Tengo que cubrir al menos el primer día del juicio; si me queda un poco de tiempo antes de volver a Madrid, te prometo que pasaré a verte. ¿Te parece bien?

—Vete a chingar a otra parte, Toni —respondió Guadalupe en voz baja—. Me muero de miedo, y si tú no mueves las nalgas, si no te largas de aquí, me van a mandar a comer tierra.

—Guadalupe —dijo Toni tan suavemente como pudo—, tranquilízate, que te va a dar algo.

—No me crees, ¿verdad? Pero al menos quiero que me prometas una cosa. Si me pasa algo, sea lo que sea, lárgate de esta ciudad tan deprisa como puedas y ve a San Diego, California. Allí hay una mujer llamada Lourdes Simpson que se ocupa de una asociación para la defensa de las obreras de las maquilas, ella sabrá qué hacer y...

—Por última vez, ¿de qué tienes miedo? Hasta la fecha, el o los asesinos en serie solo han matado a chicas muy jóvenes.

—¡Hijo de puta! —Esta vez estaba furiosa de verdad—. Me tomas por una premenopáusica histérica, ¿no es eso? Todos los hombres son iguales. Pero, ¡mira, mira! ¡No eres tú quien ha recibido esto! —Guadalupe blandía un pequeño ataúd sobre el que podía leerse "Guadalupe Vidal, 1950-1997"—. ¡Decididamente, eres más estúpido de lo que pensaba! —le gritó— ¡Lárgate de aquí!

Y, cuando Toni intentó parlamentar y se interesó por el origen del siniestro paquete, ella lo agarró por la manga de la camisa, lo arrastró fuera de la habitación dando voces, abrió la puerta y lo puso de patitas en la calle.

La hoja golpeó el marco con tal violencia que las paredes de adobe se estremecieron y el mismo suelo tembló bajo los pies de Toni.

¡Aquella mujer era realmente imposible! Toni se dirigió hacia el coche remetiéndose el faldón de la camisa en los vaqueros bajo las burlonas miradas de algunos curiosos, engañados sobre la naturaleza de la escena que acababan de presenciar.

Habría sido más fácil domar un potro enloquecido.

¿Quiénes eran los cerdos que le habían enviado aquel macabro regalo? ¿Una organización patronal, para castigarla por las cosas que le había mostrado?

A Toni le costaba creerlo. Ahora no podía perderla de vista.

Sábado 9 de marzo de 1997

—No vuelvas a llamarme —le había dicho Guadalupe en un tono más que tajante. Inapelable.

¡Qué mujeres del demonio! Fina y Guadalupe. Las mismas frases.

Harto de tanta historia, Toni pidió que le subieran otra botella de tequila. Cuando el translúcido y espeso líquido consiguió dar cuenta de su mal humor, las tres cuartas partes de la botella se habían volatilizado y eran más de la dos de la mañana. Su último paquete de Fortuna yacía, vacío y estrujado, a los pies de la cama.

El viejo y familiar martillo que tanto apego le tenía a su cráneo volvía a hacer de las suyas. Cuando paraba, era para morirse de gusto.

Agotó sus existencias de Maalox —su estómago se vengaba de lo que le había hecho pasar— y dio infinitas vueltas por la habitación en busca de un cigarrillo, antes de comprender que no le quedaba ninguno y soltar un juramento. Se cepilló los dientes con la esperanza de eliminar el sabor a carroña que tenía agarrado al paladar y a continuación se dio una ducha helada. La sola idea de echarse algo al cuerpo hacía bullir océanos de bilis en las profundidades de su estómago.

Compró un paquete de Lucky Strike sin filtro en recepción y aspiró con ansia el humo del primer cigarrillo. La cabeza le daba vueltas.

Toni intuía que todo estaba allí, desplegado ante él como un mapa escrito en una lengua extranjera o un portulano en braille, ilegible para un vidente.

Era tan incapaz de hacerse una idea de la culpabilidad de los unos o los otros como el día de su llegada.

Desde luego, la hipótesis de una ola de asesinatos rituales lo seducía un poco más que las otras. En consecuencia, y muy a su pesar, decidió redactar un artículo en ese sentido, aunque solo fuera para contentar a Pérez y Ferrer hasta que empezara el juicio; pero se veía condenado a la inacción en tanto los magistrados no dilucidaran el asunto.

Y sin embargo... En alguna parte, en un radio de pocos kilómetros alrededor de la ciudad, existía un lugar terrible donde todas aquellas víctimas habían sido inmoladas con una crueldad inexpresable, durante los tres últimos años.

Una casa habitada por el Mal absoluto.

Toni se sentía como esos marinos súbitamente atrapados en el ojo del huracán, incapaces de adivinar por dónde vendrá la tormenta.

Había clavado todas sus notas y todos sus planos en las paredes de la habitación del motel, y rodeado con gruesos trazos de plumón rojo los lugares que había explorado.

La computadora pórtatil permanecía encendido día y noche.

Intentó meterse en la cabeza de los asesinos, pero su intuición se había ido de vacaciones. Se echó a la calle con el estómago vacío y las ideas no muy claras.

La noche del sábado al domingo, alrededor de las cuatro, cuando ya estaba bastante borracho, abordó en un bar a una obrera joven de largo pelo negro que no paraba de sonreírle. La chica lo llevó a su casa de cartón, al oeste de la ciudad, bastante más allá de Camino Anapra, en uno de los últimos barrios de chabolas antes de llegar al desierto.

Su habitación era un cuchitril con suelo de tierra batida.

Un viejo sofá y una colchoneta de espuma desmigajada por los años. Allí fue donde lo hicieron, bajo una bombilla desnuda que se balanceaba en el techo, conectada a una batería de coche.

Él había insistido en que dejara la luz encendida y la había contemplado mientras se desnudaba dándole la espalda, antes de arrojarse a la cama como una náufraga y cubrirse con la cobija, raída hasta la trama.

No tendría más de quince años.

Mientras la poseía, su cabeza se llenó de imágenes de extremidades atadas, de carnes desgarradas, de órganos al aire, de pechos mordidos hasta sangrar...

Imágenes idénticas a las que había entrevisto en los informes de la policía, durante apenas un instante —asqueado de la obscenidad de las fotos de los servicios medicolegales, había apartado los ojos de inmediato—, pero impresas para siempre en su retina.

Lejos de provocar previsible enfriamiento, aquellas visiones llevaron su excitación al paroxismo.

Cuando estaba al borde del clímax, una criatura rompió a llorar muy cerca, y la chica se lo quitó de encima sin miramientos. Tras un biombo de cartón con el logotipo de un fabricante coreano de electrodomésticos, el pequeño reclamaba el alimento a su joven madre a pleno pulmón.

Sin molestarse en cubrirse, la adolescente lo cogió en brazos, se lo arrimó a un pecho y empezó a mecerlo.

Toni dejó un puñado de billetes sobre la cama, se echó la chamarra al hombro y se perdió en la noche con paso vacilante, antes de que la obrera pudiera darse la vuelta.

Sus insultos lo persiguieron en la oscuridad hasta confundirse con los aullidos de los depredadores nocturnos que merodeaban por el desierto.

Jamás supo cómo encontró el camino del motel.

Esa noche, encerrado en su habitación, arrancó de las paredes los recortes de periódico y los planos de la ciudad, rompió la Santísima Muerte y las Siete Potencias Africanas, aulló como un animal salvaje atrapado en una trampa, chocó contra los tabiques como un pollo decapitado mientras los vecinos aporreaban la puerta para hacerlo callar y acabó derrumbándose sobre la cama, con los labios cubiertos de una baba mezcla de sangre y alcohol.

La vieja Chevrolet El Camino que no lo había dejado solo ni un instante permaneció de guardia ante el motel La Vela hasta el amanecer.

Domingo 10 de marzo de 1997

Toni recordaba lo que había dicho Harding: los agentes del FBI que habían trabajado en casos de asesinatos en serie o interrogado a numerosos asesinos en serie solían padecer extraños síndromes. No solo pesadillas que duraban meses, sino también crisis de angustia e inexplicables pérdidas de peso que podían llegar a los treinta kilos en seis meses.

Toni ya había superado la fase de la úlcera, pero desgraciadamente no la del adelgazamiento. Al menos, eso fue lo que se dijo esa mañana sentado en la cama manchada de vómitos, mientras contemplaba sin comprender el campo de batalla que había sido su habitación, un sitio antaño ordenado, consagrado al sueño y al trabajo.

Poco a poco, los acontecimientos de la noche acudieron a su mente, y con ellos un vago sentimiento de vergüenza y confusión.

Tardó más de una hora en ordenar la habitación, temblando como un enfermo de parkinson en fase terminal. Hizo pilas con los documentos que aún podían salvarse y bolas de papel, que fue lanzando a la papelera, con los demás.

La computadora había sucumbido a su furia. La pantalla, desencajada de sus goznes, había ido a parar a una punta de la habitación y el cuerpo yacía reventado en el suelo en medio de un reguero de teclas que habían salido disparadas en todas direcciones como ojos fuera de sus órbitas. Toni recogió todo lo que pudo encontrar, juntó las dos partes de la máquina y las metió en una bolsa de plástico para la ropa sucia. Luego guardó los disquetes rezando para que al menos una de las copias de seguridad hubiera sobrevivido a la agresión.

El juicio empezaba al día siguiente y ni siquiera había solicitado una acreditación en el palacio de justicia. Se sentía poco más o menos como si hubiera pasado la noche dentro del tambor de una lavadora bloqueada en la posición de centrifugado.

Miró a su alrededor.

Con movimientos torpes, intentó ordenar los papeles que había amontonado a la buena de Dios y ver si el portátil aún podía beneficiarse de un masaje cardiaco, un injerto cerebral, una reanimación, en una palabra, un milagro.

Trató de disimular las manchas de la pared con una toalla húmeda, pero fue peor el remedio que la enfermedad. Solo consiguió extender los rastros de sangre. Se sentía como un ahogado al que hubieran ofrecido un vaso de agua.

De pronto, un espasmo más violento que los anteriores le retorció el estómago. No le dio tiempo a llegar al baño. Arrojó un chorro de líquido agrio sobre la alfombra sintética, que se tornó roja, y comprendió que estaba vomitando sangre.

Fue entonces, mientras intentaba limpiar la mancha, cuando vio la nota, una bolita de papel bajo la cama.

Carretera de Chihuahua, kilómetro 31, el camino de la derecha. Rancho Doble A. Una vez más: no me llames, Toni, y vete al infierno.

GUADALUPE

¿De dónde coño había salido aquello? ¿Cómo había llegado hasta allí aquel mensaje garrapateado con rabiosos trazos de lápiz? ¿Qué tripa se le habría roto ahora a aquella mujer?

Llamó a recepción, donde le respondieron que no, no habían dejado ningún mensaje para el señor Zambudio, aparte de varias quejas sobre su desconsiderado comportamiento de la pasada noche. Al otro extremo del hilo, la perplejidad del recepcionista era perceptible.

¿Iba el señor Zambudio a quedarse algún tiempo más? Toni se hizo el sordo y colgó con los ojos clavados en la nota de Guadalupe. Desde luego, parecía su letra. ¿Cuánto tiempo llevaría allí? Con el cuerpo agitado por escalofríos y la frente perlada de sudor, intentó desesperadamente reflexionar. Veamos.

Mierda de neuronas gripadas. Casi oía el chirrido de los engranajes empezando a girar con dificultad. Tenían que haber dejado la nota durante el sábado o a primera hora de la noche. En cualquier caso, antes de que volviera de parranda y arrasara la habitación, ebrio de furia y tequila. Y se despertara oliendo peor que un chacal, contrito y cubierto con su propia sangre.

Al llegar no estaba en condiciones de ver la nota, que probablemente había corrido la misma suerte que todo lo que había en la habitación y se había cruzado en su camino. Era muy posible que la hubieran dejado en su ausencia y le hubiera pasado inadvertida, teniendo en cuenta la leonera en que se había convertido la habitación.

Habría bastado con que el mensajero la depositara sobre una pila de documentos en vez de en lugar visible, sobre la cama, por ejemplo. Aunque también estaba llena de ropa y papelajos, que se limitaba a apartar para acostarse. Estaba tan intratable que había llegado a negarse a que la señora de la limpieza entrara a hacer su trabajo diario. Puede que Guadalupe la hubiera traído en persona. Pero, ¿cómo iba a entrar en la habitación?

Eso. Cómo.

Espeso como estaba, decidió dejar para más tarde la resolución del enigma. Echando pestes, rebuscó en el desbarajuste hasta encontrar un plano de la ciudad roto en tres pedazos, que juntó sobre la colcha tras no pocos titubeos.

La carretera de Chihuahua empezaba en la avenida 16 de Septiembre. Tras cruzar la avenida de las Américas, se convertía en la Nacional 45, una gran arteria de cuatro carriles que discurría paralela al río Grande en dirección este antes de torcer bruscamente hacia el sur y continuar hacia el desierto, en dirección a Samalayuca, pasado el aeropuerto.

Toni extendió la mano hacia el teléfono. Decía que no la llamara, pero como si dijera misa, él no quería cargos de conciencia. Dejó que sonara una docena de veces antes de colgar. Nadie. Una insidiosa sensación de náusea volvió a apoderarse de él y el dolor se le metió en el cuerpo como Pedro por su casa y se le aposentó cómodamente en la boca del estómago, que notaba cada vez más pesado a causa de la sangre que brotaba de la úlcera abierta.

Se puso la cazadora. En el fondo del bolsillo, el tintineo de las llaves del escarabajo sonaba a anuncio de tormenta. En la mañana de domingo, la circulación era fluida. Toni apartó una mano del volante para consultar el reloj, y el coche bamboleó sobre la carretera de cuatro carriles. Mediodía.

Dio un volantazo para recuperar la dirección y miró el cuentakilómetros por el rabillo del ojo. Enormes nubarrones estriados de relámpagos se agrupaban en pos del pálido sol como una jauría de bulldogs gruñendo tras el culo de un zorro.

Ahora el viento soplaba hacia el norte. Una gota de lluvia del tamaño de un huevo se aplastó contra el parabrisas. La tormenta empezaba a hacerse oír a lo lejos y, cuando Toni pasó frente al aeropuerto, dominaba ya el estruendo de los despegues.

Las ráfagas de arena azotaban el Volkswagen y nubes de pálidos mosquitos de plástico cruzaban la carretera como fantasmas atrapados por los haces de luz de los faros, que Toni no había tenido más remedio que encender. Pronto no hubo a la vista ni colonias, ni naves industriales ni depósitos de chatarra, solo una extensión llana y uniforme de mezquites cruzados por la carretera se lanzaba hacia las dentadas cimas de la Sierra del Nido, una masa azul oscuro que difuminaban las nubes bajas. El aire olía a ozono.

Toni redujo la velocidad a unos cientos de metros del kilómetro treinta y uno. A su izquierda, una ancha pista de tierra avanzaba en línea recta hacia el norte y el río Bravo entre dos vallas de alambre espinoso.

No había ningún letrero. No había nada.

En el horizonte, los rayos empezaban a caer sobre las Franklin Mountains, en Estados Unidos.

Durante unos kilómetros, el coche avanzó dando botes y embistiendo con la defensa a las bolas de arbustos espinosos que le lanzaba el viento.

Un ruinoso porche de piedra de estilo español señalaba la entrada a la explotación agrícola. En el letrero de gastada madera que se balanceaba sobre el camino, unas letras despintadas anunciaban: "Rancho Doble A". Toni continuó unos cientos de metros antes de detener el escarabajo. Colgada de pescantes o varillas de hierro colocadas sobre postes, una extraña exposición de chatarra tintineaba en la tormenta. Un móvil de ferretero demente. Toni se acordó del camarero de La Vela. Todas aquellas "ratas del desierto" estaban un poco zumbadas.

Sartenes roñosas, cañones de carabina torcidos, cráneos de bóvinos con los largos cuernos blanqueados por el sol, cacerolas agujereadas y trampas para lobos de melladas fauces ejecutaban un himno pagano a la incipiente tormenta.

En el suelo, las cocinas de hierro colado enseñaban las desdentadas e insondables bocas negras de sus fogones. También había grandes ollas, una silla de montar con el cuero tan acartonado como una carroña reseca, un chasis de camión abandonado allí mismo, en mitad de la nada, y ni un alma a la vista.

A su izquierda, replegado sobre sí mismo, Toni distinguió el espinazo de un animal prehistórico: una ruinosa construcción de adobe, sin duda el antiguo edificio principal del rancho.

Frente a él, dos largos remolques de aluminio cubiertas de abolladuras formaban ángulo recto, como carromatos de la época de la conquista estacionados para servir de parapeto contra los ataques de los indígenas. Dos peces de plata varados en la arena.

Sobre una cuerda tendida entre los dos hogares móviles, media docena de serpientes de cascabel acababan de secarse al ardiente soplo del desierto.

Alguien les había vuelto la piel, y ahora solo los callos óseos de los cascabeles permitían identificarlas. Enjambres de furiosas moscas zumbaban alrededor de las tiras de negra carne, que ondeaban al viento como cintas votivas. La segunda gota de agua explotó con un ¡chop! seco sobre la frente de Toni, antes de resbalarle por la cara, seguida de cerca por la tercera.

El viento arreciaba. La puerta de tela metálica de una de las caravanas empezó golpear el marco violentamente, puntuando con sus porrazos el cristalino tintineo de los estrambóticos colgantes que adornaban la entrada del rancho.

¿Qué coño estaba haciendo allí?

De pronto, la lluvia empezó a acribillar las capas de polvo que reptaban por el suelo.

Toni echó a correr hacia la primera casa rodante para protegerse del diluvio.

El interior estaba en penumbra y olía a carne muerta.

Erguidos sobre la cola, varios crótalos lo observaban desde sus terrarios. Tardó unos segundos, los mismos que sus ojos en adaptarse a la semioscuridad, en comprender que estaban disecados.

El cielo se había oscurecido, y la luz había dejado de filtrarse por la persiana veneciana que tapaba el ojo de buey. Toni distinguió un montón de objetos de piel de serpiente extendidos sobre expositores.

Carteras, monederos, llaveros, peinetas, cinturones y hasta marcos para fotos familiares.

Un auténtico diluvio martilleaba el techo metálico del remolque.

A la vacilante llama del encendedor, leyó lo que decía el rótulo:

Los precios están indicados en los artículos. Elija lo que desee e introduzca el importe en la caja. Hasta pronto y gracias por su visita.

Un cazador de crótalos.

Una serpiente coral especialmente bien conservada salía de una de las órbitas de un cráneo humano colocado sobre un velador.

Toni levantó la tapa del cajón destinado al pago de las hipotéticas compras. Vacía.

—¿Hay alguien en casa? —preguntó alzando la voz.

Solo le respondió el golpeteo de la tromba que se abatía sobre el remolque.

Toni soltó el encendedor con un juramento. La llama había recalentado la ruedecilla, que le había quemado la yema del pulgar. Al soplarse el dedo para aliviar el dolor, distinguió una resplandor tenue y vacilante que se colaba por debajo de una puerta de teca, al fondo del remolque.

Toni avanzó en la penumbra procurando no tirar nada.

Iba a llamar, pero su mano se detuvo a medio camino.

Allí el olor era más fuerte. Un olor a matadero.

Toni pegó la oreja a la puerta. Nada.

Nada aparte de la lluvia y los desacompasados latidos de su corazón.

Lenta, muy lentamente, hizo girar el pomo de latón y empujó la hoja.

Salió de la casa rodante como una bola de cañón, saltó sobre el agua rebalsada ante la entrada, resbaló y cayó de bruces en el lodazal.

Reptó como un lagarto intentando huir del tacón de la bota de un campesino, consiguió ponerse en pie y echó a correr hasta el coche gritando bajo el temporal.

Con las manos crispadas sobre el volante y los nudillos blancos, miró despavorido a su alrededor a través de los embarrados cristales. Nadie.

Sacudido por anárquicos espasmos, intentó accionar la llave de contacto. Sus dedos, temblorosos y manchados de barro, resbalaban sobre el frío metal.

Cuando el escarabajo se avino a arrancar y las ruedas dejaron de patinar en la fangosa arcilla, Toni apretó el acelerador y enfiló el camino como alma que lleva el diablo.

Sus temblores fueron calmándose a medida que se alejaba del rancho, hasta cesar por completo.

Al llegar a la intersección con la 45, se detuvo, abrió la puerta, sacó la cabeza y vomitó largos chorros de bilis y sangre bajo el diluvio, mientras los camiones pasaban indiferentes a unos metros del Volkswagen.

Cuando en su estómago no quedó otra cosa que un lago de lava en ebullición, se dirigió hacia el aeropuerto tan deprisa como pudo. Lo que acababa de ver lo perseguiría hasta la tumba.

Ni siquiera había tenido el valor de entrar.

El cuerpo de Dolores, abierto en canal como una res en una carnicería y suspendido de un gancho sujeto al techo colgaba en medio de un bosque de cirios que arrojaban resplandores ocres sobre las paredes salpicadas de sangre.

Sus intestinos, desplegados como una guirnalda, colgaban alrededor de la habitación. Le habían rascado la pared abdominal hasta dejarla limpia como un costillar en el tajo de un carnicero y habían retirado los riñones, que habían colocado cuidadosamente bajo su pobre cuerpo, acribillado a cuchilladas. Los pulmones habían desaparecido, pero su corazón sin vida oscilaba en el aire colgado de un haz de arterias. El autor o los autores de aquello eran carniceros experimentados.

Y aquel hedor, una mezcla de olores dulzones y efluvios excrementicios... Eso tampoco podría olvidarlo.

Le había costado reconocerla. De sus cortos cabellos goteaba sangre sobre el suelo encharcado. Su mirada fija lo atravesaba, como si contemplara la nada al otro lado de su cuerpo.

No podía llevar muerta mucho tiempo, porque el charco de sangre aún no se había coagulado bajo las múltiples capas de hemoglobina seca, que formaban una costra oscura y sólida sobre todo el suelo de la habitación.

Bajo un pentagrama, alguien había escrito con letras de sangre: "¡Satán está aquí!"

Toni no se había entretenido en examinar el altar dispuesto al fondo de la habitación, coronado por el consabido calvario en llamas y ante el que había ofrendas de todo tipo e imágenes de extraños santos. Si al menos hubiera llegado un poco antes...

Si lo hubiera hecho, ¿qué? Lo habrían sacrificado también a él.

Volvió a darle el tembleque. Entró en el aparcamiento del aeropuerto, frenó ante la primera cabina telefónica y dejó el coche con la puerta abierta y obstruyendo el paso. La tormenta se alejaba en dirección a las montañas, hacia Chihuahua, con su cortejo de fucilazos y gruñidos sordos.

Toni estaba calado hasta los huesos y temblaba como una hoja.

Introducir una moneda en la ranura le costó Dios y ayuda, pero no tanto como explicar a la policía, entre castañeteo y castañeteo de dientes, lo que acababa de ver.

Después, se deslizó por la pared de cristal de la cabina y se quedó sentado en el suelo, en estado de shock.

Así fue como lo encontraron los agentes del coche patrulla.

Esta vez tenía la primicia. Pero esa era la menor de sus preocupaciones.

Dos enfermeros cargaron el saco de plástico en la furgoneta del instituto anatómico forense. En el Rancho Doble A, los policías iban y venían y los vehículos que llegaban se cruzaban con los que se marchaban surcando el pantano de lodo en que se había convertido la explanada.

Seguro que a su paso borraban indicios preciosos, se dijo Toni.

Le habían servido café caliente en un vaso de plástico y cubierto los hombros con una manta. No había podido tragar nada.

Apartados a cierta distancia, dos agentes echaban hasta la primera papilla.

Lo habían encontrado en estado casi catatónico, ovillado en el suelo de la cabina. Un matasanos le había inyectado alguna porquería, que no obstante había conseguido que se sintiera mejor, al menos lo bastante bien para conducir de vuelta al rancho.

El resto se lo había dejado a los demás.

Alfonso Pazos no tardó en aparecer, de un humor de perros, porque le habían fastidiado el domingo. El coche camuflado que lo traía entró al rancho con la sirena a todo volumen y frenó con un patinazo vagamente controlado.

El jefe de la policía se apeó lanzando una mirada distraída a Toni, entró en tromba en la caravana y salió al momento, lívido y con el móvil pegado a la oreja.

No se le acercó hasta que se llevaron el cuerpo.

El crepúsculo arrojaba un gris de circunstancias sobre el escenario del crimen.

La tormenta había hecho descender la temperatura considerablemente, y Toni tiritaba bajo la manta.

—Ahí dentro no vive nadie —dijo Pazos indicando el otro remolque con la barbilla—. Sólo es un refugio ocasional. No hay ropa, solo algún mueble, trapos, toallas y comida en el frigorífico. Un tanto especial, desde luego; más bien exótica, como receta. Parece que alguien ha intentado hacer jugo de pulmones humanos; había una batidora llena, y no había acabado la faena. En la nevera había trozos enteros esperando su turno. Y eso no es todo. Se han bebido la sangre. Al pie del cadáver había un tarro de yogur que han utilizado como vaso. Eran varios; hemos encontrado huellas de al menos tres personas diferentes, hombres, a juzgar por el tamaño. Calzados con tenis. Sin embargo, el que ha escrito la frase sobre Satán debía de llevar guantes. Pero eso hay que confirmarlo.

—¿Había algún caldero? —preguntó Toni.

Pazos frunció el ceño.

—Se supone que no debería decírselo, pero... Estaba junto a la cocina, lleno de restos humanos, una herradura, colillas de cigarro y sangre. Como en Matamoros. Todas murieron aquí, pondría la mano en el fuego. De ahora en adelante, trabajaremos sobre esa hipótesis. Harding tenía razón. —El jefe de la policía hizo una pausa antes de añadir—: ¡Cuando pienso que enterró a su hija hace apenas unos días! ¡Y usted! No podía dejarla tranquila, ¿verdad? ¡No podía hacerme caso! Es la primera vez que eligen a una víctima de su edad. O mucho me equivoco o su maldito artículo atrajo la atención de los asesinos sobre ella. ¡Fisgón de mierda!

Toni guardó silencio. Tampoco creía en las coincidencias. Sabían que les seguía la pista.

Aquello era un mensaje, e iba dirigido a él.

No habían elegido a Dolores al azar. Era una posibilidad entre un millón.

—¿La han violado? —preguntó Toni al cabo de unos instantes.

—En el estado en que se encuentra el cuerpo, es difícil decirlo; pero es más que probable, si nos atenemos a los precedentes. Tal vez tengamos más suerte en lo que respecta a los análisis del ADN. También vamos a excavar hasta el último palmo de tierra de esta propiedad para descubrir si hay otros cuerpos enterrados. Pero, por encima de todo, lo que me gustaría saber, señor Zambudio, es cómo ha llegado hasta aquí.

Toni tuvo que echar mano de toda su sangre fría para no mencionar a Guadalupe.

Para proteger a su fuente, se embarcó en explicaciones tan embarulladas que Pazos acabó amenazándolo con facilitarle otra noche de estancia gratuita en una celda mexicana.

El jefe de la policía se mostró escéptico respecto a la posibilidad de que hubiera llegado allí simplemente siguiendo un rastro de símbolos satánicos. Por suerte para Toni, las veladas amenazas sobre lo que escribiría su periódico lo hicieron recapacitar.

—Mañana será un hombre famoso en el mundo entero, señor Zambudio. Pero hay demasiadas cosas que no me ha explicado. De modo que no vuelva a contar conmigo como fuente de información. No obtendrá de mí ni sola una palabra más. Tras lo que acaba de ocurrir, se aplazará el juicio, y el mundo se me vendrá encima en forma de lluvia de políticos del PRI. Podría usted haberse mostrado un poco más agradecido, me parece a mí. —Como Toni no respondía, los dos hombres se quedaron mirándose—. Es la primera vez que llevo un caso de asesinatos en serie —dijo Pazos al fin—. En treinta años de carrera no había visto semejante salvajismo. Vamos a acompañarlo a la comisaría central para tomarle declaración. Luego podrá irse a casa a escribir su artículo.

El menudo jefe de la policía le dio la espalda y fue a reunirse con sus hombres meneando la cabeza.

"A casa", pensó Toni. ¿Seguía teniendo algo que pudiera llamar "su casa"? En esos momentos, el frío y desierto piso de Madrid le parecía una lejana ficción.

Su casa era una habitación desbarajustada en un hotel de Ciudad Juárez.

O tal vez el habitáculo de un Volkswagen de alquiler. Ya no estaba muy seguro.

Toni siguió allí, sentado en la defensa delantera del coche patrulla, inclinado hacia delante y con la cabeza gacha, esperando que se lo llevaran, en medio de la cencerrada de los cacharros colgados en el patio, que iluminaba de azul el estroboscopio de los faros giratorios.

Insensibilizada por las drogas que le habían administrado, su mente empezó a divagar.

¿Cómo se había enterado Guadalupe? Y, sobre todo, ¿cuánto hacía que lo sabía?

Decía que estaba muerta de miedo. Si hubiera hablado, puede que Dolores aún estuviera viva.

La sangre se le heló en las venas. Acababa de sumar dos y dos.

Pazos había dicho que la muerte se había producido hacía menos de doce horas.

Sabían que iba a venir y le habían dejado un mensaje. De acuerdo.

Pero eso solo podía significar una cosa. También sabían que Guadalupe le había escrito. Lo esperaban. Guadalupe...

—¡Tengo que irme, déjenme irme! —gritó súbitamente poniéndose en pie de un salto.

Hicieron falta tres agentes para sujetarlo. Al fin, consiguieron ponerle las esposas y, remolcando el escarabajo, lo llevaron a la comisaría, donde tuvo que esperar varias horas hasta que un subalterno amodorrado le tomó declaración.

Estaba claro que Pazos se había desentendido de él.

No lo soltaron hasta cerca de las dos de la mañana.

Agotado, cubierto todavía de costras de barro seco, subió al coche como pudo y condujo hasta la calle Carmona como en una alucinación.

Vio luz en el interior de la casa y, cuando, tras llamar a la puerta con los nudillos, oyó ruido de pasos y luego una llave que giraba en la cerradura, soltó un suspiro de alivio.

Con el pelo revuelto y oscilando de adelante atrás, Ángel lo miraba desde el umbral tan poco despierto como de costumbre. Si aquel chico tenía madera de poli, los narcotraficantes eran benefactores de la humanidad.

—No sé, no ha llegado, la estoy esperando —respondió a la lluvia de preguntas de Toni.

Y, ahogando un bostezo, alzó los ojos al cielo.

Toni no podía reprochárselo. Sin duda, no era la primera vez que Guadalupe volvía a casa de madrugada. No merecía la pena preocuparlo.

Renunciando a sacarle una palabra más a aquel asno medio autista, Toni volvió al coche y se dirigió hacia la catedral de Nuestra Señora de Guadalupe.

Deambuló por las callejuelas adyacentes entre los tenderetes de fruta y verdura, los vendedores de tacos y productos menos legales, en busca de las chicas del Comité de trabajadoras sexuales.

Se pasó dos horas pateándose la calle Noche Triste, la calle de la Paz y todas las callejas del barrio.

Los borrachos salían dando traspiés de las cantinas y los grupos de putas les lanzaban pullas. Toni se detenía ante cada corro para mirar a las mujeres que le ofrecían sus servicios con voz suplicante. El disonante coro de sus "¿Vienes, cariño?", era un sonsonete mareante.

Inocencia estaba apuntalando el puesto de un barbero. Llevaba un vendaje en una mejilla y los ojos amoratados.

La chica observó la ropa manchada de barro de Toni, que ofrecía un aspecto lamentable. Él se limitó a preguntarle por Guadalupe.

Inocencia no la había visto desde hacía días.

La oscura mole de la catedral ocultaba el cielo. Sin saber bien por qué, Toni franqueó el umbral.

Los primeros fieles acudían a la misa matutina, y las campanas empezaron a tocar. Toni Zambudio no creía en el diablo.

Pero en el Mal, sí. Y la encarnación del Mal que había encontrado la tarde de la víspera hundía sus raíces en un terreno humano, demasiado humano.

Sintió que las lágrimas resbalaban por su rostro sin que pudiera evitarlo. Se secó la barba con el dorso de la mano y salió al naciente día.

Un sol de comienzos del mundo empezaba a alzarse en el cielo. Dentro de media hora, no quedaría rastro de la lluvia.

Se acercó a una cabina con paso vacilante y volvió a llamar a casa de Guadalupe.

Aún no había vuelto, respondió Ángel, hosco y preocupado porque no sabía cómo iba a pasar la semana en El Paso sin un centavo. Nunca le había hecho algo así.

"Tiene razón —pensó Toni—. Guadalupe jamás habría dejado en la estacada a este animal. Es todo lo que tiene en el mundo."

A menos que estuviera muerta de miedo. O simplemente muerta.

Toni ahuyentó aquella idea, prometió al chico que pasaría por la calle Carmona para prestarle un poco de dinero y colgó tras recitar unas frases tranquilizadoras en las que no creía en absoluto.

Iba a redactar el artículo más extraño que hubiera escrito en su vida. Por primera vez, sería el personaje principal del relato, el que descubre el pastel.

Empezó a enlazar sus ideas, a ponerles orden.

Al llegar a La Vela, vio una jauría de periodistas: reporteros, fotógrafos y cámaras de televisión montando guardia ante la puerta del motel. ¡Cabrón de Pazos! Había informado a la prensa. Lo sabían, lo estaban esperando.

Fue en ese momento cuando comprendió plenamente que había atravesado el espejo, que ya no era sólo un periodista. Su descubrimiento lo había convertido en héroe de la crónica de sucesos.

No le quedaba más remedio que someterse a la ineludible ceremonia.

Un sujeto en vaqueros reconoció su coche y gritó:

—¡Ahí está!

Se lanzaron sobre él como perros de presa.

Decididamente, no. No podría soportarlo. Giró en redondo haciendo chirriar los neumáticos sobre el asfalto de la avenida. La gesticulante tropa que corría tras él fue empequeñeciendo en el retrovisor. No tardarían en subir a sus vehículos y lanzarse en su persecución.

Se sabía las reglas de aquel juego al dedillo. ¿Adónde iba?

Todo lo que necesitaba era un sitio tranquilo donde redactar su artículo antes de venirse abajo. Si Ángel seguía en casa...

Toni zigzagueó entre los coches y, una vez más, tomó la dirección de la calle Carmona.

Volvió a mirar por el retrovisor. No lo seguía nadie. Aunque... Qué extraño. Hubiera jurado que la destartalada Chevrolet El Camino con dos fulanos a bordo que iba tres coches detrás de él ya estaba ahí cuando había comprobado si lo seguían unos minutos antes. Aceleró, torció a la derecha, atravesó la avenida en medio de un recital de indignados bocinazos y enfiló una estrecha calle adyacente. Detuvo el coche y esperó.

El cromado morro de la camioneta apareció menos de treinta segundos después. No cabía duda, lo seguían. Pasaron de largo sin dedicarle ni la sombra de una mirada.

Dos bigotudos bastante fornidos ocultos tras gafas de sol. Policías de paisano, quizá.

Por un instante, estuvo tentado de seguirlos, antes de que desaparecieran al final de la calle. Demasiado tarde.

Llegó a la calle Carmona justo a tiempo para ver a Ángel cerrando la puerta con un bolso de deporte negligentemente colgado del hombro.

El chico lo recibió en el umbral y aceptó distraídamente los doscientos pesos que le tendía. La inquietud animaba el rostro habitualmente impasible del aspirante a policía y le confería una humanidad insospechada.

—¿Aún no ha vuelto? —le preguntó Toni.

—No. Tengo que irme.

El periodista vaciló. No quería preocuparlo.

—¿Puedo esperarla aquí, Ángel? Tengo información importante para ella y... No puedo explicártelo ahora, pero no tengo otro sitio adonde ir.

—¿En qué carajo están metidos usted y mi madre? —farfulló el chico sin dejar de balancearse sobre los pies. Sólo parecía interesarle el lamentable aspecto de Toni—. Por amor de Dios, ¿se puede saber qué chingaos está pasando?

—Mira, creo que tu madre se ha metido en un buen lío y está escondida hasta que las cosas se calmen un poco. Si se trata de lo que creo, en cuanto haya escrito mi artículo y lo publiquen, dejará de correr peligro y podrá salir de dondequiera que esté en este momento. Te aseguro que no puedo decirte nada más.

Ángel frunció el ceño. Los gripados engranajes de su cerebro se pusieron en marcha con una lentitud desesperante. Consultó su reloj.

—Bueno, de acuerdo —dijo al fin—. Voy a darle mi número de teléfono en El Paso. Llámeme en cuanto sepa algo. De todas formas, volveré esta noche. —Parecía preocupado. La sombra de una idea tomó forma bajo las arrugas de su frente—. ¿No se habrá escondido en casa de la Abuelita de la Paz, o en la de alguna de esas putas con las que siempre está metida?

—No, ya lo he comprobado. Puede que esté con una obrera, en alguna colonia. Pero sería como buscar una aguja en un pajar. Lo mejor es esperar a que dé señales de vida.

—OK —aceptó Ángel, que garrapateó el número de teléfono en un papel y se lo tendió con las llaves de la casa—. Está bien, puede quedarse.

Después de todo, puede que fuera un buen chico.

Toni lo observó mientras echaba a andar calle abajo con el bolso en bandolera. A los dos metros, se detuvo y se volvió hacia el periodista.

—Señor Zambudio... Si le pasa algo malo por su culpa, lo mato.

Primero vagó durante unos minutos por las habitaciones desiertas, entre los polvorientos muebles y las fotos de familia. Los postigos, cerrados sobre el frescor de la vieja casa de adobe, aumentaban la sensación de estar aislado del mundo. El olor a cerrado se subía a la cabeza.

Cansado de dar vueltas, se sentó en la penumbra de la cocina, que olía a frijoles fríos. Había encontrado un tarro de café en uno de los armarios y había puesto a hervir medio litro de agua turbia de Juárez en la cocina de anticuados manijas de baquelita.

Llevaba más de veinticuatro horas sin cerrar los ojos y lodo hasta en los calzoncillos. Sentía que le sangraba la úlcera y el estómago se le llenaba de sangre.

La cafeína desencadenó una auténtica revolución en sus tripas y lo obligó a correr al retrete, donde se vació como un animal enfermo.

El dolor que le laceraba el estómago le producía una sensación de purificación.

Devorado por la fiebre, volvió a la cocina y se sentó en la silla de formica.

Con la mirada fija, exploraba cada fisura del esmalte del fregadero y cada grieta de la descascarillada pared procurando hacer el vacío en su mente.

Sus ideas iban ordenándose poco a poco.

Lenta, muy lentamente, como un chamán alucinado y atiborrado de peyote, se levantó, caminó hasta la sala de estar con pasos cautelosos y empezó a trazar círculos concéntricos cada vez más pequeños en torno al teléfono.

Ahora. Ya.

Levantó el auricular y llamó a Madrid a cobro revertido.

Allí era de noche, y estarían en pleno cierre, pero Pérez se puso al aparato al borde de un ataque de histeria:

—Por amor de Dios, ¿se puede saber qué coño estabas haciendo, cabronazo? ¡Llevamos horas esperando que llamaras, volviéndonos locos con los faxes y los teléfonos! La CNN quiere una entrevista en exclusiva, la televisión de aquí, lo mismo, y no te digo nada de las radios, muchacho. Tienes al mundo entero pendiente de ti y a la competencia dándose cabezazos contra la pared y babeando de envidia... Supongo que todavía no has hablado con nadie, ¿verdad? Bien, escúchame, ¿dónde estás? Nos envías el artículo por correo electrónico y...

Toni lo interrumpió en mitad de una sarta de juramentos para explicarle que su ordenador había pasado a mejor vida y él se había retirado a un lugar tranquilo de la ciudad para reflexionar sobre su artículo.

Luego dictó por teléfono un sobrio y detallado relato de lo ocurrido en las últimas veinticuatro horas. Mientras hablaba con el corrector y éste releía su texto en voz alta, Toni oía gritar a su jefe de servicio:

—¡Sí, me llenáis toda la uno con eso! Y me metéis la continuación en una doble página interior, con la vida de ese cabronazo de Zambudio como suplemento. ¡No, a los independentistas catalanes los metéis donde os quepa, joder!

Fuera de sí, Ferrer le arrancó el auricular de las manos al corrector:

—¿Toni? Fabuloso, muchacho, simplemente fabuloso. Y recuerda: nada de entrevistas hasta que estemos en los quioscos mañana por la mañana, es decir, esta noche, para ti. De todas formas, estarás hecho migas. Así que no hagas nada hasta nueva orden y vete a dormir. No hables con nadie, ¿entendido? ¡Ah, y danos tu número! Te llamaremos dentro de unas horas.

Toni colgó. Había olvidado mencionar un detalle esencial.

La existencia del mensaje de Guadalupe.

Suficiente para meterlo entre rejas una buena temporada.

Seguía sin saber por qué lo hacía.

Había prometido estarse quietecito, sí, pero tenía deudas que no podía dejar pendientes. Marcó el número de Harding.

—Sí, estoy al corriente de lo esencial. Incluso he asistido a su huida en directo delante del hotel. Pero, ¿cómo se las ha arreglado para descubrir su guarida a las primeras de cambio? Es increíble, ni que hubiera usted vendido el alma al diablo a cambio de la información. Vaya, perdóneme. Eso no es de muy buen gusto, ¿verdad? Qué crimen tan espantoso...

—Escuche, se supone que no debo hablar con nadie, pero quería corresponderle. Sin usted...

—Ha hecho su trabajo, eso es todo. Mi único mérito ha sido ponerlo en el buen camino.

—Esto... no he hablado de usted. No sabía si era conveniente —murmuró Toni apurado.

—¡Jesús, qué mortificación para mi ego! —bromeó Harding—. Pero, dígame, ¿cómo está? ¿Desde dónde me llama? Podríamos...

—Ahora mismo no puedo decirle más —lo interrumpió Toni—. He dado mi palabra. Pero me gustaría que nos viéramos en cuanto salga la edición de mañana. Tengo información para usted.

—Estoy impaciente por conocer los detalles, se lo confieso. De todas maneras, el juicio contra los Diablos se ha aplazado. Acaban de anunciarlo. Podría decirse que los ha salvado la campana, al menos por el momento.

—Sí, no estoy muy seguro de que sea algo bueno. En todo caso, hay asesinos en libertad, y espero que esta vez los federales lleven la investigación hasta sus últimas consecuencias.

—Confiemos en que nuestros temores sean injustificados.

—Lawrence, estoy reventado. Quería que mi última llamada fuera para usted. ¿Le parece bien que volvamos a hablar mañana?

—Mire, Toni, como ya le he dicho, no corre ninguna prisa. Vuelvo a Juárez de inmediato. Lo llamaré en cuanto llegue. Seguirá por ahí, ¿no? ¡Pazos lo mataría con sus propias manos!

—No crea, nuestros amigos de la policía me han rogado con insistencia que no abandone la ciudad en las próximas horas. Lawrence... Había un caldero. Eran mayomberos. Tenía usted razón, desgraciadamente.

—Lo sé, amigo mío, lo sé. Quede con Dios, Toni, y descanse, estará agotado.

"Deshecho", pensó Toni colgando el auricular.

Lo de Dolores era irreparable. Se sentía tan sucio... Por ella, por Guadalupe, dondequiera que se ocultara. En fin, la esperaría.

Caminó hacia el cuarto de baño con paso vacilante, desnudándose sobre la marcha. La cabeza de la regadera goteaba. El suelo estaba húmedo y resbaladizo.

Decididamente, en aquel caserón no funcionaba nada.

Al menos había agua caliente. Toni se quedó un buen rato bajo el hirviente chorro, antes de volver al comedor con una toalla anudada a la cintura y aureolado de vapor. Ni siquiera tenía sueño.

Una bola de nervios restregada con papel de lija.

Volvió a clavar los ojos en el dichoso teléfono, que decididamente lo atraía como un imán. Mejor no mermar el escaso presupuesto de la familia Vidal.

Solicitó otra conferencia a cobro revertido. La operadora respondió que Fina no aceptaba la llamada.

Toni capituló. Se limitó a quedarse donde estaba, sobre el gastado sillón, apresado por un rayo de luz en el que danzaba el polvo del desierto, ausente de sí mismo.

Durante una hora, se quedó atontado, con los ojos como platos, sin moverse. Solo su mano derecha, posada en el brazo del sillón, temblaba espasmódicamente. Al fin, vencido como un toro atravesado por el estoque del matador, aflojó el cuerpo, hundió la barbilla en el pecho y se sumió en un sueño agitado.

De vez en cuando, una pesadilla enviaba a la superficie de su piel temblores que se extendían en amplias ondas sobre su frente, reluciente de sudor.

Solo su silueta fosforescente, replegada sobre sí misma, iluminaba la penumbra de la casa desierta.

Martes 12 de marzo de 1997

Peso de los riñones: ciento ochenta y cinco gramos. Superficie, oscura y lisa.

Corazón: doscientos setenta y cinco gramos. Miocardio, normal. Tono rojo oscuro homogéneo.

Uretra, dañada. Vejiga, reventada. Vagina y ano, dilatados.

No se han hallado restos de esperma.

Con toda probabilidad, la víctima sufrió repetidas penetraciones por ambos orificios con un instrumento de sección circular de considerable diámetro.

El sistema digestivo fue extraído de la cavidad abdominal en su totalidad.

El cuerpo carecía de órganos genitales internos, así como de bazo, vesícula biliar e hígado.

El intestino delgado y el estómago fueron aportados por separado. Presencia de materias fecales en pequeña cantidad en el colon. La bolsa estomacal contenía unos ciento setenta centilitros de materias de color gris rojizo. Frijoles rojos machacados y tortilla de maíz no digeridas. Mucosas, normales.

Ausencia casi total de sangre en el cuerpo, probablemente a consecuencia de una hemorragia masiva provocada por evisceración inmediatamente posterior a la muerte.

La herida es limpia. Puede haberse realizado con un escalpelo u otro instrumento muy cortante, como una navaja de afeitar.

Pulmones, ausentes. Los residuos pulmonares examinados pertenecen a la víctima con toda probabilidad.

Los daños en los alveolos, así como los hematomas en el cuello y la fractura de la laringe, indican que el sujeto murió por estrangulación efectuada con las manos desnudas.

No ha podido recogerse ninguna huella digital.

Numerosas marcas de mordiscos en la cara interna de los muslos y en los pechos.

El sujeto, de sexo femenino, mide un metro cincuenta y cinco centímetros.

Peso en el estado actual del cuerpo: cuarenta y cinco kilos y doscientos gramos.

Un examen de los tejidos permite adelantar que la víctima tenía una edad aproximada de treinta y cinco a cuarenta años. Cabello y vello púbico, negros. Tipo, hispánico.

Informe de toxicología/cromofotografía gaseosa:

Sangre: alcohol, 1.2 gramos. Drogas ácidas: ninguna. Drogas bases: ninguna.

Alta tasa de adrenalina. Presencia residual de tolueno: 2.7%.

Cerebro: presencia residual de tolueno: 3.1%.

Pulmones: tolueno: 5.2%.

El conjunto de estos últimos datos indica que el sujeto se movía probablemente en un entorno industrial y había ingerido una cantidad de alcohol suficiente para provocar un estado de ebriedad unas horas antes de la muerte.

Ausencia de residuos bajo las uñas. La víctima no parece haber ofrecido resistencia.

Dentición: no falta ninguna pieza dental, salvo las dos muelas del juicio superiores, no desarrolladas.

Caries en la molar derecha y el incisivo inferior izquierdo. Restos de nicotina. El estado de la dentición confirma la supuesta edad del sujeto. Vaciado efectuado por identificación posterior.

Alfonso Pazos apartó el informe de la autopsia con un gesto colérico. La verdad era que había estado dando palos de ciego a lo largo de toda la investigación y que seguía dándolos.

¡Bravo por los federales! ¡Hurra por la policía judicial de Juárez!

Para empezar, el principal sospechoso había sido asesinado en la cárcel, y si ahora resultaba que era inocente se iba a armar la de Dios es Cristo. Y encima, gringo.

Luego, los Diablos de Juárez. El gacetillero español había estado muy ocurrente bautizándolos así. Ojalá su ingenio se hubiera detenido ahí. Ahora tenía una nueva víctima entre las manos.

Y considerablemente distinta a todas las demás. Obrera de maquila, sí, pero además —y eso sí que era insólito— madre de la anterior víctima.

Si los abogados del Satán sabían lo que se hacían, no tardarían en conseguir la libertad bajo fianza de su representado.

Y para acabar no tenía ninguna pista.

Una secta satánica. Algunos días, la hipótesis de Harding le parecía la única verosímil.

Pero otros le entraban dudas. Por despecho, tal vez. Sin embargo, había signos de sobra: el Satán, los Diablos... El jefe de la policía se maldijo interiormente.

Con el hallazgo del caldero, el altar y las inscripciones, ya no quedaba margen para la duda.

El Diario de Juárez le sacaba todo el partido posible al periodista español que, con peligro de su vida, había demostrado la incompetencia de los federales y la policía.

El alcalde ya había llamado.

—Mire, Pazos, ustedes los del PRI son totalmente incapaces de proteger a la población. A saber si no hay correligionarios suyos implicados en esto. Nosotros los del Partido de Acción Nacional no tenemos esas inclinaciones. Si no despierta y pone fin a esta carnicería, sus días como jefe de la policía están contados, Pazos.

Para compensar, los caciques locales del PRI acababan de apretarle los tornillos al máximo. Cerró los ojos y pensó en sus cactus con todas sus fuerzas.

Pinche cabrón de periodista... Podía haber llamado antes de ir a fisgonear al rancho.

Se las pagaría, por eso y por todo lo que seguía ocultándole. Y caro.

A él no lo engañaba.

Llamaron a la puerta.

—¡Adelante! —gruñó Pazos, repentinamente arrancado de sus sueños de venganza por la irrupción de un subordinado que asomó tímidamente la cabeza por el hueco de la puerta.

—Lo tenemos, señor jefe.

—¿Lo tienen? ¿Qué carajo tienen? —preguntó el rechoncho jefe de la policía con la respiración cortada y el corazón desbocado.

—El nombre del propietario del Rancho Doble A. Es un tal Héctor Valenzuela. Un cazador de serpientes de cascabel un poco excéntrico. Por el momento, está en paradero desconocido. Hemos lanzado una orden de búsqueda.

—¡Cretinos! —estalló Pazos, decepcionado—. ¡Pues sí que hemos adelantado mucho! En fin, menos es nada. Continúen. Y al periodista me lo encuentran y no se despegan de él ni un paso. A menos que quieran verse en el fondo de la selva Lacandona matando indios.

El sargento se batió en retirada precipitadamente y cerró la puerta sin hacer ruido. Carajo, la Lacandona estaba donde Cristo perdió el huarache, a cuatro mil kilómetros al sur.

Pazos reflexionó. O el tal Valenzuela estaba metido en el ajo y necesitarían un chingo de suerte para echarle el guante —a esas horas, ya debía de estar en México D.F. o no tenía nada que ver con el asunto y descubrirían sus huesos mondos y lirondos en mitad del desierto, dentro de un mes o al cabo de un año.

Y el condenado Zambudio, ¿dónde carajo se habría metido? De algún sitio habría mandado el artículo, puñeta.

Y ahora se había esfumado sin dejar rastro. Y, para más inri, ante todo un ejército de periodistas provistos de cámaras.

Pazos soltó un suspiro de condenado a muerte y reanudó el estudio del dossier.

Miércoles 13 de marzo de 1997

El hombre que descubrió el cuerpo se llamaba Osvaldo Benítez. Era un espalda mojada natural de la provincia de Oaxaca, al sur del país. Esperaba el momento propicio para cruzar el río, a pesar del refuerzo de la vigilancia de la migra estadounidense. Los "polleros", los traficantes de ilegales a los que había pagado, le habían dado plantón. Otra cabronada más. Y como se había quedado sin blanca, había decidido pasar solo. Así era como la había encontrado. El cadáver yacía sobre la pendiente de cemento que bordeaba el río Bravo.

La fangosa corriente lo había sacado a la orilla a favor de un meandro, y tumbado allí, al borde del agua, parecía una ballena varada en la playa. Las últimas luces tornasolaban su ropa empapada. Para la policía, se trataba de una ahogada más.

No les fue difícil identificarla.

Llevaba la documentación.

—Hemos conseguido cerrar la úlcera y contener la hemorragia. Pero tiene que operarse. No lo alargue. Pase por el quirófano en cuanto llegue a España. Hasta entonces, ni café, ni tabaco ni especias. Y, por supuesto, ni una gota de alcohol. Estas tabletas son para bajarle la tasa de acidez del estómago. Tómese una a mediodía y otra por la noche —había decretado el médico agitando una caja de Pepcid AC antes de abandonar la habitación del hospital de Durango que Toni tenía el privilegio de ocupar solo.

Con las habitaciones de hospital pasa como con las comisarías, tienen la misma pinta en todas partes y en todas partes huelen igual, a éter y desinfectante. Aquella no era una excepción.

Toni crispó las manos sobre las ásperas sábanas e intentó incorporarse y apoyar la espalda en los almohadones.

La anestesia le había dejado la boca como si fuera de corcho y las palabras del matasanos, un chico joven con gafas, desgarbado y prematuramente calvo, seguían resonando siniestramente en sus oídos. Ni café, ni tabaco, ni alcohol, ni especias.

¿Qué le quedaba?

Al despertarse, hacía diez minutos, se había preguntado qué hacía allí, acostado en aquella habitación blanca, con un catéter en la sangradura del codo.

Luego, lo había recordado todo. Los vómitos de sangre, la pérdida de conciencia en casa de Guadalupe...

Guadalupe. ¿Habría...? Había vuelto la cabeza y mirado el cielo de Juárez.

Alfonso Pazos esperaba paciente e incómodamente sentado en una silla de plástico.

—Nos avisó Ángel Vidal. Lo encontró inconsciente en su casa y llamó a la policía. Es un buen chico. ¡Pobrecillo!

Los policías la habían pescado en el río Bravo, o en el río Grande. Qué cojones importaba ahora...

—¿Lo sabe?

—En cuanto salga de aquí, yo mismo iré a comunicárselo —respondió el policía.

Toni habría dado lo que fuera por un café y un cigarrillo.

Su estómago soltó un gruñido de desaprobación, que le valió una mirada dubitativa de Pazos.

—No hace más que crearme problemas, señor periodista. Primero descubre como por milagro el lugar donde se han cometido los crímenes. Segundo, encuentra una nueva víctima abierta en canal, con la que se había entrevistado recientemente. Tercero, desaparece como por ensalmo delante de la mitad de la prensa de este país, cuando se supone que debería estar a nuestra disposición, y me deja con las nalgas al aire por enésima vez. Cuarto, lo encuentran veinticuatro horas más tarde en casa de una mujer que acaba de ahogarse, sin que el hecho tenga relación aparente con el caso que nos ocupa. Sin que la tenga, si prescindimos de usted, claro. Manifiestamente, se trata de un accidente o un suicidio. No hay señales de violencia ni de lucha. Pero, ¿sabe usted lo que más me irrita? Que no habríamos abierto ninguna diligencia sobre esa muerte si su presencia en el domicilio de la fallecida no invitara a realizar una investigación en toda regla. ¿Qué tal si me cuenta qué hacía allí, para empezar?

—¿No podríamos dejar el interrogatorio para mejor ocasión? —suplicó Toni.

—Mire, quizá debería empezar por encerrarlo durante unos días. Luego daría una conferencia de prensa para anunciar que al fin tenemos un sospechoso válido mezclado en el asunto.

—Eso no se sostiene y lo sabe usted tan bien como yo.

Dio igual. Para salir a flote, Toni tuvo que soltar lastre.

Guadalupe estaba muerta. Protegerla ya no servía de nada.

Toni se lanzó a una explicación que tenía más de ejercicio de equilibrismo que de otra cosa.

No, la señora Vidal no tenía nada que ver con los crímenes. La había conocido cuando se documentaba sobre las maquiladoras. Ella lo había introducido en el medio de las obreras. Gracias a eso había podido escribir los primeros artículos, como Pazos ya sabía. Entre tanto habían hecho amistad.

Profundamente deprimido por el asunto del rancho, había buscado refugio en casa de la mujer, en cuya ausencia se lo había concedido su hijo. Eso era todo. Se trataba de un cúmulo de coincidencias desgraciadas.

—¿No le parece a usted que, además de los asesinatos, en torno a este asunto empieza a haber un cúmulo un tanto excesivo de coincidencias desgraciadas, señor Zambudio? No me tome por el idiota que no soy, por favor.

Toni volvió la cabeza. La lustrosa pintura de la pared de la habitación le devolvió el reflejo de una cama y un paciente acostado en ella.

Se limitó a soltar un suspiro y encogerse de hombros.

Alfonso Pazos permaneció en silencio durante unos instantes, mirando fijamente al periodista. Sus negros ojillos eran como los dos objetivos gemelos de una cámara de videovigilancia.

—Se enterará por los periódicos, así que más vale que se lo diga. Esta noche el Rancho Doble A ha sido pasto de las llamas. Por completo. Y el juez Gandolfo ha ordenado la puesta en libertad de Los Diablos de Juárez. Nadie podrá convencerme de que no tienen nada que ver con el asunto, pero, con lo que acaba de pasar, he perdido todo apoyo político para perseguirlos. No sé dónde situarlo a usted exactamente en este rompecabezas. Creo que se ha dejado manipular por algo o alguien que lo supera. Estoy convencido de que no está implicado directamente, pero se han servido de usted. No me lo ha contado todo, y no insulte mi inteligencia afirmando lo contrario. Así que voy a decirle lo que va a hacer. En cuanto los médicos lo den de alta, irá derecho a La Vela, hará las maletas y subirá al primer avión para Madrid. Lárguese, no quiero volver a tropezarme con usted. Regrese a Madrid y no vuelva. Jamás. Es usted persona *non grata* en Ciudad Juárez. Si me entero de que sigue rondando por aquí después de abandonar el hospital, lo haré expulsar de México *manu militari*. Y, si vuelve, lo meto en el tambo. Por el primer motivo que se me ocurra.

Entonces, era así. El jefe de la policía lo conminaba a abandonar la ciudad antes del alba como en las peores películas del oeste.

Afuera, el sol pegaba con su entusiasmo habitual. Apenas lo habían dejado solo, Toni se había arrancado el catéter con rabia y se había levantado de la cama. Le temblaban las piernas y, a pesar del calor, la fiebre le provocaba oleadas de escalofríos que lo agitaban de la cabeza a los pies.

Mal que bien, se había acercado al armario, se había puesto la ropa, astrosa tras el ajetreo de los últimos días, y había asomado la cabeza al pasillo con cautela. El jefe de la policía no había juzgado necesario apostar un agente ante su habitación.

Toni se había escabullido por el laberinto del hospital.

El taxi lo dejó en la calle Emilio Calvillo. El calor había remitido un poco y las sombras se alargaban sobre la acera. Echó a andar por la calle, flanqueada de esmirriados eucaliptos y, tras recorrer un centenar de metros, se detuvo ante el 443.

Tenía la dirección grabada en la memoria. Era una casa baja de adobe cubierta de tejas, al estilo español.

La casa de su infancia.

Los recuerdos acudieron a su mente a oleadas. Inmóvil, contempló la roñosa verja de forja y los desconchados de la fachada.

De las profundidades de la casa le llegaba el llanto de una criatura. En el patio, un Ford Taurus en las últimas acababa de agonizar bajo una espesa capa de polvo.

¿Qué habría sido de aquel hijo de puta de Homero Cardona? Habían pasado más de treinta años desde aquel día de junio en que había acabado con la vida de Altagracia ante los ojos de su hijo, pero nada se había borrado de la memoria de Toni.

Ni el sufrimiento de su padre, destrozado por el dolor, ni, sobre todo, el artículo que, unos días después del entierro, anunciaba triunfalmente que un valeroso policía había abatido al fin al atracador asesino. La foto de Homero Cardona ocupaba un cuarto de la página, y al principio Toni creyó que mostraba el rostro del asesino abatido. Luego empezó a leer, y las líneas se emborronaron ante sus ojos.

Policía, Cardona era policía, y el muy cabrón había matado a un pobre ratero de tres al cuarto, había adornado el asunto, untado a quien había que untar y ahora era un puto héroe.

Toni se había puesto a gritar y, al acudir su padre, se había arrojado a sus brazos y había empezado a golpearle el pecho y babearle en la camisa.

Tras escucharlo, su padre se había levantado sin decir nada, había sacado una vieja maleta del armario y la había llenado de ropa a toda prisa. Y el universo de Toni había acabado de venirse abajo.

—Pero... ¿Es que vas a huir? —le había preguntado, indignado.

—Y tú conmigo, hijo. Estás en peligro. Eres el único que puede reconocerlo y denunciarlo, y este país está demasiado corrompido para que tengamos ninguna oportunidad frente a un policía. Créeme, sé lo que es una dictadura. Franco no nos hizo ningún regalo, y bastante he dado ya por las grandes ideas. He perdido a mi mujer. No perderé a mi hijo.

No eran bastante ricos para permitirse el avión. Fueron en tren hasta Veracruz y embarcaron en un mercante roñoso cargado de plátanos con destino a la vieja Europa, y Toni empezó a despreciar a su padre.

El periódico mentía. Pero algún día él se encargaría de que los periódicos dejaran de mentir. Y no volvería a huir. Sobre todo ahora. Y menos de Juárez, por segunda vez.

Seguramente, Homero Cardona dormía para siempre con la boca llena de tierra, como la madre de Toni, que, mientras contemplaba la casa, volvió a oír las palabras de Ángel: "Si le pasa algo malo por su culpa, lo mataré".

Ella jamás se había quitado la vida voluntariamente. Tenía demasiada energía.

Y quería demasiado a su hijo. No lo habría abandonado a su suerte.

Además, estaba aquel esqueleto de cartón con su nombre, en su cajita.

Y ahora era ella la que estaba en una caja.

Tenía miedo. De lo que sabía y no podía contarle. De lo que podía pasarle. Con motivo. La habían matado.

Por su culpa. Así de simple. Hasta ahora ninguno de sus informadores había tenido que arrepentirse de haber hablado con él.

Pazos no era ningún idiota. Por supuesto que lo habían manipulado.

El rancho, Dolores... Un mensaje directamente dirigido a él.

Y ahora, Guadalupe.

En el taxi que lo llevaba al motel, Toni trató de recordar su último encuentro.

¿Qué le había dicho? Lourdes Simpson. En San Diego.

Entonces, ¿por qué le había escrito aquella última nota? Cuanto más vueltas le daba, menos lo entendía.

La tranquilidad de su caótica habitación le resultó casi reconfortante después de dejarse ametrallar por el puñado de fotógrafos que no habían renunciado a esperarlo.

Se pasó la siguiente hora manteniendo una tormentosa conversación telefónica con Pérez.

Su jefe de servicio estaba furioso.

Por su silencio y también por su expulsión. Sobre todo, por su expulsión.

Le enviaban a Montoya.

Pues que se preparara, le iba a costar trabajo remontar la pendiente, pensó Toni mientras explicaba que no podría recibirlo porque tenía que abandonar la ciudad de inmediato.

Lo más duro fue decir que no volvía.

Ferrer en persona le arrancó el auricular de las manos a Pérez para ordenar a Toni que abandonara la investigación.

—Ya no cubres el caso. O vuelves o estás suspendido —fue su última frase.

En tono sosegado y sin una palabra más alta que otra. Era una aclaración, no un ultimátum.

Toni colgó sin responder.

La Ruta 2 atraviesa el norte del país de este a oeste, siguiendo la frontera con caprichosos serpenteos. En dirección al Atlántico, se interrumpe un poco más allá de Juárez en un pueblo de mala muerte pomposamente bautizado El Porvenir, para continuar unos centenares de kilómetros más adelante.

Zambudio hizo bolita el maltrecho plano y lo lanzó a la papelera, colocada al pie de la cama. Falló.

De todas formas, tenía que abandonar el país. Por el momento.

Fuera, los fotógrafos habían decidido levantar el campo.

Cogió un taxi hasta la avenida Juárez, pasó ante el puesto fronterizo, en el que montaban guardia dos imperturbables aduaneros mexicanos, y pagó con sus últimos pesos el peaje peatonal del río Bravo.

Un mojón con forma de obelisco en miniatura señalaba el límite de la República de México.

Toni miró las fangosas aguas del río que se deslizaba bajo sus pies.

Luego volvió la cabeza por última vez hacia Ciudad Juárez y América Latina, nimbada por una nube de contaminación. Los edificios temblaban en el calor del mediodía. Desde donde estaba, se veía el gigantesco retrato del Che Guevara pintado sobre el talud de hormigón en el que lo habían detenido.

El puente descendía en suave pendiente hacia el otro lado, hasta Estados Unidos.

Toni veía ya las largas columnas de cochambrosos vehículos llenos de gente que iba a gastarse entre los gringos el dinero duramente ganado.

Los afortunados que tenían visa.

Agentes uniformados pasaban junto a los vehículos sujetando las correas de pastores alemanes que husmeaban el recalentado metal en busca de droga, mientras los militares y los aduaneros registraban escrupulosamente coche tras coche.

Antes de sacrificar al dios dólar, los mexicanos debían sufrir aquella última e interminable humillación. Una lenta erosión de la dignidad.

Con el cerebro como un castillo de cartón piedra habitado por los cadáveres de Guadalupe, Dolores, Altagracia y el resto de las víctimas de Ciudad Juárez, Toni avanzó hacia la aduana estadounidense.

segunda parte

CARRERA CONTRA
LA MUERTE

Así que era cosa hecha...

Sentado al volante del Chrysler verde metalizado de alquiler, Toni devoraba el asfalto de la Interestatal 10-Oeste en dirección a Los Ángeles. Solo en mitad del desierto estadounidense. En el banco aún tenía un pequeño botín de guerra, lo justo para ir tirando un mes antes de que al director de la sucursal le diera un síncope.

Esta vez había largado amarras por completo. Con la familia, los amigos, el periódico... Para ir, ¿adónde?

A un país que no conocía, en busca de una mujer a la que no había visto jamás y de la que solo sabía que dirigía una asociación de ayuda a las obreras de las maquilas con sede en San Diego y que se llamaba Lourdes Simpson.

Todo un programa.

Cuando vivía en Juárez con su padre, nunca habían cruzado la frontera. El viejo habría preferido morirse antes que pisar el suelo de un país que a sus ojos encarnaba el imperialismo y su séquito de males infligidos a las naciones más pobres.

En la aduana, el periodista había tenido que aguantar las indiscretas preguntas de un funcionario indiferente a la cola que se formara ante la ventanilla. La tez cobriza y los ojos oblicuos traicionaban el origen mixteca del aduanero, probable descendiente de un largo linaje de sin papeles llegados de lo más recóndito de la provincia de Oaxaca.

Aunque con aire vagamente desdeñoso y superior, el cancerbero se había dignado sellar el pasaporte de Toni, renunciando a elucidar el misterio andante que constituía para él aquel viajero nacido en Ciudad Juárez pero provisto de documentación europea perfectamente en regla.

"Bienvenido a El Paso." Al menos, eso era lo que decía el cartel bajo el que había pasado antes de desembocar en la avenida Santa Fe y atravesar a pie un barrio de aspecto más bien miserable.

Las tiendas de ropa, zapatillas de deporte y vaqueros se sucedían a lo largo de toda la arteria, flanqueada por casas de ladrillo de dos pisos con escaleras de emergencia carcomidas por la herrumbre y los años.

Las calcomanías de marcas acreditadas de los escaparates atraían a un público dispuesto a dilapidar sus menguados recursos para comprar las migajas del sueño americano en oferta especial, antes de volverse a México con los brazos cargados de bolsas de plástico.

A partir del Civic Center Plaza, el aspecto de la ciudad cambiaba radicalmente.

Las construcciones bajas de principios de siglo habían cedido el terreno a edificios ultramodernos de cristal y acero. Otro planeta, visto desde Juárez.

Los hombres de negocios, maletín en mano y celular pegado a la oreja, se afanaban en resolver asuntos esenciales para el porvenir del mundo, sin ni siquiera transpirar bajo sus sobrios trajes tres piezas.

Toni había sacado mil dólares en un cajero automático del Bank of America, comprado un mapa de carreteras, alquilado un coche para cuatro semanas en una agencia de Cleveland Park y arrojado su escaso equipaje al asiento trasero.

El Paso y Las Cruces se alejaban en el retrovisor. El Chrysler perseguía al sol poniente a través del desierto de Nuevo México.

Toni cayó en la cuenta de que aún no había tenido que echar mano de su macarrónico inglés.

Ni en el cajero autómatico.

Al parecer, en aquel rincón del mundo los únicos que no hablaban español eran los marcianos recién desembarcados.

Toni se esforzaba en mantener a raya a los fantasmas de Guadalupe y Dolores. Necesitaba pensar con claridad. Ser frío. Indiferente a las lágrimas que resbalaban por sus mejillas de vez en cuando y que ya ni siquiera se molestaba en secarse con el dorso de la mano. A lo hecho, pecho.

Apartó una mano del volante para encender un cigarrillo en el encendedor del coche, pero lo habían suprimido. Sobre el cenicero había una pegatina con el dibujo de un cigarrillo encendido tachado con una gruesa línea roja. Coche para no fumadores.

¡Pinches gringos! Y pensar que eran los primeros fabricantes de cigarrillos del jodido planeta...

Toni levantó el culo para buscarse el mechero en el bolsillo, y el Chrysler dio un bandazo.

Cuando estaba a punto de encender el Lucky, se acordó de las palabras del médico.

El cigarrillo voló por la ventanilla abierta como un raudo insecto blanco y alargado.

El aire del desierto le azotaba el rostro.

Un complot. Tenía que ser un complot. Disponían de considerables medios.

Conocían todos sus pasos; ya se le habían adelantado en el Rancho Doble A.

Se habían molestado en secuestrar a Dolores y matar a Guadalupe, cuyo mensaje, indudablemente, habían interceptado. Indudablemente.

Por no hablar de las pruebas destruidas durante el incendio del rancho. ¿Cuál era el objetivo de la maniobra? ¿Sacar de la cárcel a los Diablos de Juárez?

¿Y si, después de todo, eran inocentes?

¡Venga ya! Culpables y bien culpables, probablemente.

Nada encajaba. Demasiados verdaderos falsos culpables. Demasiadas falsas apariencias.

Demasiado organizado. Todo aquello no cuadraba con un asesino en serie. Ni siquiera con varios.

Puede que Harding hubiera dado en el clavo con sus historias de magia negra y redes protegidas por poderosos valedores, pero tenía que haber algo más.

Tenía que haber una conexión con Guadalupe.

Conocía el emplazamiento del altar de los sacrificios. Desde el principio, probablemente.

Y, al mismo tiempo, no había dejado de orientarlo hacia las maquilas, asegurando que se trataba de la mejor pista.

Lo dicho, nada de todo aquello se tenía en pie.

Quedaban muchos agujeros por llenar para dar sentido a aquel embrollo sin pies ni cabeza.

Hablar con Lourdes Simpson no comprometía a nada.

Después de todo, ¿qué podía perder?

Con la cabeza vacía, la vejiga llena, el vientre enrabietado y el estómago en llamas, Toni hizo un alto para echar gasolina en Lordsburg, justo antes de abandonar Nuevo México. El pueblo se reducía a una larga calle que había conocido su hora de gloria en los años sesenta. De aquella edad de oro solo quedaba una sucesión de moteles abandonados con las piscinas medio llenas de agua corrompida cubierta de verdosas algas.

Agitados por la brisa, los desgarrados visillos de las habitaciones captaban los reflejos del sol poniente.

Toni oyó el pitido de una locomotora de la línea Western Pacific, que discurría paralela a la Ruta 10, y un poco después el convoy atravesó Lordsburg a velocidad reducida.

A pesar de todo, Toni encontró una estación Texaco abierta y un bar, donde dio cuenta rápidamente de un burrito y un café. Tampoco allí tuvo que pronunciar una palabra en inglés.

Cuando reanudó la marcha hacia el oeste, era noche cerrada.

El desierto, de una limpidez absoluta, permitía ver las lejanas luces de sodio de una ciudad, que se reflejaban en el cielo estrellado.

Toni consultó el mapa de carreteras y comprobó que no había ningún núcleo urbano importante hasta Tucson, Arizona, a doscientos kilómetros de allí.

Increíble.

Sin embargo, la aureola anaranjada crecía a medida que se aproximaba, y Toni tuvo que rendirse a la evidencia: allí la mirada alcanzaba muy lejos, tan lejos que casi se adivinaba la curvatura de la Tierra.

Durmió en un hotel del centro de Tucson, el Congress, un venerable establecimiento con las paredes decoradas con frisos mexicanoindios.

Su habitación estaba adornada con motivos navajos. Sobre el escritorio había una antigua radio de válvulas. Al levantar una lámina de la persiana veneciana, Toni vio el Chrysler de alquiler, irreprochablemente estacionado en el aparcamiento, que el letrero del hotel bañaba de una luz sangrienta.

Toni descolgó el auricular de baquelita y, desempolvando su vacilante inglés —una vez al año no hace daño—, pidió a la operadora que marcara el número de Harding en Juárez. Dejó que sonara, pero en vano.

Estaba agotado. El shock que le habían provocado los acontecimientos de los últimos días se atenuaba poco a poco para dar paso a un desmadejamiento general.

Se tumbó en la cama de barrotes de cobre y se quedó mirando girar el ventilador.

No debían de haber reformado el hotel desde los años cuarenta.

Por una vez, no se arrepentía de la elección.

Tras decidir que le gustaba el sitio, se quedó frito con la ropa puesta y durmió de un tirón, sin tener un solo sueño.

Se había levantado tarde. Mientras engullía un desayuno rápido a base de cereales, dos fulanos con vaqueros desteñidos sentados en la mesa de al lado comentaban la crónica de sucesos de la víspera:

—Sí, pasó como te lo cuento, ayer sobre las ocho de la tarde, en la Sexta, en pleno desfile de *low-riders** —explicaba uno de ellos, grueso, moreno y tocado con un Stetson—. Un arreglo de cuentas entre las bandas de West Hollywood y el barrio Libre, según parece. Tirotearon el parking, pero parece ser que uno no estaba del todo muerto, así que el pistolero detuvo la camioneta, se apeó y lo remató de un tiro en la cabeza. Luego volvió a montar en la nave como si tal cosa y ahuecó el ala. Igual que si hubiera parado para comprar un puto paquete de chicles. Me lo ha contado Mike, que iba a devolver un vídeo al Blockbuster de al lado cuando pasó todo. Al parecer, el asesino no tenía más de dieciséis años.

—Jodidos cholos —masculló su compañero de mesa meneando la cabeza.

Toni pagó y salió disparado sin esperar el cambio.

Poco antes de franquear los límites de la ciudad, descifró una inmensa valla publicitaria que bordeaba la autopista. "Ni un solo niño más abatido por un arma de fuego", pedía el eslogan.

Para compensar, un impacto de bala en una ventana daba un toque de autenticidad al conjunto.

Fuera a donde fuese, tenía la sensación de que la muerte le pisaba los talones.

* *Low-riders*: coches con la carrocería rebajada equipados con gatos hidráulicos y cuidados con mimo por las bandas, para las que constituyen un motivo de orgullo.

En la intersección de Casa Grande, Toni tomó la 8-Oeste en dirección a San Diego. La interestatal volvía a descender hacia la frontera para seguirla hasta la cadena de la costa. El paisaje había cambiado. Altas montañas flanqueaban la autopista, y las cimas más elevadas estaban coronadas de nieve.

Hasta donde alcanzaba la vista, los mesquites y la creosota habían dejado el sitio a los cactus saguaros, algunos de los cuales alcanzaban los doce metros de altura.

Sus brazos se recortaban contra un cielo de plomo.

Toni subió el cristal de la ventanilla. Empezaba a refrescar.

Llenó el depósito en Sentinel, una tienda de ultramarinos con surtidor de gasolina en mitad de la nada, y volvió a parar en Yuma para consultar una guía telefónica del estado de California.

En San Diego no había ninguna Lourdes Simpson, pero no tuvo dificultad en encontrar el número de la Asociación de apoyo a las obreras de las maquiladoras.

La tuvo, y grande, para hacer la llamada a larga distancia desde la cabina del Walgreen's en la que se había instalado. No tenía tarjeta telefónica, y la obtusa operadora se empeñó en que, sintiéndolo mucho, su tarjeta de crédito era incompatible con las redes de pago de la sociedad que explotaba la cabina.

Al final, no le quedó más remedio que usar un Himalaya que funcionaba con monedas de veinticinco centavos, pero le permitió hablar con una mujer madura y amable, que le explicó en inglés que Lourdes estaría ausente durante una hora. Si le explicaba el motivo de su llamada y dejaba su número de teléfono, ella misma le devolvería la llamada en cuanto regresara la señorita Simpson.

Venía de parte de Guadalupe Vidal, dijo Toni, que dio el número de teléfono de la cabina y esperó en medio del fresco viento que empezaba a levantarse mientras consultaba el mapa de carreteras una vez más.

En la confluencia de California, Arizona y México, la línea fronteriza se quebraba estrambóticamente a lo largo del río Colorado. Un repartidor chicano que acababa de entregar un cargamento de Coca-Cola en los grandes almacenes le explicó que, tras la derrota mexicana de 1848, militares de ambos países beligerantes, acompañados de topógrafos, se habían encargado de trazar la nueva frontera sobre el terreno. El día en que llegaron a Yuma hacía tanto calor que el equipo al completo se limitó a recorrer la orilla del Colorado en la que, por estar al abrigo de una pared rocosa, hacía sombra. Cuando, a causa de un meandro del río, tuvieron que dejar el fresco y continuar el trabajo bajo un sol de justicia, estadounidenses y mexicanos se pusieron inmediatamente de acuerdo y decidieron que la frontera seguía "por allí, hacia el norte, durante diez millas, y luego torcía 45 grados, señalando hacia el oeste con el dedo", antes de marcharse de bracete a remojar el gaznate en el *saloon* más cercano, sin el menor respeto hacia quienes habían muerto en aquellos parajes defendiendo cada palmo de tierra.

Y así fue como los mexicanos recuperaron de los gringos los pueblos de Cuervos y Paredones, o al menos eso contaba el repartidor de Coca-Cola mientras Toni lanzaba miradas inquietas a la cabina, regularmente ocupada por usuarios más o menos charlatanes.

Cuando al fin sonó el teléfono, Toni saltó sobre él adelantándose a una india cocopah, que escupió sobre sus pisadas.

La misma voz amable de mujer le confirmó que Lourdes Simpson lo recibiría al día siguiente a las once de la mañana, le recomendó que fuera puntual y le explicó el camino para llegar a la Casa de los Sindicatos de San Diego, que albergaba la asociación.

Toni se puso en camino sin más dilación.

Apenas había dejado atrás las dunas de arena blanca de Algodones, cuando las majestuosas crestas de la cadena costera asomaron sobre la línea del horizonte. Hizo otra parada en una estación de servicio Exxon de El Centro para comprar un plano de San Diego y tomarse un comprimido que volviera a adormecerle el estómago.

Luego volvió a hacer alto en Calexico, en un Comfort Inn propiedad de una familia Gandhi, si había que dar crédito al letrero colgado tras el mostrador de recepción.

Un recepcionista tamil le indicó su habitación arrastrando las erres. Al menos su inglés era perfectamente inteligible para Toni.

Lo despertaron a las seis y media, como había pedido. El naciente día lavaba ya un cielo sin nubes.

Toni remontó la 8 entre un caos de formaciones graníticas en dirección a Mountain Spring Pass. A la derecha, a lo lejos, las cumbres mexicanas emergían de la bruma que aún cubría los valles.

En la vertiente occidental de la montaña, la vegetación y el paisaje cambiaban radicalmente; el desierto daba paso a un exuberante oasis sin solución de continuidad: palmeras, yucas y laureles ocupaban todo el espacio entre los bungalows y las villas, cuyo número crecía a medida que Toni descendía hacia San Diego.

La densidad de la circulación había aumentado considerablemente a pesar de los ocho carriles de la autopista. Toni distinguía ya la nube anaranjada de contaminación que cubría la ciudad.

El periodista estrenó unas gafas de sol baratas y bajó el cristal de la ventanilla para apoyar el codo en el marco. Un aroma a jazmín mezclado con el tufo de los hidrocarburos invadió el habitáculo.

Toni se incorporó al intenso tráfico matutino de San Diego.

La Casa de los Sindicatos estaba situada no muy lejos de Balboa Park. No tuvo dificultad en localizarla entre un Seven Eleven y una estación Phillips 66, en el corazón de un barrio obrero.

Encaramada en el último piso del edificio, la Asociación de apoyo a las obreras de las maquiladoras cabía en dos habitaciones minúsculas atestadas de archivadores metálicos. Entre ellos y el escritorio, apenas quedaba espacio para moverse.

Las paredes estaban cubiertas de carteles políticos bilingües.

De hecho, parecía una réplica del despacho de Guadalupe.

Toni procuró contener la ola de emoción que se alzó en su interior cuando una cincuentona metida en carnes y vestida con unos pants rosa pálido se acercó a él.

—Buenos días, me llamo Charlene. ¿Puedo ayudarlo en algo?

Toni reconoció la voz. Su español era tan acariciante como por teléfono.

En carne y hueso, evocaba irresistiblemente un panal de miel, y sus ojos azules, que sonreían tras unas gafas sin montura, tenían un extraño efecto sedante. Con una barba blanca, habría podido encarnar a un Papá Noel de lo más tranquilizador. Además, le brillaba la nariz, como a él.

Lourdes aún no había llegado. Debía por llegar, de modo que si era tan amable de sentarse y esperar. ¿Le apetecía café?, gorjeó Charlene.

El estómago de Toni se rebeló solo de pensarlo. Muchas gracias, no.

Lourdes Simpson, con un humor de perros y una pila de carpetas sobre los brazos, abrió la puerta de la sede de la asociación de un puntapié.

¿Qué hacía allí aquel barbudo tripón plantado en mitad del despacho? ¿Es que no podía apartarse un poco? ¿No veía que estaba en medio y allí no había quien diera un paso?

¿De qué diantre de cita le hablaba Charlene? Bueno, pues lo había olvidado por completo. ¿Zambudio? ¡Ah, sí, el que venía de parte de Guadalupe!

Dios mío. Guadalupe Vidal. Su cólera se aplacó un poco.

"Es realmente guapa", se dijo el periodista al verla entrar.

Sus largos cabellos negros enmarcaban un rostro de pómulos altos y ojos oscuros. Sus tersas mejillas estaban cubiertas de diminutas y encantadoras pecas. Vestía una ancha sudadera roja y jeans desteñidos que moldeaban sus cortas piernas. No tendría más de veinticinco años.

Pero el herrero que había forjado aquella mirada no había escatimado el acero.

Tenía tanto carácter como aparentaba.

En un español impecable y glacial, Lourdes lo invitó a sentarse de nuevo. Tenía que hacer una llamada telefónica urgente, si era tan amable de disculparla unos instantes.

Unas dos horas más tarde, ella seguía agarrada al teléfono como a una tabla de salvación y Toni la encontraba bastante menos guapa y, a decir verdad, francamente insoportable. Cada cuarto de hora poco más o menos, levantaba la cabeza para mirarlo y formaba con los labios un "lo siento" mudo y apenas creíble entre llamada y llamada.

Toni apenas había tenido la oportunidad de balbucir unas palabras respecto al motivo de su visita. Charlene le lanzaba miradas de conmiseración a intervalos irregulares.

Teniendo en cuenta los kilómetros que había hecho para encontrarse con ella, la actitud de Lourdes Simpson denotaba tanta flema como falta de educación.

Toni iba sulfurándose mientras golpeaba nerviosamente con el pie el fatigado linóleo del minúsculo despacho y consultaba su reloj con creciente y ostensible frecuencia.

La sorda cólera que iba creciendo en su interior acabó provocándole ardor de estómago.

Pasadas dos horas y media, se levantó y se acercó a la mesa de Charlene, que lo miró apurada.

—Mire, para venir hasta aquí he atravesado un océano y la mitad de un continente. No he llamado a su puerta de improviso; he pedido cita. Lo más educado habría sido recibirme o rechazar la entrevista. No veo la necesidad de seguir soportando esta humillación. Sabré arreglármelas solo. Adiós y gracias por su colaboración.

Y se marchó dando un portazo.

Pues sí que tenía humos la dichosa Lourdes Simpson...

¿Y qué coño pintaba él allí? Más le habría valido esperar a Harding; al menos no habría perdido el tiempo.

La sangre afluía a su cerebro al ritmo lancinante de la jaqueca que se había instalado en su cabeza. ¡Guadalupe y sus grandes ideas! Al pensar en su cuerpo flotando entre dos aguas del río Bravo, el remordimiento lo invadió de inmediato.

Toni se quedó indeciso en el aparcamiento de la Casa de los Sindicatos.

Enfrente, en University Avenue, el letrero luminoso de una farmacia le guiñaba el ojo. El periodista se alejó del Chrysler y cruzó el bulevar.

De espaldas a la puerta, la gruesa farmacéutica agitaba los brazos en mitad del establecimiento acompañándose de graznidos. Intentaba demostrar a los empleados del laboratorio de preparación que, cuando levanta las plumas del pescuezo, se puede tener la certeza de que el cuervo es un macho ejecutando la danza nupcial.

La mujer se volvió hacia Toni sin dejar de agitar las alas:

—Buenos días —dijo sonriendo.

—Quería algo para el dolor de cabeza. Sin aspirina, por favor, tengo el estómago delicado —puntualizó Toni en su balbuceante inglés.

Lo estaba esperando, con una nalga negligentemente posada en la aleta del Chrysler. El sol jugaba con los reflejos azulados de su pelo, a pesar de lo cual le resultaba tan atractiva como un tarro de yogur caducado. Lourdes Simpson lo encañonó con sus negros y duros ojos.

—Lo lamento. De verdad.

Había conseguido dar un poco de dulzura a su voz.

—¿De verdad? —respondió Toni en un tono glacial.

—¿Podemos ir a algún sitio? En mi despacho, las paredes oyen, y éste tampoco es un lugar muy seguro. —Toni miró a su alrededor, pero no vio nada que le pareciera amenazador. No obstante, se abstuvo de hacer comentarios y desbloqueó el cierre centralizado del coche—. Conduzca, daremos una vuelta por la playa. —El tono de la joven era perentorio. Toni accionó el contacto—. Perdone por lo de antes. Estoy desbordada y, después de su llamada de ayer, me ha sido absolutamente imposible encontrar un momento para ocuparme de su asunto. No quería hablar con usted hasta tener la certeza de poder hacerlo con total seguridad. Guadalupe me anunció que vendría. —La señorita Simpson guardó silencio durante unos instantes antes de continuar—: Pero ahora está muerta, y usted podría no haber sido quien decía ser. Desde luego, esto no es Juárez, pero también aquí conviene ser prudente. Tenía que comprobar su identidad, y he de confesar que la respuesta de su periódico en Madrid me ha dejado perpleja. Los he llamado en cuanto ha dado media vuelta. Me han dicho que ya no cubría el caso e incluso han añadido que ya no tenía la acreditación oficial del periódico. He hablado con un tal Pérez, que por cierto estaba muy alterado. También he echado un vistazo a los periódicos de los últimos días. Aparece usted repetidas veces y en lugar bastante destacado, pero en una foto en la que apenas se lo reconoce. Está entrando en un hotel o un sitio por el estilo mientras se protege el rostro con la mano. Como prueba era bastante débil, reconózcalo. Apenas se lo distingue. He visto que su coche seguía en el mismo sitio, así que he bajado para esperarlo. Realmente, no podía correr el riesgo de hablar con usted en nuestro local. Una vez más, lo siento.

Toni respiró hondo y redujo la velocidad al tiempo que preguntaba:

—¿También han asesinado a mujeres aquí, quiero decir allá abajo, al otro lado de la frontera?

—Que yo sepa, no —respondió la joven—. Ha habido secuestros y violencia, pero por motivos sindicales. Nunca se ha llegado al asesinato.

—El nacimiento de niños con deformidades a causa de la contaminación, ¿es frecuente por aquí?

—¡Ya lo creo!

—¿Pero nada de asesinatos en serie?

—En fin, a menos que consideremos como tales los arreglos de cuentas entre mafias, no, que yo sepa.

Toni se quedó pensativo.

De improviso, la bahía de San Diego apareció ante su vista en toda su extensión.

El sol de invierno empezaba a declinar sobre el Pacífico, que Toni veía por primera vez en su vida.

Tomaron la autopista a la altura del aeropuerto internacional.

Un avión pasó a ras de los coches antes de aterrizar a su derecha.

La frontera estaba a poco más de media hora de camino por la interestatal 5.

A partir de Chula Vista, la autopista estaba jalonada de insólitos indicadores que, sobre un fondo amarillo, mostraban a los miembros de una familia corriendo con maletas en las manos.

—Significa:"Atención, paso de clandestinos".—Comentó Lourdes lacónicamente—. Muchos mueren atropellados al intentar cruzar la autopista.

Los coches de la Border Patrol eran más numerosos a medida que se aproximaba la frontera.

El puesto fronterizo que separaba San Isidro/EE.UU. de Tijuana-México, era impresionante. Centenares de coches esperaban pacientemente ante decenas de cabinas, mientras una auténtica marea humana circulaba en ambos sentidos. Por todas partes se veían banderas de ambos países, vallas de alambre de espino, cámaras, perros, pasos en zigzag de hormigón, aduaneros, militares... De aquel hervidero ascendía un guirigay de bocinazos, apóstrofes en español y en inglés y músicas que escapaban de una multitud de radios por las ventanillas abiertas. Debido al embotellamiento, el aire era irrespirable.

—*Welcome to Tijuana!*, la frontera más cruzada del mundo, legal e ilegalmente —anunció Lourdes sarcásticamente mientras pasaban el puesto de control mexicano, en el que dos guardias discutían sin prestarles atención.

El semáforo se puso en verde. Los agentes les indicaron que circularan con aspavientos irritados. Al parecer, en aquel país todo el mundo entraba y salía como Pedro por su casa.

El contraste con San Diego, cuyas torres iluminadas brillaban a lo lejos, no podía ser mayor. A lo largo de las aceras, llenas de socavones y alfombradas de desperdicios, una muchedumbre de mendigos y vendedores ambulantes acechaba a los turistas ante un mercadillo fronterizo en el que los Cristos de plástico polícromo se codeaban con las ristras de pimientos de porcelana y las Vírgenes de Guadalupe de escayola a tamaño natural.

A pesar de todo, la ciudad no parecía tan miserable como Juárez.

Atravesaron un barrio comercial de reciente construcción bastante lujoso, en el que los grandes almacenes alternaban con los bancos y los restaurantes de postín.

Siguiendo en todo momento las indicaciones de Lourdes, Toni rodeó una rotonda adornada con una estatua de Diana cazadora y tomó la carretera de la playa. La cicatriz del muro de acero construido por la administración Clinton para cerrar la línea fronteriza ocultaba todo el horizonte y, ajeno a las preocupaciones humanas, se prolongaba hasta el mar. Allí, pegados a California, vivían dos millones de personas. Las innumerables colonias de la ciudad de Tijuana trepaban al asalto de las alturas, dominadas por una enorme antena.

Toni abarcó el paisaje con la mirada.

Abajo, en la playa, los niños jugaban a uno y otro lado del muro.

Era la misma arena, la misma agua, el mismo cielo.

—Lo erigieron con las planchas metálicas que sirvieron para construir las pistas de aterrizaje del Golfo —explicó Lourdes—. Nada se desaprovecha, todo se recicla. Y lo están reforzando.

Fueron andando hasta el muro.

La puesta de sol, que se anunciaba magnífica, incendiaba ya el acero de las planchas.

De cerca, se apreciaba una herrumbre oceánica que apenas había iniciado su tarea. En determinados puntos, las planchas estaban perforadas, y ojos febriles escrutaban el horizonte californiano por los orificios con las manos crispadas sobre el metal y los nudillos blancos.

Cegados por el disco del sol, que se hundía parsimoniosamente en el Pacífico, Lourdes Simpson y Toni Zambudio siguieron hablando ajenos al vigilante que anotaba escrupulosamente las placas del Chrysler.

Aquella frontera era una verdadera ignominia.

—¿Cómo se convirtió usted en militante de la causa obrera mexicana? —le preguntó Toni a Lourdes.

—Es una historia muy larga. Una historia de venganza. —La joven hizo una pausa, como para sumergirse a pulmón libre en lo más profundo de sí misma. Cuando subió a la superficie, clavó sus negros ojos en los de Toni—. Se llamaba Skip, Skip Lindsey, y era periodista. Como habrá imaginado, yo estaba enamorada. Skip trabajaba para una revista alternativa de Los Ángeles. Tenía veintitrés años. En 1988, viajó a la zona de Matamoros para investigar sobre las primeras maquiladoras. Ya eran fábricas-destornillador en las que montaban televisores y electrodomésticos en general. Abreviando, volvió indignado, con un proyecto de documental para la televisión.

Sus mandíbulas iban apretándose a medida que hablaba.

—¿Y? —la animó Toni.

Lourdes levantó la cabeza y lo miró a los ojos.

—Consiguió el dinero necesario. Pero, cuando volvió allí, lo secuestraron, le dieron una paliza y lo obligaron a prometer que renunciaría al proyecto. En ese momento cedió, pero, en cuanto lo soltaron, volvió a trabajar en el documental y empezó a pasar el día entero rodando en las colonias. Hasta que volvieron a secuestrarlo. Pero esa vez fue la picana, y cuando volvió había sufrido tantos shocks eléctricos que era incapaz de concentrarse lo suficiente para escribir una sola línea. Seguirá así toda la vida. Al menos, eso es lo que dicen los médicos.

Toni permaneció en silencio durante unos instantes. Matamoros. Más o menos, en la época de los asesinatos en serie.

Aquella frontera les había arrebatado un ser querido a ambos.

—¿A quién pertenecía la fábrica, la maquila sobre la que investigaba su amigo? —Lourdes bajó la cabeza—. ¿A Cortez Electronics? ¿Es eso?

Cortez Electronics, una vez más. Una vez más.

Había una relación. Tenía que haberla. Lourdes Simpson guardaba silencio. Mierda. No le harían lo mismo que Guadalupe.

—Guadalupe. Y ahora usted. Por amor de Dios, ¿por qué le da tanto miedo hablar?

Lourdes dudó antes de contestar.

—No lo conozco lo bastante para... —Su mirada se encontró con la de Toni—. Mire, desde hace años, Guadalupe y yo nos veíamos un par de veces al año, con motivo de alguna conferencia. A lo largo de toda la frontera hay muchas asociaciones como la nuestra, y nos mantenemos en contacto lo mejor que podemos, centralizando la información y coordinando nuestras acciones a través de una gran organización: la Federación para la justicia social en las maquiladoras. Con los acuerdos del TLC, toda la zona fronteriza se ha convertido en un laboratorio de pruebas para el comercio económico mundial. Guadalupe era, en la misma medida que yo, un engranaje en un mecanismo de resistencia al sistema. Y, si ella no habló, fue por un único y exclusivo motivo. Tenía miedo. Se había vuelto demasiado peligroso para ella. Todos nosotros tenemos que desconfiar, en una medida que usted ni siquiera puede imaginar.

—Pero, ¿qué pasa allí abajo, en Juárez? ¿Qué se supone que podría usted contarme, en definitiva?

Lourdes Simpson lo escrutó una vez más antes de decidirse a responder.

—Ya se lo he dicho, cada uno de nosotros es una pieza de un rompecabezas y nadie tiene una visión global. Es una cuestión de seguridad. No sé a ciencia cierta qué hay detrás de los asesinatos de Juárez. Yo sólo me ocupo de Tijuana. Guadalupe me dio una sola consigna: que lo mandara a Brownsville. Allí hay un abogado que se llama Roni Torres. Es absolutamente necesario que hable con él. Eso es lo que dijo Guadalupe. No sé nada más.

—¡Brownsville! Pero eso está en la otra punta de la frontera... ¿Y dónde encontraré a ese abogado providencial?

—Por eso no se preocupe —respondió Lourdes con una mueca divertida—. No tiene pérdida. Ha comprado la cárcel municipal y se ha instalado en ella.

Mientras hablaba, la joven observaba con atención las expresivas arrugas que surcaban las comisuras de los ojos de Toni. Él, apurado, se pasó una mano por la hirsuta barba. Jo.

—Me hablaba usted de su amigo. Lo secuestraron, lo torturaron... ¿Qué se esconde detrás de ese "lo"? Cortez Electronics, ¿sí o no?

—¿Usted qué cree? —Lourdes soltó una risa sarcástica—. Mire, en nuestra sede en San Diego han entrado a robar varias veces, lo mismo que en mi casa. Y no se llevaron las computadoras, no. Sólo los discos duros y los disquetes. ¿Quién puede actuar así, con total impunidad, a ambos lados de la frontera? Voy a ponérselo fácil —dijo Lourdes lanzándole una mirada feroz—. Se reduce a tres iniciales, y no son las del FBI. Supongo que no es usted tan ingenuo como parece...

—Lourdes, si la CIA está metida en esto, corre usted un grave peligro.

—A Skip no lo mataron —repuso la joven—. Es estadounidense, como yo. La vida de un estadounidense es algo muy importante, ¿sabe? Hasta ahora se han contentado con intimidarme. Hace unas semanas, volvía de Tijuana y me detuvieron en la frontera. Una oficial del ejército estadounidense. "Aparque allí —me dijo señalándome una zona de estacionamiento—. Avance muy despacio y con las manos bien visibles sobre el volante. No baje del coche." Había sacado su arma reglamentaria. Me retuvieron tres horas. Otras veces, me han seguido por San Diego. Sin ocultarse. Recuerdo que una noche acababa de salir de la asociación y subir al coche, cuando un individuo trajeado con pinta de funcionario federal dio unos golpecitos en la ventanilla. "Señorita Simpson, se dirige al 1257 de la calle Cuarta, ¿verdad? No se preocupe, hemos destinado a dos agentes para velar por su seguridad. Pero, si no está tranquila, podemos reforzar la vigilancia." Yo acababa de llamar a un amigo a cuya casa me dirigía. Una forma como otra cualquiera de hacerme saber que estaban al tanto de todas mis idas y venidas, que seguían todos mis movimientos. Y también de decirnos que escuchaban nuestras conversaciones y que no podíamos ocultarles nada, que eran ellos quienes controlaban la situación.

Toni asintió.

—Entonces también sabrán que estoy aquí.

—De eso puede estar seguro.

Ante la expresión descompuesta de Toni, Lourdes esbozó una cálida sonrisa por primera vez. En esos momentos, le pareció la mujer más guapa del planeta.

No se atrevió a preguntarle si seguía compartiendo su vida con Skip Lindsey.

Se limitó a devolverle la sonrisa y mirar su pequeña mano, negligentemente abierta y posada en el borde del asiento, al alcance de la suya. Se mordía las uñas. Y él se moría de ganas de aprisionar aquellos dedos entre los suyos. La mano volvió a cerrarse como un animal asustado.

—Sigo sin comprenderlo. Todo encaja. Matamoros, los asesinatos rituales, Juárez, la nueva ola de muertes, el asunto de esa maquila, Cortez Electronics... Pero, ¿qué relación puede tener todo eso con la maldita magia negra? Después de todo, fue la propia Guadalupe quien me puso sobre la pista del lugar de los sacrificios. ¡Es para volverse loco! —exclamó Toni agarrándose la cabeza con las manos—. Todos los días ocurren hechos nuevos y surgen nuevas informaciones; pero, en lugar de aclararse, el panorama es cada vez más negro. Cuantas más cosas sé menos lo entiendo.

El aire tibio del día había cedido el sitio al relente del océano.

—¿Qué piensa hacer ahora? ¿Ir a Brownsville?

—Por supuesto. No tengo otra cosa que hacer, ni tampoco mucho que perder. Pero lo que descubra allí no hará más que complicar la cosa un poco más, seguro. En fin, ya que he llegado hasta aquí...

Toni se encogió de hombros al tiempo que comprendía hasta qué punto lo turbaba el calor del cuerpo que tenía a unas decenas de centímetros.

Los cristales de las ventanillas se habían cubierto de vaho.

La joven alzó los ojos hacia él.

El viento nocturno azotaba la carrocería.

—Tenga mucho cuidado. Usted no es estadounidense. No se imagina hasta qué punto son peligrosos.

—¿Qué la hace estar tan segura respecto a sí misma?

Lourdes clavó los ojos en las punteras de sus tenis.

—¿Sabe por qué soy tan prudente? ¿Por qué me he comportado casi como una paranoica con usted? Hará año y medio, cierto individuo se presentó en la asociación después de haber concertado una cita, tal y como ha hecho usted. Me dijo que era economista y que estaba haciendo un estudio sobre las condiciones del desarrollo social ligado a las maquiladoras. Quería tener acceso a nuestros archivos para redactar su memoria. Evidentemente, me negué. Va contra nuestro código deontológico y además no conocía de nada a aquel sujeto. No me fiaba, e hice bien. Unas semanas después, me hizo una llamada telefónica muy curiosa. Me dijo que debía tener mucho cuidado porque la gente con la que trabajaba eran peligrosos agitadores comunistas y, en vista de mis antecedentes y los de Skip, me aconsejaba encarecidamente que pusiera fin a cualquier colaboración con la asociación, a la menor brevedad. —La alarma saltó en un rincón del cerebro de Toni—. Pretendía asustarme, estaba claro, y desde luego no era quien decía ser. ¿Ha oído hablar de la First Line? —Toni negó con la cabeza—. Es un departamento de la CIA exclusivamente dedicado a América Central —le explicó Lourdes—. Nicaragua, El Salvador... Han montado todas las tramas sucias, incluida la financiación de la contra mediante el tráfico de drogas. Abreviando, escribí a San Antonio, Texas, a la federación de la que le he hablado. El supuesto economista me había dejado su tarjeta de visita. El muy cerdo ni siquiera se ocultaba, actuaba bajo su verdadero nombre. Efectivamente, quería asustarme. La presidenta de la Federación para la justicia social en las maquiladoras es una religiosa próxima a la Teología de la Liberación, así que figúrese si le sonaba la historia. Aquel cerdo había organizado por cuenta de la First Line las violaciones y los asesinatos de las trece monjas martirizadas en El Salvador. En represalia por la muerte de un agente de los servicios secretos estadounidenses. Para que vea cuánto se cotizan en el mercado las vidas de los estadounidenses...

Toni volvía a ver las imágenes emitidas por la televisión. La fosa, la exhumación de los cuerpos...

Había sido un escándalo a escala planetaria.

—¿Cómo se llamaba ese topo? —preguntó Toni con el alma en vilo y los ojos pendientes de los labios de Lourdes.

—Tenía un despacho en Juárez —respondió Lourdes—. Y, por aquel entonces, su trabajo consistía en controlar el posible desarrollo de actividades sindicales independientes en las maquiladoras. Harding. Se llamaba Lawrence Harding.

Se lo imaginaba. Alfonso Pazos dejó la carpeta que acababa de cerrar sobre una pila de expedientes. No demasiado agradable, pero nada sorprendente.

Acababan de encontrar en mitad del desierto los cuerpos horriblemente mutilados de los tres cirujanos que habían operado a Amado Carrillo, el padrino del cártel de los narcotraficantes locales, recientemente fallecido a causa de un exceso de anestesia.

No, desde luego aquello no tenía nada de sorprendente, se dijo el menudo jefe de la policía.

Los restos habían sido voluntariamente expuestos. Para dar ejemplo.

Pazos suspiró. A este paso, el jodido desierto acabaría convertido en un inmenso osario.

Los frijoles le estaban repitiendo.

En fin. Todo aquello no era más que rutina.

Lo que, por el contrario, preocupaba enormemente al señor Pazos, jefe de la policía de Ciudad Juárez, era el expendiente que tenía ante los ojos: más cuerpos torturados, con las ligaduras hundidas en la carne, en poses obscenas.

Esta vez habían sido dos. Halladas en los retretes de la Gozmex.

Por lo demás, el perfil era el mismo: jóvenes, de tipo indio, cabello largo, obreras...

En cambio, la novedad era el doblete y el hecho de que los cadáveres hubieran sido abandonados en un lugar frecuentado, en la propia maquila. Los asesinatos continuaban con recrudecida violencia, como si el o los asesinos en serie ya no temieran absolutamente nada. Y no paraban de innovar. La madre de una víctima y, ahora, doblete. Suficiente para volver locos a los especialistas en perfiles de los federales.

Pazos se sentía humillado.

Y para colmo los jefes de la Gozmex lo presionaban para que echara tierra al asunto. Por primera vez, habían violado y asesinado a empleadas suyas en su lugar de trabajo. Si la noticia se hacía pública, aún acudirían más periodistas. Esta vez vendrían de todo el mundo, en vuelos chárter.

La perspectiva le hacía echar de menos las semanas precedentes y las partidas de escondite con el periodista español.

Por cierto, ¿adónde habría volado ese pájaro? Ahora lo buscaba todo el mundo, su familia, su periódico, su colega Montoya, que se había vuelto a Madrid con las manos vacías tras mandar a *El Diario* un embarullado artículo en el que acusaba a los narcotraficantes de estar en el origen de los asesinatos. Sicarios practicando la caza de la mujer para un padrino local. ¡Qué pendejada! Como si esa gente no tuviera otra cosa que hacer.

Los jefes de los cárteles no jugaban a médicos y enfermeras con las trabajadoras en los meaderos de las fábricas. Las ponían en las aceras. Con la mercancía no se juega.

Ese Montoya... No le llegaba a su colega ni a la suela del zapato.

Lo que tal vez le había salvado la vida, pensó Pazos reprimiendo otro eructo cargado de gases de frijol.

Tiempo al tiempo, pero puede que en esos momentos el cuerpo de Zambudio fuera pasto de los coyotes en algún lugar del desierto. Uno más.

Las últimas palabras de Lourdes Simpson lo habían golpeado en el estómago con la fuerza de un tren lanzado a toda velocidad. Una erupción de bilis mezclada con horchata ascendía a lo largo de su esófago.

La joven lo había visto palidecer y vacilar. Luego, lo había interrogado, con la voz llena de aprensión, y él le había pedido que se fuera, que volviera a casa, que no regresara a aquel lado de la frontera durante una buena temporada. Toni tenía la cabeza llena de imágenes de cuerpos en carne viva y miembros arrancados.

—Busque un lugar seguro. Tiene razón. No sabemos hasta qué punto son peligrosos. Ni usted ni yo. La acompañaré a pie hasta la frontera. ¿Tiene algún modo de volver a San Diego una vez que esté en el otro lado?

—Cogeré el trenecito que va de San Isidro hasta el centro de la ciudad —había respondido Lourdes, angustiada—. Pero, ¿qué ocurre, qué he dicho? Es Harding, ¿verdad? ¿Lo conoce? Hable, se lo suplico. ¿Por qué no se viene conmigo a California? Allí estaría seguro.

—Yo ya no estoy seguro en ningún sitio, Lourdes, ni aquí ni allí. Y cruzar la frontera en Tijuana sería una locura. Con la de policías que hay en el puesto fronterizo, me identificarían enseguida. Estoy seguro de que ahora mismo nos están buscando. No puedo decirle nada más sin ponerla en peligro. Ahora comprendo por qué le entró tanto miedo a Guadalupe cuando mencioné a Harding, por qué se cerró como una ostra. Son capaces de todo. Dígame, ¿conocía ella su existencia?

—Por supuesto.

—La mató él. Las ha matado a todas. Pero, ¿por qué? ¿Por qué?

Toni había dejado el coche de alquiler en uno de los grandes aparcamientos para turistas próximos a la aduana. Mezclados con la muchedumbre de ociosos que cruzaban la frontera en ambos sentidos en busca de Prozac o prótesis dentales a precio de saldo, caminaban hacia Estados Unidos siguiendo el itinerario peatonal violentamente iluminado por los focos, mientras los vendedores ambulantes trataban de arrancar los últimos dólares a los transeúntes. Antes de ponerse a la cola que llevaba a las oficinas de la inmigración estadounidense, Lourdes se detuvo y se volvió hacia él:

—No hace falta que le diga que tenga cuidado.

Al ver que no respondía, la joven le apretó la mano afectuosamente, con un gesto que tenía más de caricia que de otra cosa, y avanzó hacia la interminable hilera iluminada por los neones estadounidenses.

Toni dio media vuelta procurando retener el contenido de su estómago tanto tiempo como le fuera posible y se dirigió al aparcamiento en el que había dejado el coche. Aguantó trescientos metros antes de aliviar su organismo de aquella tortura.

Examinó el vómito. Ni rastro de sangre. Ya era algo.

Cerca del estacionamiento, compró un destornillador barato en el tenderete de un indio yaqui. Y, para compensar, se aprovisionó de Pepcid AC en una de las grandes superficies de productos farmacéuticos que abundaban en la avenida Revolución, la arteria más animada de Tijuana.

No fue nada fácil. Se deslizó por debajo de la barda del estacionamiento y avanzó en cuclillas entre los coches. No tenía más que elegir. Se decidió por una pequeña autocaravana con matrícula de Oregón.

No era muy bueno con las manos, ni mucho menos para cualquier talacha. Como era de esperar, había elegido un destornillador pésimo. A mal obrero, mala herramienta. Y encima lo tornillos estaban oxidados.

Resoplando y jurando en voz baja, acabó no obstante por vencer la resistencia de las dos placas mineralógicas del vehículo, aunque tuvo que hacer varias pausas para ocultarse de los risueños juerguistas que llegaban a retomar la posesión de sus bólidos y el jodido destornillador se partió justo en el último tornillo, que tuvo que acabar de quitar con los dedos.

De nuevo en cuclillas, hizo el mismo recorrido en dirección opuesta y, tras meterse las placas de la autocaravana debajo de la camisa, entró en el aparcamiento por el camino normal, recuperó el Chrysler y guardó el producto de su hurto en el maletero discretamente antes de preguntar al vigilante, a quien acababa de dar una jugosa propina, la dirección de un hotel digno de ese nombre.

Se pasó la noche cavilando frenéticamente. Tumbado con la ropa puesta en una de las inmensas camas de la habitación del Hacienda del Río Hotel, no paraba de dar vueltas, empapado en sudor a pesar de la climatización.

De vez en cuando se levantaba para contemplar el agua turquesa de la piscina, mientras la tele, con el volumen al mínimo, proyectaba reflejos animados sobre las inmaculadas paredes de la habitación.

Era para volverse loco.

¿Dónde estaba la verdad en todo aquello?

Si lo que le había contado Lourdes Simpson era cierto, si no era una engañifa más, entonces... Entonces la situación era simplemente aterradora.

Harding, actuando por cuenta de la CIA, lo había lanzado sobre una pista falsa, la de los asesinatos rituales.

¿Con la complicidad de Guadalupe? Absurdo.

Y, sin embargo, la nota que lo había conducido al Rancho Doble A era de su puño y letra.

Cuando se tiene un hijo al que proteger, se hace lo que haga falta.

El Rancho Doble A. Hablemos de él.

Macabra puesta en escena, altar falso.

Ni más ni menos que la pista de los asesinos de Matamoros.

Pero las capas de sangre coagulada de la caravana provenían de los cuerpos de numerosas víctimas martirizadas.

Y Dolores Guevara no podía ser más real. La habían torturado, mutilado, eviscerado...

¿Solo para embaucarlo? Eso significaría que no se habían despegado de él en ningún momento.

Poco a poco, iba comprendiéndolo todo. Era un montaje.

Echado sobre la arrugada colcha de la mullida cama, Toni Zambudio, con el corazón palpitante y la mirada alucinada, contemplaba el cielo de Baja California, que palidecía minuto a minuto.

La pista de los mayomberos no era más que un señuelo.

Harding había estado jugando con él.

Lo más humillante era que aquel cabrón estuviera tan seguro de sí mismo que ni siquiera ocultara su nombre. ¿Habría participado en los crímenes personalmente?

No, aquello era obra de un psicópata, aunque estuviera al servicio de la CIA.

Y al que organiza una carnicería semejante, ¿cómo lo llamarías, más que psicópata?

Van a matarme.

He llegado demasiado lejos. Si pueden, me matarán. Y a Lourdes conmigo.

Estaba tiritando. Se obligó a pensar con lógica.

El único modo de salvar el pellejo era descubrir la pieza que faltaba en aquel rompecabezas infernal. El móvil. Estaba allí, agazapado en algún rincón de su cerebro.

Sí, joder, había estado dando palos de ciego, pero ahora tenía que resolver el enigma rápidamente y escribir un artículo que provocara tal revuelo de un extremo a otro del planeta que ya no pudieran actuar.

Como lo de los comandos del GAL. ¿Por qué? ¿Por qué? ¿Por qué estaba la CIA detrás de más de cincuenta violaciones, cincuenta asesinatos de obreras jóvenes?

Eso tiene alguna relación con la maquiladoras, tiene que tenerla, olvídate de la brujería, piensa, coño, piensa.

Esa noche Toni Zambudio no pudo sacar más partido de su embarullado cerebro.

Cuando se despertó, el sol incendiaba la habitación y el televisor, encendido, imperturbable, seguía emitiendo las imágenes de un concierto sinfónico en Viena.

Una borrachera seca. Así habría podido definirse el lamentable estado en que se encontraba.

El periodista se arrastró hasta el baño y se dio una ducha helada aullando de dolor. El impacto de los centenares de agujas de agua fría sobre su cuerpo le perforaba la piel.

Sin más dilación, cogió la bolsa, que ni siquiera había deshecho, y bajó a recepción.

Tras el mostrador, sonriéndole con todos los dientes, el conserje le anunció que, dado lo tardío de la hora, no podían servirle el desayuno, y Toni se conformó con un chocolate a la canela gentileza de la dirección. Delicioso.

Desde luego, no había como tener dinero.

Garrapateó "¡No se le ocurra volver a México!" en el dorso de una tarjeta postal adquirida en el quiosco del hotel y la introdujo en un sobre dirigido a Lourdes Simpson, que confió al cartero del hotel con un billete de veinte dólares indicándole que hiciera lo necesario para que fuera enviado desde Estados Unidos.

Luego, tras pagar la cuenta con su flamante tarjeta de crédito, cruzó el aparcamiento a la sombra de los plátanos, las palmeras y las adelfas, subió al Chrysler de alquiler, remontó la avenida Sánchez Taboada en dirección este y desembocó en la Mesa, donde comienza la Ruta 2, que lleva al océano Atlántico.

En Tecate, abandonó la carretera de cuatro carriles para dirigirse al centro de la ciudad.

El pequeño núcleo urbano habría tenido algo de infinitamente enternecedor y provinciano de no haber sido por el muro de acero, que también allí separaba la ciudad acurrucada entre las montañas de sus vecinos estadounidenses y cuya línea asomaba por encima de las cruces del cementerio comunal.

Toni entró con paso decidido en una peluquería, de la que salió una hora más tarde impecablemente afeitado, cráneo incluido.

En una pequeña tienda que vendía un poco de todo, compró otro par de gafas de sol, esta vez redondas, un gorro con el escudo de los Chicago Bulls y un destornillador un poco más sólido que su predecesor.

A continuación, apagó la sed con un juicioso jugo de papaya en un despacho de bebidas de la cadena La Michoacana antes de seguir el viaje.

A la salida de la ciudad, torció a la derecha para tomar una pista de tierra que se desplegaba hacia un grupo de verdes colinas de sugerentes curvas.

Una vez a cubierto de miradas indiscretas, desatornilló las placas del Chrysler y las sustituyó por las de la autocaravana. Lo había visto hacer millones de veces en las películas policiacas de serie B.

Nunca se sabía. A lo mejor funcionaba.

Había observado que, en la frontera, los aduaneros examinaban los pasaportes con mucha más atención que la documentación de los vehículos.

Alzó los ojos hacia un cielo de un azul inmaculado y se secó la frente con el dorso de la mano.

Un águila real fiaba su trayectoria a las corrientes ascendentes, y sus alas desplegadas se reflejaron fugazmente en los cristales de las gafas de Toni.

Con la ayuda del destornillador, cavó un agujero, en el que enterró las placas lo mejor que pudo, antes de apisonar la tierra a taconazos y lanzar el coche hacia Mexicali como si el diablo le pisara los talones, lo que, se dijo Toni, no estaba muy lejos de la realidad.

Ahora solo tenía que volatilizarse, que desaparecer sin dejar rastro.

Poco antes de San Luis de Río Colorado, Toni Zambudio dejó de contar los días y perdió la noción del tiempo.

Esa noche, en San Luis, cogió una borrachera de las que hacen época. La cosa pasó de la forma más tonta. Se había registrado en el Río Colorado Motel, uno de esos establecimientos en los que el anonimato está garantizado. Siempre que des un nombre falso y tengas suficiente liquidez.

El núcleo urbano había crecido longitudinalmente al borde de la Ruta 2, paralela a la frontera.

Desde su ventana, Toni tenía una vista panorámica del sempiterno muro de metal yanqui y, al otro lado, del desierto de Yuma, salpicado de matojos y mezquites calcinados.

En lontananza, la alta y oscura silueta de las Chocolate Mountains interceptaba el horizonte.

Un paisaje tan alegre como su humor.

Toni abandonó la habitación, de paredes encaladas y espartano mobiliario, con el estómago en los pies.

A primera vista, en los alrededores no había ningún lugar acogedor para ahogar su melancolía, a excepción de una cantina que respondía al entrañable nombre de "¡Viva México!", si el baqueteado rótulo de la entrada no mentía.

La M de México había desaparecido hacía tiempo de su roñoso soporte.

Toni penetró en la sala, cuya decoración evocaba un improbable club americano de gran hotel soviético de los años setenta. Para él solito.

Dos rollizas cabareteras contemplaban absortas el combate de lucha libre de la televisión, mientras el patrón dormitaba con la boca abierta repantigado en un canapé de terciopelo naranja y deshilachados flecos.

Contrariamente a lo que temía, la chuleta que le sirvieron era tierna y jugosa a más no poder, y por si fuera poco parecía que iban a dejar que se la comiera en paz.

231

Sólo se oían los comentarios del periodista deportivo al otro lado de la barra.

Pero al poner la hoja del cuchillo en el sangriento filete se le revolvió el estómago. Perdido el apetito, dejó la servilleta en el mantel, pagó la cuenta y salió por donde había entrado.

En las inmediaciones del puesto de aduanas, San Luis estaba más animado; no mucho, desde luego, pero al menos se veía gente por las aceras y parejas paseando del brazo.

De un pequeño bar con las paredes pintadas de verde, salía música.

Toni entró en el establecimiento, que estaba casi desierto e iluminado por fluorescentes que habían obligado a batirse en retirada detrás del mobiliario hasta el último residuo de oscuridad.

Sentado a una mesa de formica roja, un viejo cantaba "Golondrina", una tonada tradicional, acompañándose con una guitarra, mientras un campesino tocado con un sombrero ranchero se zampaba tranquilamente un pollo asado.

Sus manos, callosas y brillantes de grasa, trabajaban lenta pero eficazmente. De vez en cuando, alzaba la cabeza del plato y le daba un tiento a la cerveza sin dignarse mirar a su cantarín compañero.

Intrigado, Toni tomó asiento ante la mesa vecina y pidió una Bohemia.

Al cuerno con el matasanos.

Si iban a matarlo, tenía que disfrutar mientras pudiera. *Carpe diem*, que dijo aquel. Y, si la úlcera se adelantaba a la CIA, tanto mejor.

Al acabar la pieza, la voluminosa patrona aplaudió entusiasmada y Toni se unió a ella. Sus palmadas resonaban con fuerza en el vacío del bar.

La mirada ya algo turbia del campesino se cruzó con la del periodista antes de posarse en la botella de Bohemia.

—Usted sí que sabe cuidarse —constató el hombre.

El viejo guitarrista atacó una canción desconocida para Toni.

—Hombre... —respondió él—. Me gusta la buena cerveza, sí. Y la buena música también.

—Está floja la cosa, esta tarde. Claro, como es domingo... Usted no es de aquí, ¿verdad? ¿Qué lo trae a San Luis Río Colorado, compadre?

—Solo estoy de paso —respondió el periodista.

—Como todos, vato. Únase a nosotros y deje que lo invite a un trago. Ha llegado el momento de pasar a cosas serias. ¡Conchita!

Toni se levantó y acercó una silla a la mesa del campesino.

Se dieron un apretón de manos. La del campesino era callosa.

La patrona desplazó sus cien kilos y llenó de mezcal los vasos de los tres hombres.

—Por la suerte —propuso el peón.

—Y por las mujeres —añadió Toni.

Se bebieron los vasos de un trago y el músico volvió a abrazar la guitarra y entonó "La Tequilera", una canción muy popular.

—¡Ay, las mujeres! Hablemos de las mujeres. ¡Conchita, pon otros tres! —La voz del hombre se volvía pastosa por momentos—. Esta noche no me apetece beber solo, extranjero. Estoy triste. Tengo una pequeña granja cerca de aquí, bajando hacia el golfo de California. No marcha mal, y hace diez años me casé por segunda vez, porque soy viudo, con una chica del Faro. Tenía veinte años menos que yo. Si la hubieras visto... ¡Una belleza! Pero en el campo se aburría y acabó marchándose, hoy hace dos años.

—Lo siento —mumuró Toni.

—No lo sientas. Como ves, sé cuidarme —dijo el peón levantando su vaso—. Y éste me ayuda —añadió indicando al viejo, que desafinaba cada vez más—. Como tenía la moral por los suelos, lo he contratado para toda la noche. Para que me cante mientras como. Y mientras bebo. Ya ves cómo curamos aquí las depresiones, vato: música, poesía y mezcal.

—¡Salud! —aprobó Toni, y apuró el vaso.

Hacia las doce y media, faltó poco para que se enzarzaran en una pelea. El periodista insistía en pagar parte de las numerosas consumiciones y el ajumado peón no quería ni oír hablar del asunto. La patrona acabó poniéndolos a los dos de patitas en la calle. Cuando estaban en la acera, Toni vio que el músico se levantaba con dificultad y la mujer le acercaba un andador cromado. Penosamente, el anciano se dirigió hacia la puerta mientras el campesino desaparecía en la oscuridad y Toni se alejaba hacia el hotel haciendo eses.

No encontró un alma, salvo la de un perro escuálido y pelado que se rascaba la oreja ante una valla publicitaria en la que un payaso triste cantaba las excelencias de un McDonald's instalado al otro lado de la frontera, en San Luis, Arizona.

233

El despertar fue difícil. El cráneo de Toni estaba poblado de manadas de bisontes que pisoteaban su llanura cervical a galope tendido. Previsible.

Aún era de noche. Encendió penosamente la lampara de la mesilla e intentó consultar su reloj. Los diodos aparecían borrosos.

Mejor dicho, ya era de noche.

Las siete de la tarde del día siguiente.

Pero, ¿de qué día? Decidió que no tenía importancia y volvió a coger el sueño enseguida.

El campesino tenía razón. El decaimiento se había esfumado. Normal.

El dolor de cabeza lo ocupaba todo.

Al día siguiente, se despertó temprano.

Necesitó una buena dosis de su régimen medicamentoso habitual antes de poder tragar nada. La úlcera no se había reabierto.

¡Cómo echaba de menos el tabaco!

Al pasar ante el desportillado espejo, envuelto en el vapor de la ducha, su enflaquecido reflejo le saltó a los ojos. Apenas reconocía a aquel individuo pelón de vientre blanco.

Se afeitó el cráneo y la barba cuidadosamente con una rasuradora desechable.

Minutos más tarde, estaba sentado ante un desayuno a base de tamales estudiando el mapa de carreteras, bañado por la luz del sol levante que entraba a raudales por la luna de la cafetería. La Ruta 2 se alejaba de la frontera pasado Sonoyta para descender hacia Hermosillo. Luego, en la intersección con la 15, procedente de Nogales, ascendía hacia el noroeste en dirección a Agua Prieta. Unos sesenta kilómetros antes de bordear de nuevo la frontera con Arizona, Toni localizó un desvío que llevaba al puesto fronterizo de Naco, a ojos vistas el paso más pequeño de un océano al otro.

Decidió tentar a la suerte allí. Ahora no podía permitirse que lo identificara ningún agente de la autoridad estadounidense. Si tenía que cruzar la frontera clandestinamente para llegar a Brownsville cuanto antes, lo mejor era elegir un sitio que no estuviera infestado de migras.

Había un buen trecho, pero, a una marcha razonable, podía estar allí antes de la noche.

La carretera solo tenía dos carriles y estaba atestada de camiones que circulaban con una lentitud exasperante sobre la candente y pegajosa cinta de asfalto, que vibraba en el calor. Y la travesía de las ciudades era un suplicio para los amortiguadores del Chrysler. Había topes a cada diez metros. Por no hablar de las inmumerables mulas, caballos, peatones y rebaños que cruzaban la nacional, flanqueada de exvotos dedicados a las víctimas, aparentemente numerosas, de accidentes de tráfico. Los fragmentos de carrocerías destrozadas, las coronas de flores de papel multicolor colgadas de humildes cruces de madera, las amarillentas fotos de los fallecidos que Toni contemplaba cuando paraba a orinar, hacían las veces de jalones kilométricos.

En una ocasión, tuvo que batirse en retirada al coche tras haber sobresaltado a un crótalo que dormía a la sombra de un palo verde. Cuando sobrepasó la majestuosa silueta del Cerro Pinacate ya era mediodía. El desierto de Sonora se consumía en la luz desplegando sus áridos campos de lava y sus volcanes extintos coronados de grava del color de la herrumbre bajo un cielo blanco.

A su derecha, la frontera se materializaba en una simple cerca de alambre espinoso de un metro de altura. Las altas sierras de Arizona constituían por sí solas una muralla mucho más eficaz. Una barrera de sed y calor cuyos únicos habitantes eran los pumas, las serpientes y los coyotes.

El Chrysler se arrastraba a ochenta kilómetros por hora mientras, refugiado en el habitáculo, Toni se dejaba mecer por la música ranchera que emitía ininterrumpidamente la radio.

Hacia las seis de la tarde, se detuvo en Magdalena para tomar un bocado bajo las arcadas de la vieja plaza mayor. El tiempo se había detenido. Sencillamente, le habría gustado quedarse allí. El México eterno.

Mafialena. Ése era el sobrenombre por el que los mexicanos conocían a la ciudad de Colosio, el desventurado candidato del PRI expulsado del partido a base de explosivos.

Toni contempló detenidamente el esqueleto de un santo local a través de un cristal instalado en la plaza que permitía admirar los restos del antiguo misionero en su cripta.

Y, sin más dilación, reanudó la marcha con el sol poniente agarrado a la defensa trasera del coche.

Cuando al fin llegó a Naco, era noche cerrada. La pequeña ciudad dormía replegada sobre sí misma, como para protegerse de las rechonchas sombras de los montes circundantes, que, acostados sobre el desierto como gigantes, ocultaban las estrellas a las miradas de los hombres.

Una pista de tierra batida atravesaba la ciudad hasta el minimalista puesto fronterizo que guardaba la entrada a Estados Unidos: una barrera bajada y una garita pintada de blanco y crudamente iluminada sobre la que ondeaban las barras y las estrellas. Eso era todo.

Despatarrado en su asiento, un aduanero dormía el sueño de los justos con la papada colgando sobre su uniforme verde oliva.

Pero allí estaba el muro.

Los yanquis habían erigido un jodido muro también allí.

Ineludible, a menos que tuvieras un todoterreno y cruzaras lejos, por el desierto.

Toni dio media vuelta y, con los faros apagados, tomó un camino paralelo a la pared metálica a la busca de una salida.

Todo estaba tranquilo. Ningún clandestino al acecho. Sólo los lejanos aullidos de los coyotes.

El muro se interrumpía a la salida del pueblo. Por el momento.

Desgraciadamente, la pista también.

Más allá, sólo había arena y raquíticos cactus.

Fue bajar del coche y empezar a tiritar. La altitud era considerable y el aire, cortante.

Con el tacón, tanteó el suelo a lo largo de varios metros, cruzó la línea simbólica que separaba los dos países y volvió sobre sus pasos. Podía intentarse.

Al otro lado había una pista idéntica, destinada sin duda a la policía de fronteras estadounidense.

Toni reflexionó durante unos instantes en el silencio de la noche, apenas roto por los chasquidos que producía el motor al enfriarse.

Si el coche se atascaba, siempre podía continuar a pie y coger un autobús en Arizona. Pero la caminata sería larga y se arriesgaba a topar con algún vehículo de la migra.

Además, descubrirían el Chrysler en cuanto se hiciera de día. Y no tardarían en localizarlo a él. Si lo detenían en Estados Unidos, probablemente lo expulsarían a España, y todo habría acabado.

Madrid. Fina. Los chicos… Una vida anterior. Toni procuró centrarse.

De todas formas, aquello parecía menos peligroso que quedarse en México, donde no podría pasar inadvertido indefinidamente.

Echó un último vistazo a su alrededor —nadie—, subió al coche y lanzó los mil quinientos kilos de lámina de Detroit hacia la oscuridad, sobre la arena apilada por el viento.

El Chrysler hizo los primeros quinientos metros resoplando y derrapando a derecha e izquierda, amagó con atascarse en el seiscientos y acabó agarrándose a un tramo de terreno más firme. Toni estaba empapado en sudor y soldado al volante.

Tras describir una media vuelta impecable, desembocó en la pista yanqui en medio de una nube de polvo y se alejó del muro en cuanto pudo por un camino perpendicular.

Si Naco, México, era poca cosa, Naco, EE. UU., era menos que nada.

Un puñado de bungalows en ruinas, dos calles oscuras como boca de lobo y dos o tres casas iluminadas.

Siguiendo hacia el norte, dejó atrás la tierra batida y alcanzó Bisbee Junction por la carretera asfaltada.

Al día siguiente, cruzó El Paso a toda velocidad sin atreverse a mirar hacia las miserables colonias de Juárez, que asomaban sobre el río Grande del Norte.

Dejó la 10 en Van Horn para continuar hacia el sudoeste y se detuvo a dormir en Del Río, en un motel de carretera a catorce dólares la noche regentado por una pareja mexicana a la que pagó en metálico.

Estaba al límite de sus fuerzas.

Un viejo con el rostro desfigurado por el vitriolo le daba tientos a una botella de cerveza y lo miraba con el culo posado sobre la defensa de su camioneta mientras, trastabillando de fatiga, Toni sacaba la bolsa de la cajuela.

La habitación olía a cerrado y en una de las paredes había un rastro de sangre seca. Encendió el antediluviano televisor, colocado sobre una caja de madera, pero por más que trasteó con los mandos solo pudo captar una cadena fronteriza en español. Habían aparecido más cuerpos.

Dos obreras asesinadas en circunstancias aparentemente misteriosas. Todo eran conjeturas, y la investigación hacía más agua que nunca.

Deprimido, Toni arrancó el cable del televisor de la toma, que colgaba de la pared.

El desierto había dado paso a una extensión de robles raquíticos. El paisaje, más poblado, también era más llano. Y, un poco más adelante, pantanoso. La humedad del Atlántico invadía el habitáculo del Chrysler y Toni, con todas las ventanillas abiertas, disfrutaba de la atmósfera casi tropical del golfo de México. Había atravesado el continente sin dejar de hacerse las mismas preguntas, una y otra vez.

¿Cuál era el móvil de los asesinatos? ¿Qué podía contarle aquel Roni Torres, el abogado del que le había hablado Lourdes y que vivía en una cárcel? ¿Merecía la pena hacer tres mil kilómetros de costa a costa para hablar con él?

Un viaje así da para reflexionar mucho.

Ahora tenía cierta idea.

Toni descifró las grandes letras pintadas sobre el depósito de agua que dominaba la ciudad. Había llegado a buen puerto.

Brownsville estaba casi a la latitud de Cuba; en cualquier caso, en todos los cruces, la salsa brotaba de las radios de los coches por las ventanillas abiertas.

Aparte de eso, las sempiternas casas de empeños, las tiendas de coches de ocasión, las iglesias y los restaurantes de comida rápida se disputaban el suelo urbano.

La antigua prisión del condado estaba situada en el corazón de un barrio de casas unifamiliares que había sido relativamente próspero unos treinta años antes.

Pero la administración Reagan no había gobernado en balde.

Toni aparcó el coche, cubierto por el polvo de todo el camino que separaba el Pacífico del Atlántico, arrimado a la acera ante el edificio de ladrillos rojos.

Roni Torres había conservado toda la osamenta del inmueble: las pesadas puertas de acero, los espesos barrotes de las ventanas, las rejas de los pasillos y las celdas, reconvertidas en despachos.

No obstante, los cristales eran ahumados, la iluminación, difusa, y todo había sido escrupulosamente renovado hasta los menores detalles. Incluida la morena de vertiginoso escote y exuberante delantera que montaba guardia tras el mostrador de recepción.

La joven lo miró de los pies a la cabeza y tomó buena nota de la gorra de los Chicago Bulls, la arrugada camiseta, los mugrientos vaqueros y las destaconadas botas camperas.

—¿Está usted citado? —quiso saber la chica frunciendo ostensiblemente la nariz cuando Toni solicitó ver al abogado.

—Dígale simplemente que me envían Guadalupe Vidal y Lourdes Simpson. Me recibirá.

—¿Se llama usted...?

Toni se acordó del nombre de un villorrio indicado en algún punto de la autopista a su paso por Nuevo México, que le había llamado la atención.

—Ánimas —respondió—. Pedro Ánimas.

Los pitones seguían apuntándole mientras su dueña dudaba si convenía molestar al jefe por aquel zarrapastroso.

Fascinado, Toni tenía que hacer ímprobos esfuerzos para apartar los ojos de tan generosos atributos. No paraba de imaginar la suavidad y la tibieza que debía procurar su contacto.

Sin lugar a dudas, lo peor era el lunarcillo negro que adornaba el arranque de los labios de aquella beldad. Atraía la mirada del periodista con la fuerza de un imán.

Con un mohín, la chica descolgó el teléfono y anunció a Toni.

Escuchó con atención, frunció el ceño entre las espesas y domesticadas cejas, redondeó los pulposos labios con asombro y, al volverse hacia él, sorprendió sus concupiscentes miradas.

—Lo recibirá dentro de unos diez minutos. Lo que tarde en despachar con un cliente. Si es tan amable de sentarse... ¿Le sirvo un café?

Rojo como un tomate, Toni declinó la oferta y optó por un jugo de naranja.

Luego se batió en retirada a un profundo sillón de cuero negro al que Pamela —al menos eso era lo que decía el gafete que llevaba la chica— le llevó un vaso de plástico blanco lleno de un líquido sin identificar.

Roni Torres, embutido en un terno príncipe de Gales, lucía un discreto bronceado, una manicura impecable y un corte de pelo muy favorecedor para su cabello entrecano. Debía de tener su misma edad, poco más o menos, y se parecía al abogado de El Aziz, en menos alto y más redondo.

El abogado inició la conversación en español con toda naturalidad y el acento ligeramente cantarín de los mexicanos.

Tras estrecharle la mano con un apretón firme y caluroso, Torres hizo pasar al periodista a un despacho del tamaño aproximado de una pista de tenis que, por otra parte, estaba decorado con diversos trofeos.

Evidentemente, la climatización creaba un ambiente intermedio entre Siberia y el Polo Norte.

—Bienvenido a Brownsville, señor Ánimas. Permítame mostrarle nuestras soberbias dependencias.

El próspero leguleyo arrastró a Toni por las galerías de la antigua prisión al trote, a pesar de las infructuosas tentativas de explicación de éste.

Saltaba a la vista que el negocio marchaba, a juzgar por el numeroso personal atareado en todas las plantas del bufete.

—Señor Torres... —insistió Toni.

Su anfitrión se llevó un dedo a los labios y le lanzó una mirada imperiosa.

Un anillo de matrimonio, de oro, brillaba en su anular.

—Sígame, señor Ánimas, vamos a dar una vuelta. Hace un día ideal para estirar las piernas.

Y salieron de bracete bajo la mirada incrédula de Pamela, que acabó alzando los ojos al cielo antes de coger el teléfono, que sonaba con insistencia.

Abogado y periodista se resguardaron del sol bajo un frondoso sicómoro.

—Usted es Toni, ¿verdad? —le preguntó Torres a bocajarro.

—¿Cómo demonios...? Usted no podía saber qué aspecto tengo...

—Aparte de que me habían anunciado que vendría, poca gente se presenta en mi bufete vestida así y sin cita previa. En cuanto a Ánimas, es un pseudónimo bastante llamativo. ¿Cómo se le ha ocurrido?

—No lo sé —confesó Toni—. Es el nombre de un pueblo por el que he pasado.

—Lo esperaba uno de estos días. Lourdes me envió un fax para informarme de que vendría. Pobre Guadalupe, qué terrible desgracia, ¿verdad? Como ve, hay ciertos asuntos que jamás trato en mi despacho. Las paredes....Ya sabe. Por espesas que sean las mías.Y los asuntos relacionados con las asociaciones obreras de la frontera son de ésos. La prudencia me ha hecho rico. Perdóneme, los abogados somos charlatanes crónicos, como sin duda sabe. ¿Qué estaba diciendo? ¡Ah, sí! Bien, ¿qué puedo hacer por usted?

—¿Le dijo Guadalupe que vendría? —preguntó Toni.

—Que yo recuerde, no. Mi primera noticia sobre usted fue el fax de Lourdes. ¿Por qué lo pregunta?

El periodista miró a Torres desconcertado.

No había manera de adivinar qué sabía del asunto el abogado, de modo que optó por la cautela. La desafortunada experiencia con Harding lo había escarmentado.

—Señor Torres, ¿cómo se ha hecho usted rico?

—¡Vaya! ¿Ha hecho todos esos kilómetros para preguntarme eso? —Nadie como los abogados para responder a una pregunta con otra. Aquel individuo le recordaba poderosamente a Pazos, y en más de un sentido—. Está bien, voy a responderle. Porque viene usted de parte de Lourdes y Guadalupe —se justificó Torres viendo que Toni permanecía en silencio—. Hace unos años, aquí, en Brownsville, un niño nació muerto y afectado de espina bífida.Yo conocía a la familia, porque la madre había sido clienta mía con motivo del divorcio de su anterior marido.Y hete aquí que apenas unos días más tarde, leyendo el *Brownsville Gazette*, me entero que otro niño había nacido muerto, esta vez sin cerebro. Anencefalia. En cuestión de semanas, hubo veinticuatro casos similares. —Toni empezaba a escucharlo con suma atención—. No soy médico —siguió diciendo Torres—, pero no es el tipo de malformaciones de las que se oye hablar a menudo. Me pareció excesivo para ser una coincidencia. —Los dos hombres abandonaron la protectora sombra del sicómoro y empezaron a caminar a paso lento. La luz, cada vez más ocre y oblicua, dibujaba con nitidez las formas de los tejados y las irregularidades de la acera—. Así que empecé a leer sobre el tema. Es una enfermedad que...

—Lo sé —lo interrumpió Toni—. El tubo neural no se cierra. Los disolventes.

—Exacto. Me deja usted impresionado. Pero aquí, en lo más recóndito del sur de Texas, nadie utiliza esos productos. Curioso, ¿verdad? En consecuencia, busqué por otro lado.

—Las maquiladoras —volvió a adelantar Toni mientras un coche los dejaba atrás a paso de hombre.

—Decididamente, es usted un periodista muy brillante. Las maquilas, efectivamente. Primero confeccioné una lista de todas las que se habían instalado al otro lado de la frontera y utilizaban ese tipo de productos. Luego, me puse en contacto con la Federación para la justicia social en las maquiladoras, con sede en San Antonio. Fui a verlos y conseguí los nombres de las sociedades correspondientes en Estados Unidos.

—¡Espere! —exclamó Toni sobresaltado— ¿Quiere usted decir que la gente de la Federación de San Antonio tiene el dichoso listado de las empresas con maquilas en México?

—Ya lo creo que lo tienen. Aunque, por lo demás, son los únicos. Después de eso, no tuve más que hacer una lista. En total, demandé a ochenta y una maquiladoras por envenenamiento provocado por sustancias prohibidas en Estados Unidos. Los análisis que llevamos a cabo en las bocas de evacuación de las fábricas revelaron concentraciones de tolueno ciento treinta mil veces superior a la tasa máxima tolerable sin peligro por la salud humana. Para más datos, en mi lista figuraba un fabricante de juguetes de fama mundial. ¿Se da usted cuenta? Implicado en un proceso por haber envenenado a niños. ¡Era una bomba! —A Toni apenas le quedaba saliva para tragar—. Por supuesto, no fueron a juicio. El problema de las nubes tóxicas es que no conocen fronteras. Van, vienen... Sabían que perderían. Pagaron. Dieciséis millones de dólares.

Virgen santísima.

Las piezas perdidas del rompecabezas iban apareciendo poco a poco.

Habían vuelto a detenerse.

Toni alzó los ojos hacia una ceiba rebosante de flores rojo sangre.

—Dígame, ¿figuraba en esa lista Cortez Electronics?

—¡Y de qué modo! Están en todas partes, del Atlántico al Pacífico. No hay modo de pasarlos por alto. Y, por supuesto, tienen un centro de producción en Matamoros. O más bien lo tenían. Lo cerraron poco después. Debí de salirles demasiado caro —dijo Torres con orgullo.

Cortez Electronics había cerrado su fábrica de Matamoros a causa de aquel asunto, que le había costado millones de dólares.

Cortez Electronics, que tenía entre sus empleados a El Aziz, primero allí, en Texas, y luego en Juárez, en Cerraduras Locks.

Otro caso más de envenenamiento químico. Estaban en todas partes, su nombre aparecía sin cesar. La relación entre la CIA, las maquilas y los asesinos era, tenía forzosamente que serlo, Cortez Electronics. Toni recordó sus primeras huelgas estudiantiles contra el golpe de estado de Pinochet en Chile. ITT Oceanic servía de tapadera a los servicios secretos estadounidenses, que habían contribuido a derribar a Allende.

Harding era el topo de Cortez Electronics. Eran asesinos. Sádicos.

Sí. Bien. Salvo que las obreras de Tijuana estaban vivitas y coleando. Allí no habían asesinado a ninguna. De modo que tenía que haber algo más.

—Dígame —le preguntó al abogado—, las familias mexicanas expuestas al tolueno en Matamoros, ¿fueron indemnizadas?

—No había ningún motivo. Ninguna puso una denuncia. Por otra parte, ahora que lo dice, de hecho, es curioso, pero fue así como conocí a Guadalupe...

Pero Toni ya no lo escuchaba.

El coche que había visto pasar hacía unos minutos, un viejo Lincoln *low-rider* color ciruela metalizado, volvía hacia ellos al mismo paso al tiempo que el cristal ahumado de la ventanilla empezaba a descender.

A veinticinco metros, el periodista distinguió la forma cilíndrica que sobresalía de la ventanilla. Impulsado por el instinto de supervivencia, golpeó con todas sus fuerzas el pecho del abogado, que cayó de espaldas al otro lado de la pequeña cerca blanca en la que estaba apoyado, y saltó a su vez al jardín en el que había aterrizado Torres. Toni lo mantuvo pegado al suelo mientras escrutaba la calle a través de un arbusto.

El Lincoln pasó frente a ellos con la ventanilla abierta. El acompañante, un chicano con la cara picada de viruela, miraba con asombro el lugar en el que los dos hombres se encontraban unos segundos antes. El objeto cilíndrico, del que ahora ascendía un hilo de humo azulado, volvió a ocupar su sitio entre los labios del picoso.

—¡Chíngale, qué susto se han llevado! Ya ni se puede pedir una indicación. ¡No sé adónde vamos a ir a parar! Para mí que esos dos pendejos no tienen la conciencia tranquila. ¡Venga, carajo, circula! A este paso no encontraremos la casa de empeños donde trabaja Enrique en la puta vida.

—Sí, pero deja la ventanilla abierta, que ese puro apesta a madres —respondió el conductor haciendo tamborilear los dedos sobre el volante en forma de cadena cromada.

El Lincoln aceleró y el rugido del V8 ahogó las voces de sus ocupantes.

Torres se levantó sacudiéndose el polvillo rojizo que le cubría el elegante traje. Congestionado, miró a Toni con rencor. Un rasguño le cruzaba la mejilla y su impecable peinado era cosa del pasado.

—Me ha parecido… —farfulló Toni.

—¡Está usted completamente loco! Puede que yo me pase de prudente, pero usted es un paranoico peligroso, amigo mío —le espetó el abogado—. Está para que lo encierren. ¡Mire cómo me ha puesto!

—Si hubiera pasado por todo lo que he pasado yo, seguro que estaría mucho peor. Le aseguro que, de lejos, al ver que se bajaba la ventanilla, he pensado… Y el puro… Lo he confundido con… Bueno, ya sabe. He reaccionado instintivamente. Podría haberle salvado la vida. Me he dicho que me habían encontrado, que vigilaban el bufete, yo qué sé… En fin, que lo siento. Perdóneme.

—¿Tan grave es la cosa? —le preguntó el abogado.

—No puede ser peor. Escuche, no puedo decirle nada más, salvo que todo eso está relacionado con la ola de asesinatos de Ciudad Juárez —explicó el periodista.

—Nada más que eso —murmuró Torres—. Pues estamos apañados.

—Tengo que pedirle un favor. ¿Podría acompañarme a Matamoros? Me gustaría hacerme una idea de la situación sobre el terreno.

Toni, que había hecho la pregunta a media voz, clavó los ojos en las puntas de sus agonizantes camperas.

—Me estropea un traje de mil dólares, no me rompe el cuello de milagro, ¿y tiene la cara dura de pedirme que…? —El abogado estaba que trinaba—. Me está haciendo perder el tiempo. ¿Sabe cuál es mi tarifa horaria, la que voy a aplicarle ahora mismo, si no decido dejarlo plantado donde está?

—¿Por qué cree que Guadalupe me envió a usted?

—No tengo ni idea. Ya se lo he dicho, no contactó conmigo.

—No le dieron tiempo. La mataron, señor Torres.

—Asegura usted que su visita está relacionada con los asesinatos de Juárez. —Su voz dejaba traslucir una pizca de interés—. Si al menos pudiera decirme algo más... No acabo de ver la relación con los problemas de los que me ocupo, dejando aparte el hecho de que las víctimas trabajaran en maquilas. Como más de un millón de personas a lo largo de la frontera.

Caminaban de vuelta al bufete, a paso más rápido.

No obstante, el abogado no parecía deseoso de prolongar la entrevista.

Los dos hombres llegaron al pie de las escaleras y se detuvieron bajo la maciza silueta del edificio de ladrillos. Permanecieron unos segundos frente a frente, silenciosos. Torres, con la mirada aún cargada de reproches, se tocó el rasguño con la yema de los dedos. Obviamente, dudaba.

—¿Cómo ha subido tanto su tarifa horaria, amigo mío? —le preguntó Toni—. Seguramente, los padres de los niños con espina bífida no disponían de medios para pagar sus servicios, ni para contribuir a rentabilizar su suntuoso y originalísimo bufete.

Era un golpe bajo.

—En esa época, todavía no había comprado la prisión. Al principio no les pedía nada —respondió el abogado con voz tímida—. Solo recibí un porcentaje de los dieciséis millones al final, cuando ganamos.

—¿Qué porcentaje? —persistió Toni.

—El cincuenta por ciento —confesó el abogado con un hilo de voz.

—Estoy seguro de que va a ayudarme.

Presa a todas luces de sentimientos contradictorios, Roni Torres soltó un prolongado suspiro mirando a Toni. A su alrededor, las sombras seguían alargándose y la luz se hacía más cálida.

—Agradézcaselo a Guadalupe Vidal —dijo al fin el abogado—. Si prestarle ayuda no formara parte de la última voluntad de una muerta, lo mandaría a la chingada sin contemplaciones. Espéreme mañana a las nueve en punto en la pequeña plaza mayor de Matamoros. Hasta entonces, quítese la mugre. Y no me llame.

Roni Torres dio media vuelta y desapareció en el interior de su lujoso bufete climatizado.

Sentado en la arena del extremo norte de la Playa Bagdad, Toni contemplaba la salida del sol sobre el golfo de México.

La ancha y mansa corriente del río Bravo vertía en el océano sus emponzoñadas aguas y, enfrente, ni siquiera se distinguía la orilla del Brazo Santiago Pass.

Al otro lado del Atlántico estaba África, Marruecos, tal vez Mauritania. El Trópico de Cáncer quedaba un poco más abajo.

Toni tuvo un pensamiento fugaz para España, y una especie de extraño presentimiento.

¿Y si no regresaba nunca? ¿Y si no volvía a ver a Diego y Juan?

En ese preciso instante, el disco ensangrentado que emergía de una lejana bandada de nubes, mar adentro, distrajo su atención.

Qué difícil imaginarse la violencia de la suerte de los clandestinos que, a lo largo de la frontera, esperaban pasar a Estados Unidos.

Qué difícil pensar siquiera en aquellos odiosos crímenes cometidos en Matamoros hacía unos diez años. La vieja ciudad tenía aires de Habana subtropical, con sus casas bajas de estilo español, sus fachadas con las rejas corroídas por el yodo y los colores oxidados por el aire marino.

La tarde de la víspera se había registrado en el Plaza Matamoros, un establecimiento de segunda categoría próximo al centro. Luego había vagado por las calles saboreando la particular languidez del lugar y dando vueltas en la cabeza a los diferentes aspectos del caso.

Las obreras violadas, torturadas y asesinadas en Juárez. De acuerdo. Las organizaciones obreras y feministas. Muy bien. La CIA. Vale. Y entonces Harding urdía un complot en forma de asesinatos... disfrazados de crímenes entre sexuales y religiosos, obra de asesinos fanáticos en serie. Así las cosas, un tal Zambudio aterriza en Juárez con la aureola de la reputación de su periódico, entra en escena como un elefante en una cristalería.

Contacta con la Alianza de las Mujeres y la familia de una de las víctimas.

Y los asesinos vuelven a actuar. Harding sale de su escondite.

Cortina de humo en forma de magia negra. El yanqui le cuela un embuste y espera verlo marchar en el primer avión con la bola bien digerida. Hasta ahí, de acuerdo. Incluso Pazos se lo cree; la prueba es que le presenta al estadounidense.

¿Estaría implicado el jefe de la policía?

El periodista consideró la posibilidad durante unos instantes. No, tanto como eso…

¿Qué más? Contra todo pronóstico, el periodista no se conforma con la exclusiva y se queda en Juárez, donde acaba encontrándose con Guadalupe, que conoce toda o parte de la verdad, pero intenta escamoteársela.

Teme por su hijo y por sí misma. Muy bien.

Toni acaba por convencer a Guadalupe para que hable, a lo que ella sólo consiente a regañadientes.

Toni se está acercando demasiado. Harding tiene que correr una nueva cortina de humo.

El agente secreto utiliza a Guadalupe Vidal para lanzar al periodista sobre una pista falsa con un mensaje falso; después la mata, como ha matado a Dolores. Dos pájaros de un tiro.

A fin de cuentas, era demasiado burdo, montado mal y a toda prisa. Si Harding hubiera sido realmente listo, jamás las habría eliminado. Habría comprendido que Toni nunca se habría tragado algo así. A menos que su desaparición estuviera prevista a muy corto plazo. Y, lo que aún es más extraño, Lourdes Simpson desvela accidentalmente el auténtico cometido de Harding. Rocambolesco. Inverosímil.

Si lo pusiera por escrito, nadie creería una palabra. Un guión de pésima telenovela.

Y, para acabar, Torres. ¿Por qué Torres? Toni se sentía como una marioneta, una marioneta muy pequeña, incapaz de ver quién movía los hilos sobre su cabeza, quién guiaba todas sus acciones.

Y Cortez Electronics, que reaparecía en todas las fases del proceso. Sin olvidar que seguía faltando un móvil, una respuesta a una pregunta inquietante: ¿por qué había encubierto la CIA, oculta tras una multinacional estadounidense, un número tan aterrador de asesinatos de obreras?

Corolario: ¿por qué en Juárez, precisamente en Juárez, cuando la situación era la misma, e igual de desesperante, en todas, absolutamente todas partes?

Corolario del corolario: ¿no sería todo otra intoxicación, una falsa apariencia más?

Atrapado entre las tenazas de la jaqueca, Toni había renunciado a seguir haciendo cábalas y se había refugiado en la habitación del hotel. Se había levantado temprano, tranquilo y animado. Luego había ido allí con ganas de mojarse los pies en el Atlántico. Un agua más familiar.

Se sacudió la arena de los pies y volvió a ponerse las estropeadas botas camperas. Desde luego, no era el calzado ideal para caminar por la arena. Se detuvo en un puestito para tomar una sopita de camarón antes de volver al polvoriento Chrysler.

Por el camino se había cruzado con un bañista que daba los últimos toques a una mujer de arena de tamaño natural. Pechos, pubis, cabello... Todo estaba representado con un realismo turbador.

Una ola más fuerte que las anteriores mordió el brazo de la estatua, y la mano se deshizo en grumos de arena que el agua arrastró mar adentro. El escultor aficionado encogió los hombros con resignación al tiempo que el hombro de su criatura se disolvía a su vez en el Atlántico.

Toni no conseguía localizar a Torres en medio de la pacífica muchedumbre que abarrotaba ya la plaza mayor de Matamoros. Los tenderetes de especialidades locales y artesanía india atraían a los habitantes de los pueblos circundantes y, bajo las palmeras del Paseo, la gente charlaba con mucha animación.

Fue el abogado quien dio unas palmaditas en la espalda a Toni. El periodista tardó unos instantes en reconocerlo. Se había enfundado unos vaqueros que sujetaba un cinturón de ancha y brillante hebilla de plata labrada, adornada con una turquesa del tamaño de una nuez; calzaba un par de botas de color pardo con bordados al estilo mexicano, y su vientre tensaba el algodón de una camisa de manga corta de un blanco inmaculado.

—Muy ranchero lo veo —dijo Toni sonriendo con sorna.

—Iremos en su coche —respondió Torres sin dar muestras de picarse.

—Como usted diga —aceptó Toni ajustándose la gorra de los Chicago Bulls sobre la calva.

El barrio de chozas era similar a todos los que había visitado desde su llegada al país. Tal vez algún caballo esquelético y algún árbol más.

Y, como siempre, miríadas de sacos de plástico colgando de las ramas como ahorcados en un patíbulo postindustrial.

Y, como siempre, se perdieron a medio camino.

Se detuvieron para pedir indicaciones ante una casucha de tablas con techo de lámina ondulada. Un puñado de gallinas desplumadas picoteaban el suelo a la orilla del arroyo que separaba la precaria vivienda de una fábrica de reciente construcción.

El agua del riachuelo era negra y aceitosa. De vez en cuando, una burbuja de fermentación emergía a la superficie con un sonoro eructo. El hedor era insoportable.

—Una vez —dijo una voz a sus espaldas—, una gallina intentó beber ahí. Cayó redonda a los treinta segundos.

Al volverse, vieron a un individuo que en esos momentos se estaba subiendo el mugriento y desgarrado pantalón de lona. Su negro pelaje, pegado al cráneo por la grasa, enmarcaba un rostro afilado de edad indefinida. Una fea cicatriz, ya antigua, le deformaba el labio inferior. Llevaba el torso desnudo y a la Virgen de Guadalupe tatuada en un brazo, y no paraba de rascarse el abultado vientre.

El hombre les explicó cómo llegar a la zona de la colonia Amistad a la que Torres quería llevar a Toni.

Una mujer envuelta en trapos —no cabía llamarlos de otro modo— apareció en el umbral de la choza con una criatura en brazos. Agarradas a su falda, dos niñas de corta edad lanzaban miradas temerosas a los dos extraños.

—¡Entra en casa, Roberto! —dijo la matrona con sequedad—. No hay que hablar con los desconocidos. Ya sabes que se llevan a los niños.

Dicho lo cual, se arrebujó en sus harapos con un gesto digno y cerró a sus espaldas el panel de lámina que hacía las veces de puerta.

Roberto dio la espalda a los dos hombres y, cabizbajo, se batió en retirada hacia el domicilio familiar.

—Éstas son las tristes secuelas de la ola de asesinatos de Matamoros. Pronto hará diez años, pero la gente sigue temiendo por sus hijos —explicó el abogado mientras volvían al coche.

Dejaron atrás la zona industrial y siguieron adentrándose en la sórdida colonia.

A pesar de la extrema pobreza, visible por todas partes, las casuchas eran menos miserables que en Juárez, por no hablar de Tijuana, y la madera, más abundante que el cartón.

Casas de papel, de cerillas, en las que el lobo feroz entraba sin dificultad.

Mecido al ritmo de las rodadas del camino, Toni se sumió en sus pensamientos.

Aparcaron ante la carnicería de la Última Lucha; el nombre del comercio bastó para revolverle el estómago.

Las nubes que había atisbado al amanecer se acercaban cargadas de lluvia tropical.

La visión de un poblado de chozas transformado en gigantesco lodazal atravesó la mente del periodista. La calle a la que lo condujo Torres bordeaba un descampado cubierto de inmundicias.

Llamaron a la puerta de una casa de madera oscura, que abrió un joven bigotudo en camiseta de tirantes. Bajo la piel de sus hombros, se movían unos músculos finos. Su cuerpo nervudo contrastaba con la dulzura de sus ojos.

—Octavio, te presento a Toni —dijo el abogado—. Toni Ánimas —añadió mirando de reojo al periodista—. Es un amigo de Europa. Es periodista y quiere escribir un artículo sobre los estragos causados por la contaminación industrial.

—Entren, por favor, están ustedes en su casa —respondió el joven estrechándoles la mano calurosamente.

Penetraron en una pequeña habitación de techo bajo en la que destacaba un paticojo arcón mexicano y se acercaron a una mesa cubierta con un hule. Colgado de su clavo, un reloj de péndulo gentileza de los neumáticos Michelin desgranaba los minutos.

Sentada bajo un póster de Juan Pablo II, una chica muy joven con camiseta Gap mecía a un bebé envuelto en una mantilla.

—Ésta es Blanca, mi esposa. Y Patricio. Mi hijo, nuestro primogénito —murmuró Octavio bajando la cabeza.

Los tres hombres se quedaron plantados como la Santísima Trinidad, inmóviles en la pálida luz que tamizaban los polvorientos cristales de la única ventana.

—Blanca trabaja en una filial de la Somermex y Octavio en American Automobile Company. Ambos están permanentemente expuestos al tolueno. El pequeño Patricio nació hace tres meses —comentó escuetamente el abogado—. Muéstrele a su hijo, por favor.

—Pero... Si le quitamos el vendaje, tendremos que desinfectarlo completamente antes de volver a ponérselo, señor —protestó débilmente el padre de la criatura.

—Por supuesto, no tienen por qué hacerlo. Pero este caballero ha de hacer su trabajo —dijo Torres indicando a Toni con el mentón—. Solo escribe lo que ve.

—No —terció el periodista—, no se sientan obligados a...

El joven interrogó a su mujer con la mirada, y ésta cerró los ojos lentamente a modo de asentimiento. Acto seguido, retiró la mantilla y empezó a quitarle el vendaje al bebé, que rompió a llorar de inmediato. El padre tendió los brazos hacia su hijo, apretó contra su pecho a la criaturita desnuda y se volvió hacia los dos hombres.

El tumor, grueso como un puño, sobresalía de la columna vertebral. La médula espinal había formado una pelota bajo la piel del niño, escamosa y tan tensa que parecía a punto de reventar.

—Los patrones han sido muy amables. Cogieron al niño y se lo llevaron a Estados Unidos. Lo han visto los mejores doctores —murmuró el joven con la voz rota—, pero dicen que no tiene solución. Seguramente, ni siquiera vivirá mucho.

Las mismas frases que en Juárez.

El padre del niño minusválido que esperaba a su mujer a la salida de la Gozmex había dicho exactamente lo mismo.

—Son los productos que manejamos. Nos hacen trabajar con cosas que son malas para nosotros, y no tenemos guantes, ni máscaras, ni nada —explicó su mujer con la voz cargada de resentimiento mientras Octavio se llevaba a Patricio a un cuartito adyacente.

La muchacha insistió en servirles un refresco, que se bebieron silenciosamente, de pie ante la mesa. Luego, dejaron los vasos sobre el hule y se despidieron. Torres dio las gracias a Blanca afectuosamente. En el minúsculo cuarto de al lado, el obrero le cantaba una triste canción de cuna a su hijo:

> *Vuela, vuela, palomita,*
> *vuela si sabes volar,*
> *que el corrido se termina*
> *y me tengo que marchar.*

Toni reconoció la tonada, que le cantaba Altagracia cuando era niño.

—Tenga la bondad de despedirnos de su esposo —le dijo el abogado a la joven madre.

—Vayan con Dios —respondió ella.

Fuera, el cielo había seguido descendiendo, y la tormenta parecía inminente.

—Es lo propio de la estación —comentó Torres.

—Son realmente jóvenes.

—Dieciocho y diecinueve años. Aquí dista de ser una edad anormal para fundar una familia. Incluso diría que es un poco tardía. Todavía hoy, muchas adolescentes se casan hacia los doce o trece años, siguiendo la tradición mexicana. Aunque las cosas están cambiando.

—¿Vivirá?

—Ya ha oído a su padre. No hay ninguna posibilidad. Dentro de un mes como mucho habrá muerto. Octavio se siente muy culpable. Los hombres que trabajan en contacto con el tolueno tienen cuatro veces más probabilidades de engendrar hijos afectados de espina bífida. Lo ha demostrado un estudio que hemos realizado, y la tasa que alcanza aquí esa enfermedad es ya anormalmente elevada —explicó el abogado.

Exactamente igual que en Juárez. Y en Tijuana.

Una gruesa gota golpeó el cráneo de Toni, que apretó el paso hacia el coche sacándose la gorra del bolsillo posterior de sus jeans. Antes de subir al Chrysler, echó un último vistazo a la placa que indicaba el nombre de la calle.

Había días en que la ficción no le llegaba a la suela de los zapatos a la realidad.

Octavio, Blanca y Patricio vivían en la calle de la Felicidad.

Habían conseguido escapar del lozadal antes de que la lluvia convirtiera la colonia en un trampa de barro. En esos momentos, gotas gruesas como monedas de un peso martilleaban el techo del coche, detenido en un embotellamiento.

El polvo acumulado durante el viaje resbalaba en forma de largos churretes marrones por la carrocería, salpicada por los vehículos que circulaban en sentido opuesto.

Auténticos lagos ocultaban los bordillos de las aceras y los baches del bulevar, en el que a nadie se le había pasado por la cabeza instalar un sistema de evacuación de aguas de avenida digno de ese nombre.

—Hay muchísimo dinero en juego —le estaba explicando el abogado a Toni—. Después de lo que les saqué en Brownsville, los patronos están escarmentados. Cuando una mujer da a luz una criatura muerta, lo ocultan en la connivencia con los médicos. Y, desde que les hice soltar millones de dólares, en cuanto una de sus empleadas trae al mundo un bebé afectado de espina bífida, desembolsan lo que haga falta para proporcionarle atención médica. Corren con todos los gastos. Nada es demasiado. Hospitales estadounidenses, especialistas de fama mundial… Inevitablemente, los padres lo agradecen. Y, en consecuencia, callan. El pueblo mexicano es un pueblo humilde. Pero su paciencia tiene un límite. Así que los directores de las maquilas solo temen una cosa: que la demanda que gané en Estados Unidos dé ideas a otros abogados, esta vez mexicanos. Teniendo en cuenta el número de casos a lo largo de toda la frontera y el número de fábricas que utilizan ilegalmente el tolueno u otros productos de la misma índole, ¿se imagina usted lo que les costaría? Por lo demás, es exactamente lo que pretendía hacer Guadalupe.

—¿Cómo? —preguntó Toni sobresaltado.

—Si ayer no hubiera intentado lisiarme, habría podido contárselo. Así fue como nos conocimos. Guadalupe vino a verme aquí, a Brownsville, tras mi victoria sobre las maquiladoras. Un grupo de obreras de Juárez, víctimas de la contaminación, había decidido formar un comité para constituirse en parte civil. En el momento del parto, ninguno de sus hijos había sobrevivido a la falta de bulbo raquídeo, de cerebro o incluso de médula espinal. Guadalupe quería saber si podía ocuparme de esas demandas en México. Este embotellamiento es infernal, no avanzamos un metro.

—¿Qué le respondió? —preguntó Toni muerto de impaciencia.

—Que tenía que estudiar el dossier a la luz de la ley mexicana. Pero, ¿qué carajo pasa ahí delante?

Un camión, con el motor inundado del agua marrón que le llegaba hasta la mitad de las ruedas, se había detenido en mitad del cruce.

—Pero, ¿de dónde sacó el dinero para pagarle ese estudio? —preguntó Toni asombrado.

—Yo había ganado cerca de ocho millones de dólares con ese asunto en Texas, pero en Matamoros nadie había cobrado un peso. Ya ha visto al pequeño Patricio. Es lo menos que podía hacer. Si Guadalupe hubiera tenido éxito, las demandas se habrían extendido como un reguero de pólvora de Matamoros a Tijuana. No le pedí nada. Yo también tengo hijos, amigo mío.

Torres consultó nerviosamente su reloj y suspiró.

—¿Y?

La voz de Toni era apenas un murmullo.

—Trabajé sobre el dossier durante un tiempo y le envié mis conclusiones. En principio, las sustancias utilizadas son ilegales en México. La denuncia por envenenamiento era viable. Pero las maquilas son poderosas y la justicia de este país, venal. El caso no estaba ganado, y así se lo dije.

—Envenenamiento. Eso es un eufemismo —rezongó el periodista—. Crimen económico contra la humanidad sería más acertado. ¿Qué pasó a continuación?

—Pues la verdad es que nada de nada. No volví a oír hablar del asunto. Ahora Guadalupe está muerta. Y no tengo la menor idea de lo que ha ocurrido con el comité de obreras en cuestión. En cuanto a Lourdes Simpson, sabe tan poco como yo.

Si la intuición de Toni no lo engañaba, aquello era enorme.

Tenía la garganta seca. Sin pensarlo, se llevó la mano al bolsillo de la camisa en el que solía guardar —definitivamente, había precisado el médico— el paquete de tabaco.

Repetía aquel gesto mil veces al día. La presencia de la cajetilla era reconfortante.

La última pieza del rompecabezas estaba a punto de ocupar su lugar. Era demasiado fuerte.

Sacó un Lucky y empezó a jugar nerviosamente con él y apretar el tabaco con la yema del pulgar.

Puede que al fin tuviera un móvil a la altura de los crímenes cometidos.

—Lo que me está contando respecto al proyecto de Guadalupe, ¿ocurrió antes o después de la ola de asesinatos de obreras en Juárez? —preguntó Toni llevándose el cigarrillo a los labios.

Bajó el cristal de la ventanilla y se inclinó para encender el Lucky.

El primero desde hacía lustros... Lo sentía por el matasanos, pero la presión era demasiado grande.

—Por lo que yo sé, fue antes, hacia finales del 94 —respondió el abogado lanzando una mirada de desaprobación al cigarrillo atrapado entre los labios del periodista—. Pero no puedo estar seguro; se empezó a oír a hablar de los asesinatos hacia el 95. —Torres se interrumpió, súbitamente horrorizado—. ¿No estará pensando lo que creo?

El cigarrillo no prendía, y Toni volvió a agacharse para encenderlo de nuevo resguardándose del viento.

Ése fue el momento en que se produjo el atentado.

El cholo que iba atrás del conductor se las prometía muy felices. Si tenían éxito, estaba claro que él, Héctor Cristóbal Ledesma, subiría un peldaño en la jerarquía del cártel de Matamoros. Les habían dicho que hicieran un trabajo limpio, y Dios sabía que era una faena delicada. Había que dejar con vida a aquel hijo de la chingada de abogado chicano y liquidar al otro. No le habían dicho más, ni maldita falta que le hacía. No pensaba más que en la fiesta en honor de Vanessa que daría esa noche en una discoteca. Aquella puta se llamaba en realidad Dolores Carmen Encarnación Núñez y le gustaban más los hombres que comer con los dedos, pero eso a él le daba igual. Lo importante era que fuese la hija de uno de los padrinos del cártel. Sí, también era más fea que un demonio, pero Héctor Cristóbal Ledesma era un joven ambicioso. Además —cosa que su padre sin duda ignoraba—, Vanessa estaba enganchada hasta la médula y él, Héctor, la abastecía gratis. Se habría tirado al río Grande por él. Cuando fuera rico, tendría todas las amantes que quisiera.

Habían seguido al picapleitos a la salida de su domicilio, esa misma mañana, tras robar una Suzuki en Gringolandia. No había sido fácil encontrar una.

Aquellos texanos de mierda preferían las Harley Davidson. Los muy pendejos decían que Dios había inventado las motos japonesas para que los putos pudieran ir sobre dos ruedas.

Salvo que sus impresionantes cerdas no valían una mierda cuando de abrirse en unos segundos se trataba. Mientras que, con uno de aquellos pepinos japoneses, bastaba con hacer girar la muñeca para que te teletransportaran instantáneamente a kilómetros de distancia, como en *Star Trek*. Y Chávez, el piloto, era un as para ese tipo de acrobacias.

El abogado se había encontrado con el otro en la plaza mayor de Matamoros.

Suerte que él, Héctor Cristóbal Ledesma, era buen fisonomista, porque la foto que le habían pasado la noche anterior no se le parecía un carajo.

El chango había adelgazado y se había afeitado la barba y la cabeza. Pero, bien mirado, era él.

Cuando se va por el contrato número diecinueve, no te la dan tan fácilmente. En eso consiste el profesionalismo.

Ledesma le dio un golpe en el casco a Chávez, que redujo de inmediato la velocidad. Había comprendido.

Llevaban toda la mañana siguiéndolos por la ciudad, a la espera del momento propicio.

El cruce estaba totalmente bloqueado. Ideal. Y encima su presa le facilitaba la faena abriendo la ventanilla. Aquel güey era increíble.

Mientras Chávez desaceleraba a la altura del Chrysler, Héctor Cristóbal Ledesma se sacó de la chamarra el Desert Eagle cargado con balas del calibre 50 Action Express y le quitó el seguro. Era su arma favorita.

Héctor apretó el gatillo en el preciso instante en que Toni se agachaba para volver a encender el cigarrillo y, en dos segundos justos, alojó ocho balas en el cuerpo del abogado. Mierda y tres veces mierda. Fue todo lo que al sicario le dio tiempo a pensar antes de que Chávez oyera el inconfundible clic del percutor al golpear el vacío, acelerara a fondo y desapareciera en la encharcada avenida con un caballito magistral, tras zigzaguear entre los coches atascados en el cruce.

Ensordecido por mismo protegiéndose la cabeza con las manos, mientras la sangre de Roni Torres, mezclada con astillas de hueso y fragmentos de cerebro salpicaba el habitáculo del Chrysler.

Con los oídos aún zumbándole, el periodista enderezó el cuerpo lentamente y miró a su alrededor con incredulidad. El abogado, o lo que quedaba de él, yacía inerte en el asiento de al lado retenido por el cinturón de seguridad.

Durante unos instantes, en torno al Chrysler se hizo un silencio sepulcral turbado tan solo por el vaivén de los limpiaparabrisas sobre el ensangrentado cristal. Los automovilistas, soldados a los volantes por la sorpresa, aún tardaron unos segundos en reaccionar, lo mismo que los peatones, que seguían parapetados detrás de los coches. Eso, los que habían tenido reflejos. Los demás permanecían inmóviles, plantados en la acera.

La vida volvía a Toni gradualmente. Temblaba de pies a cabeza.

Allí, a su alrededor, ya no estaba Matamoros. Se lo había tragado una espesa niebla.

Altagracia agonizaba en medio de un charco de sangre.

Homero Cardona apuntaba a la frente de Toni. Levantaba el percutor con el pulgar, y él veía el índice del atracador crispado sobre el gatillo.

El cigarrillo se despegó de sus labios y cayó sobre sus ensangrentados pantalones. Toni, brutalmente arrancado del shock, dio un respingo.

A su alrededor, las puertas de los coches empezaban a abrirse y algunos peatones se acercaban al Chrysler.

Toni consiguió apartar los ojos de la visión de pesadilla que ofrecía el habitáculo y saltó fuera del coche lanzando miradas extraviadas a diestro y siniestro. Ahora todo el mundo convergía hacia él y, a su lado, un desconocido hablaba por el celular atropelladamente. La policía no tardaría en llegar.

Toni se puso en marcha sin pararse a pensar y empezó a abrirse paso entre el gentío que seguía arremolinándose alrededor del Chrysler. Corriendo como un poseso y chapoteando en los charcos, se dirigió hacia el centro de la ciudad. Cuando llegó a la plaza mayor, se mezcló con la muchedumbre de visitantes del pequeño mercado.

La bendita lluvia le resbalaba por el cráneo, lavaba las salpicaduras de sangre que le cubrían la piel y diluía las manchas sospechosas de su ropa.

Mirando a su alrededor con ojos de loco, siguió avanzando hacia la frontera entre desconocidos que se volvían a su paso.

Tenía que salir de allí lo antes posible.

Paró un taxi y se derrumbó en el asiento trasero del viejo Falcon que se había hecho cargo de él.

El taxista, que debía de frisar en los sesenta, le lanzó una mirada apática y le preguntó con desgana adónde lo llevaba. Toni respondió que lo dejara cerca del puesto fronterizo, en el pequeño puente que atraviesa el río Bravo y desemboca en el centro de Brownsville. Por el camino, se cruzaron con varios coches patrulla que se dirigían al lugar de autos haciendo aullar las sirenas.

El periodista se exhortó a pensar con claridad. Sobre todo, tenía que conservar la sangre fría. Intentó sacarse el paquete de tabaco del bolsillo de la camisa.

La cajetilla estaba empapada y los cigarrillos, para tirarlos a la basura. Decididamente, la cosa iba de mal en peor, y aún podía empeorar.

No tenía más que lo puesto, la camisa, los pantalones vaqueros y las botas, destrozadas. Era todo lo que le quedaba. Eso y la cartera. La bolsa, las mudas y, sobre todo, las notas que había salvado del motel La Vela se habían quedado en la cajuela del Chrysler. Los policías encontrarían elementos más que suficientes para identificarlo.

Se apeó al final del bulevar que llevaba a Estados Unidos y pagó la carrera al taciturno viejo dejándole una propina consecuente. Después de todo, puede que un vientre agradecido le hiciera olvidar a quién había llevado ese mediodía

La tormenta había amainado.

Toni compró ropa limpia y una bolsa de lona en uno de los tenduchos del barrio fronterizo y se dirigió con sus adquisiciones a un pequeño centro comercial. Nadie lo había seguido.

Encerrado en los aseos, se puso a toda prisa unos jeans de fabricación mexicana, una camisa barata de algodón azul marino y una especie de sombrero panamá de nueve dólares. Metió el resto de las prendas, calcetines, calzoncillos y camisetas, en la bolsa e hizo un rebujo con sus empapados andrajos, que arrojó al primer contenedor de basura.

Luego echó a andar hacia la frontera con aire desenvuelto, no sin antes haberse aprovisionado de somníferos en la farmacia del centro comercial. Iba a necesitarlos.

Si quería llegar a buen puerto, tenía que dormir. El camino a San Antonio, Texas, era largo.

Si estaba en lo cierto, aquello sería la guinda del pastel.

Mientras la cola de la aduana avanzaba ante él, Toni intentaba tranquilizarse y dominar el temblor de sus manos. Familias mexicanas asentadas en Brownsville acarreaban cajas de cartón atadas con cuerdas y envoltorios pegados con celo que habían adquirido en las tiendas de ocasión de Matamoros y los depositaban ante el apático aduanero, que se limitaba a echar un desganado vistazo a los pasaportes y hacer avanzar la fila.

El funcionario tenía toda la pinta de estar a punto de jubilarse, y saltaba a la vista que el tránsito fronterizo le importaba un comino en comparación con el bungalow que sin duda lo esperaba en algún lugar de Florida.

Cuando le llegó el turno a Toni, el hombre apenas se dignó echar una rutinaria ojeada a su documentación.

Al otro lado de la aduana, el periodista seguía sin salir de su asombro ante los favores que le prodigaba la caprichosa fortuna.

Estaba claro que, en cuestión de tráfico, Matamoros no era ni Juárez ni Tijuana.

Toni se volvió por última vez hacia el río esperando ver a los agentes de la migra lanzados en su persecución o a un comando de sicarios armados hasta los dientes, pero todo estaba tranquilo. Bajo el puente, en el lado mexicano, un campesino apacentaba un rebaño de esqueléticas vacas de largos cuernos.

Sin perder más tiempo, Toni alquiló un coche en una agencia competidora de la anterior. Era un Geo Prizm, un modelo básico que aún olía a plástico nuevo.

Su reserva de dinero empezaba a disminuir peligrosamente. Si salía con vida de aquel brete, la cuenta sería de escándalo. Esperaba que la pagara el periódico; de lo contrario, se arriesgaba a pasar una temporada en una prisión estadounidense. Una insignificancia, comparada con lo que había pasado, y con lo que había estado a punto de pasarle.

A Torres, en cambio, ya no podía pasarle nada. Ni a Torres, ni a Guadalupe, Dolores y todas las demás.

Ahora era el único que sabía la verdad, y, si estaba en lo cierto, le quedaba muy poco tiempo.

Mientras conducía al límite de la velocidad permitida, se dijo sonriendo que debía de ser la primera vez que alguien debía la vida al tabaquismo crónico. Si llega a hacerle caso al médico...

Se acordó de lo que le había dicho Lourdes Simpson. Las vidas de los estadounidenses se cotizaban caras. Aunque fuera chicano, no habrían matado a alguien de la categoría de Torres. El abogado había adquirido cierta notoriedad en Brownsville, y su muerte ocasionaría considerable revuelo.

No, decididamente, iban por él.

No había visto venir a los dos sicarios, que habían aparecido como surgidos de la nada. El estruendo de las detonaciones, el rugido de la moto, los dos hombres, apenas entrevistos por el rabillo del ojo, y todo había acabado.

¿Cómo lo habían encontrado? Eso era otra historia. No había llamado por teléfono. La entrevista había tenido lugar en plena calle. ¿Lourdes? Imposible. A menos que... Prefería no pensarlo siquiera.

Toni volvió a ver el *low-rider* avanzando a paso de hombre junto al bordillo de la acera, la tarde de la víspera.

En lo de salvar a Torres, podía decirse que había tenido el reflejo acertado en el momento equivocado.

Esa noche durmió en un motel de carretera de Corpus Christi, Texas, encajado entre un videoclub de películas para adultos y una tienda de licores, en la intersección de la 77 y la 37.

Las constelaciones de tubos fluorescentes y lámparas de arco de las refinerías de petróleo se reflejaban en la laguna y las llamas que brotaban de las chimeneas iluminaban a lo lejos los gigantescos tanques. El aire estaba saturado de ozono y vapores de gasolina.

Toni se atontó a base de somníferos y se quedó frito casi al momento, acunado por el zumbido de los camiones de gran tonelaje que pasaban por la cercana autopista.

La sede de la Federación para la justicia social en las maquiladoras estaba en pleno corazón del barrio chicano de San Antonio, en el 3224, en la esquina de la calle Dieciocho con la avenida Cypress, en un pequeño callejón flanqueado de eucaliptos un poco menos sórdido que las calles de alrededor.

En el exterior, nada indicaba la razón social del lugar.

Toni llamó con los nudillos a la puerta del modesto hotelito que albergaba la asociación. Como nadie acudió a abrir, se acercó a una de las ventanas cubiertas con persianas venecianas y pegó la cara al cristal, pero en vano.

—¿Puedo ayudarlo en algo? —preguntó una voz masculina detrás de Toni, que dio un respingo.

El joven anglosajón que tenía ante sí no pasaría de los treinta años, por más que intentara aparentar lo contrario con una rubia y tupida barba. Estaba más bien delgado y vestía camiseta amplia de color rosa con el lema "Salvemos la jungla tropical" y pantalón ancho de tela. Sus pies desnudos calzaban huaraches y sus ojos, tranquilos y un tanto burlones, sondeaban al peridodista.

—Deseaba hablar con la presidenta de su federación —respondió éste tratando de despegarse de la espalda la sudada camisa.

En los árboles de alrededor, regocijadas por el calor y la humedad, nubes de cigarras revoloteaban en todas direcciones sin darse más descanso que el necesario para alisarse las alas y producir un zumbido ensordecedor.

—Lo he oído llamar —dijo el joven sonriendo—, pero he dado la vuelta por detrás. Ayer perdimos la llave de la puerta de entrada —añadió haciendo una mueca cómica—, y aún no hemos llamado al cerrajero. ¿Tenía usted cita?

—En realidad, no —respondió Toni, incómodo—. Vengo de parte de Lourdes Simpson. Y de Roni Torres —añadió impulsado por una súbita inspiración.

La sonrisa juvenil desapareció instantáneamente del rostro del militante.

—Tenga la bondad de esperar un momento —dijo doblando la esquina de la casa y desapareciendo entre dos macizos de buganvillas en flor.

O bien, el simple nombre del abogado bastaría para abrirle las puertas de la asociación, o bien llamarían a la policía, y su huida habría acabado.

Era todo o nada, pero, si aquella gente era quien decía ser, no podían ignorar el atentado de la víspera.

—Me llamo Sam. Sam Levin —dijo el rubiecillo reapareciendo con la mano amistosamente tendida hacia él—. La hermana Mary Wiscniewski lo recibirá enseguida. Tenga la bondad de seguirme.

Toni no se presentó. Aparentemente, era inútil.

Se limitó a seguir a su guía hasta el jardín trasero, en el que un plátano cubría de morosa sombra una piscina minúscula en forma de frijol. Su azulado contenido provocó en el periodista miradas concupiscentes que no pasaron inadvertidas al tal Levin. El yanqui iba a decir algo cuando se abrió la puerta y una quincuagenaria menuda de rostro delicado y cabello permanentado apareció en el umbral luciendo un impecable traje chaqueta de color rosa.

—Soy la hermana Wiscniewski —se presentó la mujer—. Pero puede llamarme Mary. Por aquí, por favor.

En el interior de la casa, sumido en relajante penumbra, hacía un fresco agradable.

Las habitaciones del hotelito estaban acondicionadas como despachos. Una secretaria mexicana redactaba correos electrónicos en español, mientras una chicana muy joven revoloteaba en torno a la fotocopiadora. Las paredes estaban cubiertas de mapas de la frontera, notas sindicales y carteles políticos.

Levin desapareció discretamente y la religiosa cerró la puerta del despacho al que había hecho pasar a Toni, rodeó el escritorio metálico y lo invitó a sentarse en una vieja silla al tiempo que ocupaba el sillón situado enfrente. Luego se caló unas gafas sin montura y clavó sus ojos avellana en los del hombre, con los codos sólidamente apoyados en el tablero de la mesa y las manos entrelazadas bajo el prominente mentón.

Los fluorescentes del techo arrancaban suaves destellos a la pequeña cruz de plata que descansaba sobre su blusa.

—Bien —dijo sor Mary—. Si tiene la amabilidad de decirme quién es usted exactamente...

—Toni Zambudio, periodista de *El Diario*, de Madrid. Investigo sobre los asesinatos de obreras cometidos en Ciudad Juárez y...

—Toni Zambudio está muerto, señor mío, como Roni Torres, Guadalupe Vidal y probablemente Lourdes Simpson. ¿Quién es usted realmente?

El periodista acusó el golpe. No parpadeó bajo la inquisitiva mirada de la religiosa, pero sus ojos se agrandaron bajo el efecto de la sorpresa.

Sin decir palabra, se llevó la mano al bolsillo posterior de los vaqueros y sacó la deformada cartera. Extrajo el pasaporte y el carnet de prensa y los arrojó sobre la mesa.

Mary Wiscniewski examinó detenidamente la documentación de Toni y la empujó hacia él sin hacer ningún comentario. Luego abrió una carpeta colocada sobre el escritorio, sacó un recorte de prensa y lo arrojó a la mesa, como si estuvieran jugando una partida de póquer. Toni se inclinó sobre el artículo. Pertenecía a la edición vespertina del periódico de Matamoros. Relataba el atentado de la víspera circunstanciadamente.

¡CÉLEBRE ABOGADO DE BROWNSVILLE ASESINADO EN PLENA CALLE A MEDIODÍA!

Era, efectivamente, cerca de mediodía cuando dos desconocidos que se desplazaban en motocicleta abrieron fuego en pleno centro de la ciudad contra el vehículo en el que viajaba Ronald Torres, el célebre abogado de Matamoros que hace algunos años adquirió la prisión de Brownsville para restaurarla y convertirla en su bufete.

En su momento, este acto provocador dio mucho que hablar a uno y otro lado de la frontera, pues si unos se congratulaban del éxito de un inmigrante de origen mexicano en Estados Unidos, otros lo acusaban de oportunismo.

El abogado, alcanzado por ocho proyectiles, murió en el acto.

El desconocido que iba al volante se dio a la fuga en medio de la aterrorizada muchedumbre y, en el momento en que entramos en prensa, continúa en paradero desconocido.

La policía lo busca activamente para recabar su testimonio.

Los autores de los disparos huyeron al instante en la motocicleta, que habían robado en Texas esa misma mañana, una Suzuki que en estos momentos es objeto de exhaustiva búsqueda.

Tanto el conductor como su acompañante iban protegidos con cascos integrales y no han podido ser identificados.

Con toda probabilidad, el coche de la marca Chrysler en el que Torres encontró la muerte en tan extrañas circunstancias también había sido robado, puesto que circulaba provisto de placas de matrícula falsas.

Como no podía ser de otro modo, el recuerdo de la ola de asesinatos rituales que azotó nuestra ciudad a finales de los años ochenta se ha reavivado en todas las memorias.

En efecto, aunque matriculado en Oregón, según su número de serie, el vehículo pertenecía a una sociedad de alquiler de automóviles con sede en El Paso, Texas.

Una semana antes, había sido alquilado a un tal Antonio Zambudio, un periodista español convertido en testigo principal en el caso de los asesinatos rituales de Ciudad Juárez, que guardan no pocos paralelismos con los de Matamoros.

No obstante, el señor Zambudio llevaba varios días en paradero desconocido.

En el maletero del mencionado Chrysler, se hallaron sus efectos personales, junto con diversos documentos. El hombre que iba al volante en el momento de producirse el atentado no coincide con las señas del periodista madrileño. Podría tratarse de un individuo de aspecto sospechoso que, la víspera de autos, se presentó en el bufete del abogado bajo una identidad falsa.

¿Fue atraído Roni Torres a una trampa? La policía, que por otra parte se muestra pesimista respecto a la suerte de Antonio Zambudio, asegura no descartar ninguna posibilidad.

Última hora: en el momento de entrar en prensa, nuevos hechos han venido a corroborar los pronósticos más pesimistas respecto al señor Zambudio. Al parecer, el individuo buscado como testigo principal en el asesinado del abogado Ronald Torres alquiló un automóvil en Brownsville, Texas, una hora después de cometido el atentado utilizando la documentación y la tarjeta de crédito del periodista español. Las autoridades estadounidenses han emitido inmediatamente una orden de busca y captura contra el desconocido.

En la parte inferior de la página, otro artículo revelaba que acababan de encontrar las cabezas cortadas de Héctor Cristóbal Ledesma y Francisco Chávez, dos jóvenes vecinos de Matamoros, expuestas en lugar visible al borde de la carretera a Playa General Lauro Villar.

Deprimido, Toni empujó el recorte de periódico hacia la hermana Wiscniewski.

No paró de hablar en dos horas. Contó todo lo que sabía.

Confió a la religiosa sus sospechas, sus dudas, sus temores y, para acabar, su sensación de impotencia.

Sólo omitió una cosa. Lo que las últimas palabras de Torres le habían revelado sobre el proyecto de Guadalupe y las conclusiones que había extraído de ellas. Aparentemente, la hermana Mary no estaba al corriente, o escondía bien sus cartas.

La mentira es un pecado capital, pensó el periodista.

Dicho esto, la presidenta de la Federación para la justicia social en las maquiladoras no parecía haberse quedado muda de asombro ante el relato de Toni. Era evidente que estaba al tanto de la mayoría de los hechos.

—Al comienzo de nuestra andadura —explicó la mujer—, cuando las maquilas empezaron a instalarse en masa, éramos el hazmerreír de todo el mundo. Para los empresarios, un puñado de utópicos, reliquias tercermundistas de los años sesenta caídas en desuso. Éramos, con todos nuestros buenos sentimientos, enternecedores y completamente inofensivos. Tanto como poderosas, son cínicas las organizaciones patronales. Tenga, lea.

La hermana Wiscniewski le tendió un folleto redactado en inglés y titulado: "¡Crear una maquiladora es fácil!" A continuación, un texto explicativo enumeraba las ventajas de tales empresas:

Tranquilidad sindical garantizada. Mano de obra femenina dócil y barata.

Terrenos industriales a bajos precios. Sólo hay dos obligaciones: pagar religiosamente los impuestos y tasas estipulados por el gobierno mexicano y no emplear a niños, salvo con autorización escrita de los padres. El coste básico de un asalariado no cualificado se eleva a unos mil dólares anuales, todo incluido.

Si había que dar crédito al panfleto, la frontera era el paraíso de los inversores.

—Por supuesto, al principio, todas nuestras acciones fracasaron. Éramos demasiado ingenuos. Pero, con el paso del tiempo, nos fuimos rodeando de personas competentes en muchos campos y federándonos con nuevas asociaciones. Se unieron a nosotros juristas, especialistas en medio ambiente, en derecho social, químicos, informáticos... Y empezamos a convertirnos en un auténtico peligro. Cada vez ganábamos más a menudo. Ayudamos a Torres. Golpeamos a la multinacionales donde más les duele: en la cartera. De ahí Harding. Operación Cóndor, First Line... Esa gente nos persigue por toda América Latina desde hace casi treinta años. Acuérdese del asesinato de Orlando Letellier, el ministro de Allende refugiado en Washington. ¿Qué el advenimiento de la mundialización es inevitable? Entonces, las luchas también se mundializarán. El día en que no tendremos más remedio que compartir lo que nos ofrece este planeta no está tan lejos como algunos creen.

Su tono era firme y convencido. Aquello sonaba a jodida profecía.

—¿Dice usted que no tiene noticias de Lourdes? —preguntó Toni sin ocultar su inquietud.

—Ha desaparecido, igual que usted. O bien se ha escondido, o bien...

La hermana Wiscniewski dejó la frase en suspenso.

Toni prefería no pensar en la segunda alternativa.

El periodista tomaba notas mientras consultaba los voluminosos anuarios de las sociedades titulares de las maquilas. En determinado momento, hizo una pausa y dejó vagar la mente.

¿Realmente deseaba reaparecer ante los suyos, si aquella expresión seguía teniendo algún sentido aplicada a él? Su pequeño mundo de personas y cosas se había derrumbado como un castillo de naipes. Sus hijos vivirían con un flamante padrastro del que no sabían nada. Fina dormía en brazos de otro hombre. Toni había quemado las naves. Estaba fuera de alcance.

Estaba muerto.

Al menos, para el común de los mortales.

Porque para Harding y sus esbirros sin duda estaba desafortunadamente vivo, demasiado vivo, aunque no tenían más que echarle el guante y rematar la faena.

Nadie lo reclamaría.

Cortez Electronics era un pulpo transnacional. Sus tentáculos se llamaban Plástico S.A. de C.V. (Francia) y Cerraduras Locks (España), pero también Somermex (Gran Bretaña), Gozmex (Holanda) etcétera, etcétera.

El capital era estadounidense, canadiense y alemán.

Las empresas asociadas tenían sus sedes en Taiwan, Hong Kong, Corea o Japón.

Todos los pesos pesados de la economía mundializada figuraban en las páginas del anuario. Un auténtico Davos en miniatura, el *Who's Who* de una mafia planetaria.

Quedaba por hacer una última comprobación.

Varias de las víctimas trabajaban, o habían trabajado en algún momento, para Cortez Electronics a través de alguna maquila: Catalina, Dolores, Liza...

Si estaba en lo cierto, no tendría más remedio que volver a Juárez.

¿Y después? Una vez que publicaran su artículo, estaría a salvo y Ferrer o Pérez no tendrían más que mandar a alguien a México para buscarlo y solucionar sus muchos problemas.

Tras revisar el último tomo del anuario patronal, Toni comunicó su proyecto de viaje a la hermana Wiscniewski.

—¿Se cree usted capaz de impedir que Harding y su organización sigan haciendo daño completamente solo? Me muero de curiosidad por saber cómo.

—Con la ayuda de mi periódico, evidentemente.

—Pero, mi pobre amigo, según he oído ya ni siquiera trabaja para ellos. Además, lo detendrán en el primer control de carretera de la Border Patrol. Así no llegará muy lejos. ¡Usted no es Superman!

—Podría repetir el truco de las placas.

—Haría mejor llamando a su redactor jefe desde aquí para que lo repatríe. Está usted en peligro, y lo sabe perfectamente.

—Escuche. Más de cincuenta mujeres han muerto de un modo atroz. Obreras inocentes. Sabemos casi con certeza quién las ha asesinado y casi tenemos el móvil. Han matado a Guadalupe. Y a Torres. Y tal vez —añadió Toni con voz temblorosa— a Lourdes. ¿Y todas esas muertes no habrán servido de nada? ¿Serán vanas?

Sentada tras el escritorio, la religiosa miró a Toni con expresión pensativa.

—Un día, cuando recordaba a las trece monjas violadas y salvajemente asesinadas en el Salvador ante un obispo especialmente enviado por Roma para leernos la cartilla respecto a nuestras veleidades revolucionarias, él me respondió que Dios se ocuparía de que se les hiciera justicia en el Cielo. "De eso no me cabe duda, monseñor —le dije—. Pero, mientras llega ese día, yo vivo aquí, en esta tierra, en medio de los hombres." Eso fue unos meses antes de que creáramos la Federación. En consecuencia, comprenderá usted la razón que me mueve a ayudarlo en el día de hoy. ¡Sam! —llamó la hermana Mary, y el sonriente rostro del rubito asomó por el hueco de la puerta casi de inmediato—. ¿Sigues teniendo ese Subaru cochambroso?

—Sí —respondió Levin entrando en el despacho de la presidenta.

—Bueno, pues te has quedado sin él. —La sonrisa de Sam Levin se esfumó y una visión de chapa arrugada cruzó su imaginación—. Nos las arreglaremos para hacer desaparecer su vehículo de alquiler. En estos momentos, en el barrio hay una gran necesidad de piezas sueltas, señor Zambudio —añadió la monja estrechando la mano que le tendía Toni—. No somos ricos. Así que, si gana un premio gracias a nosotros, no nos olvide en sus buenas obras. No haga como Roni Torres, que se embolsó ocho millones de dólares y no nos dio un centavo. Como ha podido comprobar, Dios no estaba nada contento y lo ha castigado.

El viejo Subaru de Sam Levin estaba en las últimas, y su carrocería, de un color indefinible entre el gris sucio y el marrón herrumbre, emitía patéticos gemidos a cada giro de las ruedas. Del asmático motor, más valía no hablar, no fuera a quedarse en el sitio. Toni intentó adoptar una postura un poco más cómoda en el desfondado asiento del conductor agarrándose al plástico del volante, cuarteado por el sol.

Si aquella cafetera aguantaba hasta Juárez, sería un auténtico milagro.

Aunque, bien mirado, si Dios existía —cosa que Toni dudaba—, ahora estaba de su lado. La hermana Wiscniewski le había dado la bendición.

Una vez más, intentó asegurarse de que no lo seguían. Inútilmente.

La noche había caído sobre los pozos de petróleo que flanqueaban la autopista.

Agotado e hipnotizado por la luz de los faros, Toni se derrumbó en la cama de un ínfimo motel de Ozona.

Las noticias no eran buenas. Acababa de aparecer el cadáver de otra mujer torturada y violada, abandonado en el desierto, cerca de Juárez. El estado de descomposición del cuerpo era tal que sólo habían podido identificar a la joven obrera gracias a que llevaba el nombre cosido en la blusa. Un frente frío descendía de la región de los Grandes Lagos. Por el momento, el anticiclón aguantaba sobre la comarca del Paso, pero eso no duraría mucho. En el norte de Texas ya había empezado a nevar.

Toni apagó la televisión y se puso a contar el dinero que le quedaba. Casi quinientos dólares. Teniendo cuidado, debería bastar. Volver a utilizar la tarjeta de crédito quedaba totalmente descartado.

Al final, el pequeño Subaru aguantó el tirón mal que bien, y a media tarde del día siguiente Toni estaba a la vista de El Paso. La sucia jeta de Juárez se perfilaba en el horizonte, al pie de las abrasadas colinas.

Toni pagó el peaje del puente sobre el río Grande.

Tenía la sensación de haber abandonado la ciudad hacía meses. Costaba creer que sólo habían pasado quince días desde su marcha, o mejor dicho su huida. Y pensar que había llegado de Madrid hacía poco más de un mes...

Aquel era otro Toni Zambudio. Vaya si lo era.

Una vez cruzada la frontera, Toni trató de orientarse, sin dejar de echar inquietos y regulares vistazos al retrovisor.

Le costó Dios y ayuda localizar la colonia México 68, y más aún dar con la casa de Dolores Guevara. El sol declinaba. Toni acogió con alivio la pizca de fresco que acompañaba al crepúsculo.

Era casi imposible imaginar nieve para el día siguiente, y sin embargo en su infancia había conocido el verano tórrido seguido en cuestión de días por un invierno gélido en más de una ocasión.

Fue salir de casa de Dolores y empezar a tiritar. Toni se puso la chamarra vaquera que había comprado hacía poco en un área de descanso próxima a Fort Stockton.

Había encontrado lo que había ido a buscar.

A pesar de su juventud, Liza Guevara había sufrido un aborto poco antes de morir. Espina bífida. Y Dolores Guevara, su madre, también.

Pero ella no se había callado.

Había alertado a Guadalupe y la había convencido para actuar.

Toni rememoró el día en que Guadalupe se acabó decidiendo a llevarlo allí. Volvió a verse de regreso en el motel La Vela, escribiendo su artículo febrilmente, aporreando el teclado del ordenador. Qué lejano parecía eso ahora...

Consultó su reloj. Aún tenía tiempo.

Encontrar el camino que llevaba a la colonia Fronteriza fue infinitamente más fácil. Recordaba que, aconsejado por Guadalupe, había seguido con el coche a un autobús desde el centro de la ciudad. Era el primer barrio de chozas que había visitado, unos días después de llegar a Juárez. Sin embargo, dio numerosas vueltas y se detuvo varias veces. Cuando estuvo seguro de que no lo seguían, enfiló la avenida 16 de Septiembre y torció a la derecha en la calle Chiapas.

El alumbrado público acababa allí.

Luego, otra vez la tierra batida, el polvo girando ante los faros, la expresión de sorpresa de los chavos que jugaban en la oscuridad... Del hogar de cartón solo le llegaban retazos de los diálogos de la vieja película de bandoleros mexicanos que emitía la televisión a pilas. Los cables reptaban por el suelo hacia la batería de coche colocada en el exterior.

Toni tuvo que llamar varias veces antes de que Irena Cruz asomara la cabeza tras la desteñida cortina. La joven, apenas discernible en la penumbra, lo miró sin reconocerlo y frunció el ceño.

Tuvo que recordarle quién era, el periodista español que se había presentado allí para entrevistarla sobre el asesinato de Catalina, su hermana pequeña, y al que casi había puesto de patitas en la calle.

—Pero, ¿qué está haciendo aquí? —le preguntó la joven en un susurro—. Un momento, vuelvo enseguida.

En el interior, los forajidos se habían puesto a disparar a todo bicho viviente.

Irena reapareció con una mantilla sobre los hombros, por encima de los pants con el que había salido a recibirlo. Llevaba el pelo recogido, pero estaba tan guapa como la otra vez.

—¿Podríamos dar un paseo? —le preguntó Toni—. Le aseguro que no corre peligro. Yo no he matado a nadie.

Y, como ella no respondía, se estremeció al pensar en el favor que iba a pedirle.

Todos los que lo habían ayudado estaban muertos. Guadalupe, Torres, Dolores y probablemente Lourdes. ¿Qué milagro explicaba que él siguiera vivo?

Caminaban cautelosamente por el pequeño sendero que atravesaba la colonia. A lo lejos, las luces de El Paso salpicaban el desierto.

—Lo vimos en la televisión, cuando pasó esa cosa tan horrible del Rancho Doble A. Luego, desapareció usted de la circulación. ¿Qué le ocurrió?

—Explicarle todo eso sería demasiado largo, demasiado complicado y demasiado peligroso para usted. He vuelto porque me he acordado de algo que me dijo en nuestro anterior encuentro: que nunca hablaba con su hermana de sus amores de discoteca. Salvo cuando conoció a su primer novio. ¿Había algún motivo especial?

—¿Quiere decir para que no habláramos de eso?

—No, es decir, sí. Me refiero a que, cuando hablaron de ello, ¿fue solamente porque era la primera vez o tenía su hermana alguna razón para confiarse a usted?

Irena se encogió de hombros.

—Por supuesto, el hecho de que fuera la primera vez tuvo mucho que ver... —La joven dudó—. Pero había pasado algo más. Algo malo, para ella. Y a alguien tenía que contárselo. Fue hace casi dos años. Llevaba varios meses saliendo con ese chico, cuando se dio cuenta de que estaba embarazada. Él no tenía más que quince años y medio, igual que ella. Y de pronto me viene con aquello. Yo no sabía qué hacer. ¿Cómo se lo explicaba a mis padres?

—¿Qué ocurrió después? —le preguntó Toni.

Ya sabía la respuesta.

—Pues que no hizo falta publicar las amonestaciones para la boda. Perdió al niño a los tres meses. Se quedó muy abatida. Una malformación.

—Irena, lo que voy a pedirle es muy importante. Es absolutamente necesario que localice a los familiares de las víctimas. De todas, si es posible. ¿Sabe usted quiénes son, dónde viven y, en caso afirmativo, podría acompañarme a verlos?

—Pero eso es imposible. Tengo que trabajar. Tardaríamos días, y me despedirían. Conozco a la mayoría, pero...

La joven se quedó pensativa acariciándose los labios con un dedo. Llevaba las uñas cortas.

Toni casi se sentía aliviado ante su negativa. Pero no podía decirse que hubiera avanzado mucho.

—¿No podría escribirme sus nombres y direcciones?

—No sé leer ni escribir, pero creo que tengo una idea. No sé cómo no se me ha ocurrido antes. Como sabe, la policía sigue sin tener ninguna pista. Sacrificios rituales, mayombe, asesinos en serie, traficantes de órganos... Pero nada definitivo. Han soltado a los Diablos, y los asesinatos continúan, tan atroces como antes. Anteayer mismo...

—Sí, lo sé —dijo Toni—. Lo vi en las noticias.

—Pues ha sido la gota de sangre que desparrama el vaso. Ya habíamos empezado a poner cruces por casi toda la ciudad, y ahora vamos a ir más lejos. Los familiares de todas las víctimas hemos decidido manifestarnos mañana a las nueve delante de la central de la policía. Vamos a crear una asociación: "Las Voces del Silencio". Me lo han dicho hoy en la fábrica, unas compañeras. Seremos muchos. En fin, eso espero. Le será muy fácil hablar con todas esas personas, que sólo piden que las escuchen. Y yo soy como ellas. Daría un brazo para agarrar con el otro a los cerdos...

Irena se calló.

Habían dado media vuelta y regresaban por el sendero a la choza de la familia Cruz.

—¿Qué le ha pasado a su pelo? —le preguntó la joven de sopetón.

—Es mejor que no se lo explique. Más seguro para usted y los suyos. A propósito, si le preguntan, yo no he estado por aquí.

—Tiene usted un aspecto terrible. ¿Tan mal van las cosas?

La joven alzó el rostro hacia él. Una expresión inquieta cubría de arrugas su despejada frente.

Se quedaron inmóviles en medio de un incómodo silencio.

—Irena, ¿se puede saber que carajo estás haciendo?

El marido de la joven, tocado con una gorra de la Somermex y vestido con un overol manchado de grasa, había aparecido en el umbral y los observaba balanceándose sobre los pies.

—Ya voy, ya voy... —respondió Irena, que, al llegar a la puerta, se volvió para mirar al periodista por última vez, antes de que se lo tragara la oscuridad.

Toni hizo rugir —si tal cosa aún era posible— los extenuados caballos del motor del pequeño Subaru.

El cielo se había cubierto de nubes cargadas de nieve. Un viento helado barría las avenidas y azotaba a los abrigados viandantes.

Toni no tuvo más remedio que gravar su ya menguado presupuesto con la compra de una parka que encontró en el mercado cubierto, detrás de la catedral.

Sólo tenían un color disponible. Rojo. Muy adecuado. Y la mar de discreto.

Esa noche encontró refugio en una casa de huéspedes relativamente alejada del centro.

Por la mañana, el coche de Sam Levin entregó su agotada alma al dios de los automóviles, y Toni, que no había previsto aquel contratiempo, tuvo que hacer el trayecto hasta la sede de la policía en varios autobuses que transportaban más arena que gente. Cada dos por tres torcía el cuello y escrutaba los rostros de los pasajeros temiendo sorprender a los hipotéticos pistoleros que le seguían la pista.

Allí no vacilarían ni por un instante. En Juárez menos que en ningún otro sitio.

"Aquí la vida no vale nada."

Ése era el problema.

Si tenía razón, lo que ahora era más que probable, estarían allí. Seguro.

Todo el mundo estaría allí. Pazos, la prensa, las cámaras de la televisión...

Reaparecer en público era una provocación en toda regla. Pero, ¿tenía elección?

Si lo identificaba la policía, era la cárcel. Y, si lo localizaba Harding, la muerte.

No, no lo liquidarían allí, en directo y en medio de la multitud. No eran tan idiotas. Lo harían más tarde, tranquilamente.

Llegó con retraso. Respiró hondo, se caló la capucha de la parka —al menos tenía un motivo para bendecir el frío— y bajó del autobús.

En la plaza, delante de la jefatura de policía de Juárez, varios centenares de personas se arremolinaban en torno a una pancarta en la que podía leerse: "¡Justicia para nuestras hijas asesinadas!" Las cámaras de televisión encañonaban a los manifestantes.

Las madres formaban la cabecera de la silenciosa asamblea.

Entre ellas, Toni descubrió de inmediato a Irena Cruz y su madre, Socorro, en la segunda fila.

La cosa resultó más fácil de lo que había supuesto.

Al principio sólo caían copos aislados, pero en cuestión de minutos el plomizo cielo descargó una auténtica tormenta de nieve sobre la ciudad, las costosas cámaras se batieron en retirada a toda prisa y la gente se resguardó bajo un bosque de paraguas multicolores.

El fuerte viento amenazaba con llevárselos volando, pero los manifestantes aguantaron el tipo agarrados a los mangos.

Gracias a eso, Toni pudo moverse a cubierto guiado por Irena, que se limitaba a presentarlo escuetamente a las familias.

Trabajó deprisa. A todos les preguntaba lo mismo, aunque de vez en cuando pedía alguna precisión, y fueron muy pocos los que se negaron a responder.

La mayoría de los familiares de las víctimas identificadas estaban allí.

En determinado momento, Toni vio fugazmente a Pazos, que contemplaba el espectáculo desde una ventana, y le faltó tiempo para encoger la cabeza entre los hombros. En ese momento, le habría gustado ser tortuga.

Al cabo de un rato, la nevada recrudeció, y los manifestantes no tuvieron más remedio que disolverse, seguidos por Toni, un bulto rojo con los hombros cubiertos de copos y las manos hundidas en los bolsillos.

Las madres salieron en estampida hacia las colonias, preocupadas por los efectos de la nevada en sus hogares de cartón.

Casi todas las jóvenes asesinadas habían dado a luz criaturas afectadas de espina bífida, desde la primera víctima, descubierta el verano del 95, hasta las más recientes. Y casi todas habían trabajado, en una época u otra, en alguna de las numerosas filiales de Cortez Electronics.

Precisamente en el momento en que se habían quedado embarazadas.

Aterrorizado, Toni buscó refugio en la pensión familiar de Navajoa.

Por más que miró a su alrededor, no descubrió ninguna pareja de individuos sospechosos a lomos de una moto ni ninguna Chevrolet Impala camuflada.

Toni se retiró a su modesta habitación tras entregar veinte dólares al chavo que hacía compañía al somnoliento recepcionista. Le había pedido un modelo específico de cuaderno de notas por el que sentía especial predilección, un bloc de páginas amarillas retenidas en la parte superior por una gruesa pinza cromada unida a una tabla.

También le había encargado un par de sobres de papel grueso.

Y le había dicho que se quedara con el cambio, que para él debía de equivaler a un mes de propinas, como poco. No habían pasado cinco minutos cuando el risueño muchacho llamó a la puerta con los encargos bajo el brazo.

Toni pasó toda la noche sentado con las piernas cruzadas sobre la cama deshecha, escribiendo frenéticamente a la luz de la bombilla desnuda que colgaba del techo.

Como no había calefacción, no se quitó la parka roja hasta por la mañana. Mientras emborronaba las hojas del bloc, el calor de la bombilla hacía humear sus empapados hombros.

Torres les había salido en un ojo de la cara. Pero los dieciséis millones de dólares que habían apoquinado las maquilas serían poca cosa comparados con lo que tendría que pagar Cortez Electronics para indemnizar a las madres de niños muertos de espina bífida en Ciudad Juárez.

Las jóvenes que habían abortado espontáneamente o dado a luz una criatura muerta eran al menos cincuenta. Si las cifras no mentían, habían fallecido exactamente cincuenta y tres niños.

Siguiendo el ejemplo de Brownsville, las chicas habían creado un comité para exigir reparación.

A continuación, habían empezado a morir. Mujeres jóvenes —algunas no tenían más de catorce años— violadas, mutiladas, asesinadas.

Toni hizo un rápido cálculo mental basado en la cantidad que Torres había obtenido de las maquilas: Cortez Electronics habría tenido que desembolsar al menos el doble de las indemnizaciones pagadas en Brownsville.

Sin contar que eso habría servido de ejemplo. En Tijuana, en Matamoros, en Mexicali, en Nuevo Laredo se habría desencadenado la misma reacción.

Las sumas en juego eran considerables. A largo plazo, cientos de millones de dólares, sin la menor duda. Las víctimas de la contaminación industrial causada por Cortez Electronics no eran los únicos afectados. Ni de lejos.

La mayoría de las maquiladoras tenían algo que reprocharse.

Así que la First Line había inventado aquella historia de los asesinos en serie.

Presumiblemente, tras la intervención de los grupos de presión de las multinacionales ante Washington.

Toni llenaba las hojas del bloc a un ritmo endiablado, tachando trozos de frase aquí y allí y garrapateando notas al margen de los párrafos. Su cráneo relucía a la luz de la bombilla. Escribía con un cigarrillo en la comisura de los apretados labios, sin preocuparse de la ceniza que le caía en las rodillas.

Tras el asunto de las maquilas de Brownsville, el bufete de Torres, su teléfono, su domicilio, todo debía de estar sometido a escucha, infestado de micrófonos.

Se habían enterado del proyecto de Guadalupe.

Y habían eliminado a todas las futuras pleiteantes. Riesgo cero.

Habían sumido a la ciudad en el terror y reducido a las obreras al silencio.

Por el ejemplo.

Contaban con un experto muy competente.

Con sus antecedentes en El Salvador, Lawrence Harding era el hombre que requería la situación.

Una vez las presas a merced de los depredadores, no quedaba más que operar.

Para acto seguido entregar a la venganza popular a alguien con un pasado tan turbio como Fouad El Aziz.

En cuanto a Los Diablos, Toni habría apostado lo que fuera a que estaban directa o indirectamente implicados en el asunto. Probablemente en calidad de ganchos.

Tenían que haberles prometido una sustanciosa compensación por pasar una temporada a la sombra. Sobre todo, teniendo en cuenta los métodos de interrogatorio habituales en México.

Y él había aparecido en medio de aquel tinglado como perro en misa. Haciendo las preguntas acertadas.

Así que Harding había tenido que matar a El Aziz, Guadalupe Vidal, Roni Torres, Dolores Guevara, Lourdes Simpson y...

Toni dejó de escribir. Seguían quedando lagunas.

El periodista mordisqueaba el bolígrafo rabiosamente. Tachó el último párrafo.

Relacionar la serie de asesinatos con la CIA y Cortez Electronics bastaría sobradamente para provocar una sacudida sísmica de amplitud internacional. Una vez que publicaran su artículo, nadie podría seguir dando la espalda a la verdad.

Probablemente, nombrarían comisiones investigadoras, tanto en México como en Estados Unidos.

La mayoría de las víctimas identificadas trabajaban para Cortez Electronics en el momento en que habían perdido el hijo que esperaban. A causa del uso indiscriminado de tolueno.

Eso por sí solo planteaba serios interrogantes. Pero había más. Ellas querían denunciarlo. Y habían muerto antes de poder hacerlo.

De muerte violenta. Siempre era la misma historia.

La persona equivocada, en el sitio equivocado, en el momento equivocado.

Lolitas de crónica negra, un asesino en serie... Era enorme. Pero fácil.

Y se acabó la demanda colectiva. Habían vivido aterrorizadas meses, tal vez años.

Cada cierto tiempo, una de ellas corría la misma suerte. Imposible que las supervivientes no lo entendieran.

¿Y qué decir de Guadalupe? Del miedo, del pánico que debía de haber pasado, añadido al sentimiento de culpa por la muerte de aquellas mujeres a las que Dolores y ella habían impulsado a rebelarse.

Todas habían callado con la esperanza de salvar la piel. Una conspiración de silencio. Si mantengo la boca cerrada, si no hago nada, me dejarán tranquila. Tal vez.

Pero alguien con la boca tan grande como Guadalupe no podía seguir callando eternamente.

Y él había aparecido como llovido del cielo.

Y, cuando había empezado a investigar las maquiladoras, cuando había empezado a acercarse a la verdad, Harding lo había lanzado sobre una falsa pista y no había dudado en volver a matar, en montar una macabra puesta en escena. Pero Toni se había puesto terco.

En Matamoros se salvó por un pelo.

Hasta el momento, el resto de los protagonistas del asunto habían encontrado la muerte en misteriosas circunstancias o estaban en paradero desconocido.

Como él, después de todo. Pero no tardaría en salir a la superficie. Decidió dejarlo así por el momento y puso el punto final a su artículo. Se desperezó y, agotado, se frotó los hinchados párpados repetidas veces antes de embarcarse en la redacción de un segundo texto menos denso, en el que hacía un resumen circunstanciado de la situación.

Cuando acabó, introdujo el artículo en uno de los sobres y lo dirigió a Ferrer, a la redacción madrileña de *El Diario*.

En cuanto al resumen, lo metió en el segundo sobre, en el que escribió las señas del bueno de Pazos, en la jefatura de policía de Juárez.

Luego, se levantó con dificultad y arrastró su entumecido cuerpo hasta la ventana.

Un día mortecino y gris iniciaba su andadura. Había dejado de nevar y el manto blanco que cubría la ciudad había desaparecido.

Toni tuvo un pensamiento para las embarradas callejuelas de las colonias y para las empapadas casuchas de cartón.

Faltaba hacer llegar su reportaje a España. No era tan fácil como parecía.

No podía volver al Paso para enviarlo desde allí. Lo detendrían en cuanto enseñara el pasaporte en la aduana estadounidense. Lo buscaban como testigo principal en el asunto del asesinato de Torres. Incluso allí, en Ciudad Juárez, si los tiras le echaban el guante antes de que hubiera conseguido mandar el artículo, podía despedirse de divulgar la verdad. Y probablemente de la vida.

La única solución era acercarse lo más posible al puesto fronterizo, esperar en el puente a que alguien digno de confianza aceptara echarle el sobre en Estados Unidos. Era un riesgo inmenso. No tenía derecho a cometer un error.

Antes de abandonar la pensión, Toni había entregado el sobre al chico de recepción y le había pedido que llamara un taxi y fuera él mismo a llevarlo a la central de la policía de allí a una hora. Le había dado veinte dólares para cumplir la misión, confiando en que fueran suficientes, y le había prometido otros veinte a su regreso. El chavo había aceptado con los ojos brillantes de codicia.

Ahora, en lo tocante a Pazos, la suerte estaba echada.

Con el sobre para su periódico apretado contra el pecho bajo la parka roja, Toni dobló la esquina de Navajoa con 16 de Septiembre con la intención de coger el autobús hasta la antigua misión.

Desde allí se arriesgaría a ir a pie hasta el puente de Santa Fe.

El viento volvía a soplar hacia el sur y la tibieza del aire secaba los charcos de nieve fundida. El sol había hecho su aparición y arrancaba hilillos de vapor al húmedo asfalto.

Siempre prudente, Toni miró a derecha e izquierda antes de detenerse en la parada de autobús. Era evidente que no lo habían seguido.

Los viandantes iban y venían sin fijarse en él.

Una familia se dirigía a la estación de autobuses.

Toni oyó más que vio la camioneta azul que frenó ante él haciendo chirriar los neumáticos, y tensó el cuerpo a la espera de un disparo que no se produjo.

Todo ocurrió muy deprisa.

Dos sujetos corpulentos saltaron de la caja de la Chevrolet El Camino, le sujetaron los brazos detrás de la espalda, le pusieron unas esposas y, al abrirse la puerta del acompañante, lo empujaron al interior de la camioneta, que arrancó bruscamente al tiempo que los dos gorilas se aupaban a la parte posterior.

El vehículo y sus ocupantes desaparecieron al final del bulevar bajo las estupefactas miradas de los transeúntes, sin dejar más rastro que el acre hedor a caucho quemado y frenos recalentados.

En el interior de la camioneta, Toni se debatía como un poseso.

El tipo sentado junto al conductor acababa de ponerle una capucha. Toni sintió el contacto de un objeto duro contra la sien.

No tuvo ninguna duda sobre la naturaleza del objeto en cuestión.

Bajo el efecto del miedo, se le aflojó la vejiga, y se orinó en los pantalones, que se cubrieron con una mancha negra.

—Pero bueno, señor periodista... —dijo una voz a su izquierda. El tono era burlón—. Parece que hemos perdido el control. Llevo mucho tiempo buscándolo, pero al fin lo he encontrado.

Harding.

—Si sigue así, acabará cagándose en los calzones —rezongó el matón sentado a su izquierda.

Toni percibió el hedor de su aliento a pesar de la capucha.

—Cierra el pico, Carlitos. Estoy seguro de que nuestro invitado sabrá comportarse. ¡Ah, esta mañana estoy de buen humor! Me ha dado usted muchos quebraderos de cabeza, ¿sabe? —A aquel cabrón seguía encantándole hablar—. Acabamos localizándolo en San Diego, con esa monada comunista. Su nido de bastardos rojos está vigilado de forma permanente. Y, a todo esto, ¿le importaría decirme qué coño estaba haciendo en Tijuana? —Toni permaneció en silencio—. En fin —suspiró Harding—, nos costó lo nuestro conseguir que esa metiche nos contara adónde se dirigía. Eso sí, una metiche encantadora.

Esta vez, Toni volvió a intentar debatirse, pero resbaló en la orina que enfriaba el eskai del asiento. Carlitos le dio un golpe con la funda de la pistola.

—Vamos, vamos, pórtese bien. Después de todo, no la hemos matado. No necesitamos mártires estadounidenses. Nuestras consignas al respecto son muy estrictas, ¿sabe? Resulta que disponemos de una farmacopea muy completa, capaz de soltarle la lengua a cualquiera. Después no tuvimos más que esperar a que contactara con Torres. Podemos ser muy discretos. Por supuesto, me divertí un poco con ella, pero no fue muy agradable. Estaba realmente tocada, y yo no soporto a las drogadictas.

—¡Cabrón! ¡Hijo de puta! —farfulló Toni fuera de sí.

—Es una pena, pero su amiga sufrió un pequeño accidente. Un pequeño accidente... vascular cerebral. Ha ido a reunirse con su novio y demás comeyogures a los que hay que limpiarles el culo noche y día en centros especializados. Pero debería estar contento. La dejamos con vida, y no todas han tenido tanta suerte.

Ahora la camioneta traqueteaba por una carretera secundaria. Imposible adivinar dónde lo llevaban.

Toni intentó tranquilizarse y decidió guardar silencio mientras trataba de concentrarse en la percepción de lo que lo rodeaba. No era nada fácil.

El yanqui proseguía con su satisfecho parloteo:

—Y Dolores Guevara, ¡qué felicidad, un bocado exquisito en verdad, permítame decírselo! Ciertamente, me ha dado muchos quebraderos de cabeza, pero, en definitiva, también muchas satisfacciones. Así que he decidido no hacerlo sufrir. Por otra parte, si esos dos inútiles no hubieran fracasado estrepitosamente en Matamoros, su muerte habría sido instantánea. Y Torres seguiría vivo. Lo que me habría evitado un montón de problemas con mis superiores. Estaban realmente enfadados. Esos sicarios de los cárteles no son más que unos bocaflojas incompetentes, si quiere mi opinión. Pero ese par de inútiles lo ha pagado caro. Yo, en cambio, soy un profesional. Por eso he decidido hacer el trabajo personalmente. —Toni, incapaz de seguir aguantando, se echó a llorar. Harding, tan indiferente como locuaz, siguió regalándose los oídos—: Por otra parte, no las hemos matado a todas. ¿Sabe usted que no hemos tenido nada, pero lo que se dice nada que ver con los tres últimos asesinatos? Reconozco de buena gana todos los demás, incluido el de la Vidal, que, entre usted y yo, no era nada divertida. Pero no hemos tenido ninguna intervención en la muerte de esa joven obrera identificada gracias a que llevaba el nombre bordado en la bata, ni en las de las dos anteriores. Es más, nos interesaba que se olvidaran de nosotros. Habíamos llegado al final de nuestra lista y habíamos construido una falsa pista a toda prueba, antes de que usted volviera para seguir metiendo esa nariz tan larga que le ha dado Dios. El Aziz era un pelele. Había descubierto esa turbia historia de la fábrica Cerraduras Locks. Habría acabado contándolo todo. Era peligroso. Pero, en definitiva, el responsable de su muerte es usted. No podíamos permitir que hablara con él, lo comprende, ¿verdad? En cuanto a los Diablos, han sido unos excelentes compañeros de juegos. Llevaron a cabo unos cuantos secuestros para nosotros, y también se divirtieron lo suyo, aunque, por escrúpulos profesionales, siempre acabé los trabajos personalmente. Cometieron muchos fallos. No son más que unos aficionados, con indudables dotes, eso sí. Cuando por desgracia los detuvieron, gracias a la sagacidad de Pazos, pasamos auténtico miedo. Les habíamos prometido un montón de dinero a cambio de su silencio, pero con los maleantes nunca se sabe. Y en la cárcel no había forma de eliminarlos; eran demasiados. Demasiado visibles. Usted nos proporcionó una ocasión de oro para liberarlos. Han desaparecido en la inmensidad del desierto. No volverá a vérseles el pelo jamás; ni a usted. Desde luego, tuvimos que renunciar al lugar donde sacrificábamos a las chicas, con una bonita puesta en escena llena de falsas pistas; pero merecía la pena, ¿no le parece? Espero que le gustara el Rancho Doble A. Era una pequeña obra maestra. Hasta Pazos mordió el anzuelo. Después de eso, si usted hubiera renunciado, nos habríamos quedado tranquilos. Tengo un trabajo y la suerte de disfrutar con él. El fin último de las violaciones, de las mutilaciones, de la matanza, no era el placer. Era poner fin a una campaña comunista que habría hecho peligrar los intereses de mi país. Que haya pasado momentos muy gratos es secundario. Aprendí el oficio en Vietnam, arrojando a prisioneros del Viet-Cong desde los helicópteros. Y lo perfeccioné en América Latina durante los años setenta. ¡Las dictaduras! ¡Ah, qué tiempos aquellos! Brasil, Chile, Argentina... Y allí estaba yo. En todos los fregaderos. Los muy cabrones se entendían de maravilla, y yo me lo pasaba en grande. ¡La de fosas que habremos llenado!... Inventamos una cosa... La "danza de los muertos", la llamábamos. Les cortábamos la cabeza, les sacábamos la sangre, la sustituíamos por gasolina y les prendíamos fuego. Luego los mirábamos retorcerse como gusanos de tierra. Lo curioso es que ya estaban muertos... Pero eso no era lo mejor. A los que no querían hablar, les aplicábamos la sierra eléctrica poco a poco. Los dedos, la mano, el brazo a rodajas... Porque los cortábamos a rodajas. Vivos, por supuesto. Antes de morir, todos acababan soltando algunos nombres. Después de aquello, vino lo de El Salvador. Aquellas monjitas... Y luego Nicaragua. Y ahora aquí me tiene. Arrinconado. Parece que ahora la CIA quiere agentes limpios. Respetuosos con los derechos humanos. Políticamente correctos. No faltaba más que eso. No tardarán en retirarme de la circulación, lo sé. Pero, mientras tanto, me aprovecho.

Me la paso en grande. Hago acopio de recuerdos para la jubilación. Los recuerdos. La única cosa que no pueden quitarte. Porque tendré jubilación. Los monstruos matan gratis. A mí me pagan por hacerlo. ¿Sabe usted? Cuando a uno no le gusta su trabajo, lo hace mal. Fíjese en el que ha matado a las últimas víctimas. Ha utilizado nuestros métodos: las ha violado, estrangulado y apuñalado un montón veces. Un imitador. Pero un imitador concienzudo. Un buen alumno. O varios. Eso es lo extraordinario. La infinita creatividad de nuestros semejantes. Estoy totalmente convencido de que los crímenes continuarán. Sin nosotros. No se me había ocurrido ni siquiera a mí. Y la madeja será un poco más difícil de desenredar cada día. En mi opinión, los nuevos crímenes seguirán revolviendo las cartas. Curioso, ¿verdad? Sin embargo, es de una lógica aplastante. Esas chicas son las víctimas perfectas. Se ofrecen como una reserva de carne fresca, lo que por otra parte son, y los hombres, sus jefes, sus maridos, sus padres, las tratan en consecuencia. ¿Qué tiene de extraño que las violen, que las maten, que las desmembren como a muñecas? Es el resultado lógico de todo lo demás. Si no hubiéramos empezado nosotros, lo habrían hecho otros. Y esto no es más que el comienzo. ¿Le parezco un monstruo? Debería ver a quienes me pagan. —Acababan de girar a la derecha y tomar un camino de herradura, a juzgar por los botes de la camioneta y el olor a tierra mojada que atravesaba el tejido de la capucha. El periodista había intentado encoger las manos para sacarlas de las esposas, pero solo había conseguido desollarse las muñecas—. Bueno, basta de charla. Hemos llegado al final de nuestro viaje. Todo el mundo abajo.

Unas manos sacaron a Toni del vehículo, esta vez sin brutalidad.

Toni oyó cerrarse las puertas y crujido de botas sobre el suelo arenoso.

Lo dejaron de pie y, cuando le soltaron los brazos, Toni vaciló sobre sus botas camperas antes de quedarse completamente inmóvil. Hacía un poco de viento y el culo se le estaba quedando helado.

El aire olía a salvia.

Harding ordenó que lo cachearan, y unas hábiles manos le palparon el cuerpo rápidamente. No tardaron en descubrir el sobre de papel basto.

—Veamos qué es eso —dijo el agente secreto despegando la solapa. Leyó el artículo por encima—. No está mal, nada mal, señor periodista. Lo que dice aquí es poco más o menos la exacta verdad. Es usted realmente bueno. Lo hemos atrapado justo ante la línea de llegada. Por un pelo, ¿verdad? Nos habría sido difícil interceptar esta carta, una vez enviada desde Estados Unidos. Después de que esos idiotas erraran el tiro en la costa Atlántica, le perdimos completamente el rastro. No sé cómo se las apañó. Si hasta teníamos el número de su coche de alquiler... Un Geo Prizm, si no me equivoco. Es usted un auténtico maestro en el arte de evaporarse en el aire. Si no hubiera venido a meterse en la boca del lobo de esa estúpida manifestación, no sé cuándo habríamos vuelto a echarle el ojo. En fin. Ha llegado el momento de decirnos adiós. Ha sido un placer conocerlo. Como ya le he dicho, no le haremos sufrir —concluyó Harding prendiendo fuego a las cuartillas de Toni con un encendedor de gasolina.

Luego hizo un gesto con la cabeza a los hombres que permanecían junto al periodista.

—¡Esperen! He dejado una copia de ese artículo en cierto sitio, y si...

—Y, si no vuelve, un amigo de toda confianza lo enviará a su periódico. Conozco esa historia. Desde la manifestación de ayer, no lo hemos perdido de vista en ningún momento. Hemos pasado la noche delante de la casa de huéspedes. No ha salido a la calle. Vamos, no sirve de nada que siga intentando ganar unos segundos preciosos. Va a morir de todas formas. Todos moriremos algún día.

—Las madres de las víctimas se manifiestan, las asociaciones de militantes obreras se levantan y hasta los comités de trabajadores sexuales se unen a la lucha. No ganará, Harding. Tarde o temprano, se sabrá todo. Tarde o temprano, pagará.

Harding alzó los ojos al cielo. Su paciencia tenía un límite.

—Puede ser, puede ser, Zambudio —respondió el estadounidense con voz más dura—. Pero usted no estará aquí para verlo —sentenció acompañando sus últimas palabras con un parpadeo afirmativo.

En el silencio que se hizo a continuación, Toni intentó desesperadamente analizar en bloque las últimas percepciones que llegaban hasta él.

Un vago dolor en el talón izquierdo, difuminado por los latidos de su corazón en el chichón que le había producido el golpe de la pistola, una comezón nasal causada por el áspero tejido de la capucha...

Le habría gustado que se la quitaran para ver el sol por última vez.

Le habría gustado fumarse el último cigarrillo.

No le dio tiempo de pedirlo.

Tenía cuarenta y cinco años, una úlcera de estómago y la próstata como una naranja valenciana, pero se dijo que le habría gustado vivir un poco más.

No vio desfilar su vida ante él.

El rostro de Fina no apareció ante sus ojos, ni tampoco los de sus hijos, ni siquiera el de Altagracia.

Solo la negra boca del cañón del Colt 45 con el que Homero Cardona le había apuntado a la frente treinta y cuatro años atrás.

Solo oyó el clic del resorte del percutor.

Esta vez había una bala en el cargador.

Desde hacía dos semanas, Alfonso Pazos daba vueltas y más vueltas a las cuartillas de papel amarillo emborronadas con la fina y apretada letra de Zambudio.

No era fácil hacerse una idea.

Aquel pinche periodista desaparecía como si se lo hubiera tragado la tierra tras desmontar el andamiaje pacientemente levantado por la policía, ridiculizaba a los federales y, para acabar, lo daban por muerto en algún lugar entre El Paso y Brownsville, a manos de unos supuestos ladrones de coches.

Salvo que, tras una pequeña pero atinada investigación, resultaba que aquel incordio de hombre también había estado fisgoneando en Tijuana.

Y en Matamoros, el día del asesinato de Torres.

Pazos había pedido ayuda a un colega estadounidense de la Border Patrol.

Consultando las computadoras, éste había descubierto que Zambudio había cruzado la frontera entre Tijuana y San Isidro hacía un mes y se había presentado en la aduana de Brownsville, Texas, una semana más tarde, apenas media hora después de que liquidaran al abogado.

De pronto, era más que probable que el misterioso pasajero del Chrysler no fuera otro que el periodista. Lo que corroboraba el relato que tenía entre las manos, auténtico según todas las apariencias.

Miles de preguntas se agolpaban en la mente del jefe de la policía.

Si todo aquello era cierto, y desde luego lo era —en todo caso, Pazos acababa de decidirlo así—, ¿qué podía hacer?

En primer lugar, las violaciones y los odiosos crímenes continuaban —los depredadores no se daban tregua—, y le daban un trabajo infernal. La última víctima había aparecido ayer por la mañana.

En segundo, todo el mundo, los políticos, sus superiores y el diablo en persona, quería creerse aquella historia del mayombe.

Una historia que siempre lo había escamado.

Las maquiladoras daban mucho dinero.

En tercero, no se veía a sí mismo deteniendo a un figura de los servicios secretos estadounidenses.

En menos de dos minutos de reloj, el fulano estaría en la calle y él, en una oscura comisaría de la península de Yucatán, regulando el tráfico de caballerías.

Por otra parte, ¿no sería esa, después de todo, la mejor alternativa?

Indeciso, Alfonso Pazos, se rascaba el cuero cabelludo.

En el fondo, lo que más le molestaba de todo aquello era la triste reputación de su país. "En México, todo es posible, menos la justicia."

Muy bien, pues él iba a demostrar lo contrario.

Haría justicia. A la mexicana.

Tenía una vaga idea sobre el modo en que convenía hacer las cosas.

El menudo jefe de la policía se puso la chamarra, se ajustó el nudo de la corbata y caminó hasta la entrada de la jefatura con paso decidido, dejando tras sí un aroma a agua de violetas.

Cuando subió al coche oficial, llevaba bajo el brazo el sobre de Toni Zambudio. Hizo que encendieran la sirena y lo llevaran a la frontera, cruzó el puente de Santa Fe a su paso corto pero vivo, pasó la aduana estadounidense en unos minutos gracias a sus relaciones y cogió un taxi en Mesa Boulevard.

Pidió al taxista que esperara un momento delante de la Academia de policía del Paso, mientras él confiaba el sobre al plantón de servicio recomendándole que lo entregara en mano a Ángel Vidal. Tras lo cual regresó junto a sus amados cactus, que tanto agradecían sus cuidados, con el alma en paz.

Había hecho lo que estaba en su mano.

EPÍLOGO

Febrero de 1998. Ciudad Juárez

Si el cuerpo de Toni Zambudio no apareció jamás, no ocurrió lo mismo con el de Lawrence Harding, que fue descubierto al sur de la ciudad, expuesto al sol en pleno desierto, en avanzado estado de descomposición.

Le habían atado las manos a la espalda y lo habían empalado en una estaca de palo verde, que, como todo el mundo sabe, es una madera muy dura. Su asesino le había cortado los genitales y se los había introducido en la boca.

Las autoridades estadounidenses guardaron un pudoroso silencio sobre la muerte del agente secreto. Ángel Vidal y Battista fue el último de su promoción de la Academia de Policía de El Paso, lo que no le impidió entrar al servicio de Alfonso Pazos como agente en prácticas a comienzos de 1998.

Agosto de 1999. Ciudad Juárez, México

Ronaldo Leyma consultó su reloj. Las cinco de la mañana.

El último viaje del turno. El autobús traqueteaba por los andurriales de las colonias, que crecían a ojos vistas de un año para otro, aligerando su cargamento de jóvenes obreras agotadas por el trabajo nocturno.

Pronto solo quedó una dormitando sobre la cuarteada vestidura del asiento del fondo. Mmm, no estaba nada mal. Era muy jovencita.

Sus labios, pintados de un rojo tan oscuro que parecía negro desde el asiento del conductor, estaban sensualmente entreabiertos en el relajado rostro.

Leyma tuvo un pensamiento para su mujer, para las caricias que le negaba.

Qué gorda se estaba poniendo...

Mira nomás. Hablando de engordar... Ronaldo se agarró el miembro por encima de la tela del pantalón y notó la navaja, que dormía acurrucada en el fondo de su bolsillo.

Después de todo, ¿por qué no?

Puso a la Virgen de Guadalupe de cara al parabrisas y metió el autobús por una pista de tierra que llevaba hacia el desierto.

Fort Lauderdale, Florida, Estados Unidos. 3 de marzo de 2001.

AGRADECIMIENTOS

El autor desea dar las gracias a Éric Dexheimer por su competencia en materia de cactus, así como a Éric Karsenty y Jean-François Fournel por sus atentas lecturas.

Gracias igualmente a Annie Morvan y Sophie Jolivet por su apoyo.

Para documentarse, el autor ha utilizado especialmente: *Serial Killers. Enquête sur les tueurs en série*, de Stéphane Bourgoin (Grasset, 1993); *Chasseurs de tueurs* (*Whoever Fights Monsters – My Twenty Years Hunting Serial Killers for the* FBI), de Robert K. Ressler y Tom Shachtman (1992); y "Mortes à la frontière", de Debbie Nathan (*Courrier International/The Nation*, 1997).

La frontera, de Patrick Bard
se terminó de imprimir en febrero de 2004 en
Litográfica Ingramex, S.A. de C.V.
Centeno 162-1, Col. Granjas Esmeralda
México, D.F.

Certificado No. 02-2082